साहित्य और समाज

साहित्य और समाज

विजयदान देथा

वाणी प्रकाशन

वाणी प्रकाशन
4695, 21-ए, दरियागंज, नयी दिल्ली 110 002

शाखा

अशोक राजपथ, पटना 800 004

फ़ोन : +91 11 23273167 फ़ैक्स : +91 11 23275710

www.vaniprakashan.in
vaniprakashan@gmail.com
sales@vaniprakashan.in

SAHITYA AUR SAMAY
by Vijaydan Detha

ISBN : 978-93-5072-241-1
Essays/Social Studies

प्रथम संस्करण 2014
आवृत्ति 2017

मूल्य : ₹ 395

सिटी प्रेस, दिल्ली-110 095 में मुद्रित

वाणी प्रकाशन का लोगो मक़बूल फ़िदा हुसेन की कूची से

अनुक्रम

कविता की कहानी

भाषा से मनुष्य पुराना है। और मनुष्य से भी मनुष्य की मेहनत पुरानी है! मनुष्य आज जिस रूप में है, उसके इस मानव-रूप का निर्माण प्रकृति के हाथों नहीं, मेहनत के हाथों हुआ था! प्रकृति की ओर से दी हुई शारीरिक शक्ति की तुलना में अन्य जंगली, हिंस्र जानवरों की अपेक्षा मनुष्य कितना कमजोर है! कितना अशक्त है! कहाँ—सिंह, हाथी, सूअर, रीछ, चीता, गैंडा, जंगली भैंसा—और कहाँ मनुष्य? इस हिसाब से प्रकृति ने मनुष्य को अपनी ओर से बहुत कम ताकत बख्शी है। किन्तु चलने-फिरने के काम से सर्वदा के लिए मुक्ति पाए हुए उन स्वतन्त्र हाथों से जब मनुष्य ने पहली बार अपनी मुट्ठियाँ तानकर, कमर को सीधा करके नभ की ओर अपना सिर ऊँचा किया होगा—यदि लाक्षणिक शैली में कहना चाहें तो कहना पड़ेगा कि उसकी उस बलवती मुद्रा को देखकर स्वयं प्रकृति भी भय से काँप उठी होगी! हाथों और पैरों का वह अन्तिम बँटवारा ही मनुष्य की सबसे बड़ी शक्ति बन गया! मनुष्य के ये दो हाथ, जो आज मेहनत करने के लिए शारीरिक अंग मात्र रह गये हैं, आरम्भ में स्वयं मेहनत के हाथों ही इनका निर्माण हुआ था।

मनुष्य के हाथों की कुशलता व उनकी मजबूती केवल हाथों तक ही सीमित नहीं रही। आपसी सहयोग से शरीर के हर हिस्से की योग्यता व शक्ति बढ़ती रही। मस्तिष्क की चिन्तन-शक्ति भी इन्हीं हाथों की मेहनत का परिणाम है। हाथ कुशल हुए तो मस्तिष्क की विचार-शक्ति बढ़ी। मस्तिष्क की विचार-शक्ति बढ़ी तो हाथ और भी अधिक कुशल हुए। हाथ और मस्तिष्क का वह आन्तरिक सम्बन्ध विकसित होता ही गया। और इस विकासक्रम में मस्तिष्क और हाथ यहाँ तक कुशल हो गये कि जिनकी पारस्परिक निर्भरता ने अजन्ता और एलोरा की गुफाओं का सृजन कर डाला। साँची और भरहुत के स्तूप का निर्माण कर डाला इन्होंने। जो हाथ एक दिन अपनी आदिम अवस्था में पत्थर का एक अनगढ़ औजार तक बनाने में अक्षम थे, उन्हीं हाथों ने आखिर ताजमहल और कोणार्क के मन्दिरों का निर्माण कर सकने योग्य क्षमता हासिल कर ली!

मेहनत और हाथों के बाद मनुष्य के सांस्कृतिक व सामाजिक विकास-क्रम में

जिस शक्ति का सबसे जबरदस्त योग रहा है, वह है—मानवीय वाणी। वाणी के रूप में मनुष्य ने एक ऐसे वरदान की सृष्टि कर डाली कि उसकी शक्ति पहले से लाख गुना अधिक बलवती हो उठी! जब चलने की क्रिया से हाथ एकबारगी हमेशा के लिए स्वतन्त्र हो गये तो मनुष्य को पेड़ों का निवास छोड़कर जमीन का आश्रय ग्रहण करना पड़ा। हिंसक पशुओं का सामना करने के लिए अपने साथियों के साथ उसे समूह बनाकर रहने की आवश्यकता हुई। और जब मनुष्य समूह के बीच रात-दिन अपना जीवन बिताने लगा तो एक-दूसरे को कुछ कहने की इच्छा महसूस हुई। इच्छा ने अपनी जरूरत के मुताबिक उपयुक्त उपकरण को निर्मित किया। मनुष्य की वाणी कुछ गिने-चुने संकेतों में मुखरित हुई। वाणी के साथ-साथ श्रवण-शक्ति को विकसित होना पड़ा। वाणी और श्रवण-शक्ति के मिश्रित योग से तो मस्तिष्क के विकास की सीमा ही नहीं रही!

दुनिया में मनुष्य ही एक ऐसा प्राणी है जो औजारों का प्रयोग करता है और उसकी अपनी स्वनिर्मित भाषा है। पशु और मनुष्य में इन दो विभिन्नताओं के, अन्यथा सबसे महत्त्वपूर्ण एक तीसरा फर्क यह भी है कि पशु अकेला है, मनुष्य संगठित है। वह समाज बनाकर रहता है। पशु केवल अपनी ही शक्ति, अपने ही निजी अनुभव और अपने ही माद्दे पर हर वस्तु का सामना करता है; लेकिन मनुष्य पिछली सारी पीढ़ी और समस्त युगों के अनुभव से फायदा उठाता है। पिछली पीढ़ी के अनुभव, ज्ञान और विकास की सीमान्त रेखा से हर नयी पीढ़ी अपना जीवन आरम्भ करती है और आने वाली पीढ़ी को वह अपने अनुभवों की थाती सौंप जाती है। तो मानव समाज का इतिहास, मनुष्य के जन्म-जात प्राकृतिक तत्त्वों के विकास का ब्यौरा नहीं, बल्कि उसकी सामाजिक व सांस्कृतिक शक्तियों के विकास की धारावाहिक कहानी है। संस्कृति कोई आकाश-कुसुम जैसी चीज नहीं है। वह मनुष्य के आर्थिक कार्य-व्यापारों से ही सम्पन्न होती है। उत्पादन के तरीकों का विकास, औजारों को प्रयोग में लाने के कौशल का विकास, भाषा, कला व विज्ञान का विकास और भवन-निर्माण का विकास—यही तो है संस्कृति जो मनुष्य के अपने ही बलबूते पर विकसित हुई है और होती रहेगी। आर्थिक कार्य-व्यापारों का अर्थ भी रुपये या धन तक मर्यादित नहीं समझना चाहिए। रुपये या धन की महत्ता तो केवल इसलिए है कि वह जीवन की सम्पूर्ण आवश्यकताओं को खरीदने का एक सर्वमान्य साधन है। और जब तक इस साधन को किसी एक विशेष आवश्यकता में परिणित नहीं कर लिया जाता, तब तक उस में सभी आवश्यकताएँ अभिनिहित रहती हैं।

आवश्यकताओं की निर्विरोध और निर्बन्ध पूर्ति ही मनुष्य जीवन की स्वतन्त्रता है। इस स्वतन्त्रता के लिए ही तो उसका अविराम परिश्रम है। काम, काम। दिन भर काम! फिर काम। किसी-न-किसी काम में मनुष्य व्यस्त है। बिना काम के उसे चैन

नहीं। उसकी आवश्यकताओं की पूर्ति के लिए जो भी शक्ति बाधा बनकर आएगी, उसे हटाकर ही वह दम लेगा। वह बाधा चाहे प्रकृति के रूप में हो, चाहे समाज के रूप में। मनुष्य अपनी आवश्यकताओं की निर्बन्ध पूर्ति चाहता है। यही उसका लक्ष्य है। यही उसकी स्वतन्त्रता है। और : यह स्वतन्त्ता ध्यान, कल्पना व मनन से प्राप्त नहीं की जा सकती। उसके लिए क्रिया केवल क्रिया ही अपेक्षित है। क्रिया का संचालनकर्ता है—मनुष्य। मनुष्य—जो समाज में रहता है। समाज—जो सतत गतिशील है। और मनुष्य के पास इस संचालन-कार्य के लिए साधन हैं—उसकी कला और उसका विज्ञान। कला और विज्ञान ही में मनुष्य अपनी पूर्ण अभिव्यक्ति पाता है।

वस्तु और जगत से मनुष्य का जो सम्बन्ध है, उसको अभिव्यक्ति मिलती है—विज्ञान में! वस्तु और जगत का मनुष्य से जो रिश्ता है, उसकी व्यंजना होती है—कला में! प्रकृति के साथ निरन्तर संघर्ष में मनुष्य अपनी स्वतन्त्रता ही को खोज रहा है! संघर्ष की बाह्य वस्तु-स्थिति तो जन्म देती है—विज्ञान को! और इस संघर्ष द्वारा मनुष्य की चेतना में जो आंशिक प्रक्रिया होती है, उसकी आत्म-स्थिति जन्म देती है—कला को! मेक्सिम गोर्की के शब्दों में—कला और विज्ञान दोनों एक सर्वथा नवीन ही प्रकृति का निर्माण करते हैं। विज्ञान की वह नूतन प्रकृति अपना जीवन ग्रहण करती है—बाहरी-यथार्थ से। और कला की नूतन प्रकृति अपना जीवन ग्रहण करती है—मनुष्य के आन्तरिक यथार्थ से! किन्तु विज्ञान और कला इन दोनों का क्षेत्र कभी सीमित नहीं रहता। समाज का विकास निश्चित रूप से अपनी कला और अपने विज्ञान को प्रभावित करता है।

आदिम-मानव के जीवन में विविधता नहीं थी, इसलिए उसकी कला और उसके विज्ञान में भी कोई वैविध्य नहीं था। आदिम-मानव के लिए जो कला थी, वही उसका विज्ञान भी था। धर्म भी उसका वही था। न संगीत कविता से भिन्न था और न नृत्य संगीत से। आदिम-मानव के आन्तरिक भाव-जगत को व्यक्त करने के लिए कविता ही काफी थी। आज की इस सभ्यता के युग में धर्म, दर्शन, मनोविज्ञान, जीव-शास्त्र, अर्थ-शास्त्र, उपन्यास, नाटक, कहानी आदि के साथ कविता का जो प्रचलित रूप है, वही आदिम-समाज में सामूहिक प्रतिभा को व्यंजित करने का एकमात्र साधन था। सम्पूर्ण भारतीय दर्शन कविता की पंक्तियों में बद्ध है। ज्योतिष के आँकड़े भी कविता के माध्यम से व्यक्त हुए हैं। मनुस्मृति का समाज-विधान भी कविता की लय में जकड़ा हुआ है। आयुर्वेद ने अपना उपचार किया है तो वह भी कविता के सहारे। धर्म का आदेश कविता में है। राजनीति की चर्चा कविता में है। अर्थ-शास्त्र का लेखा-जोखा भी कविता में है। मानव-सभ्यता के आदि-ग्रन्थ वेदों का माध्यम भी कविता ही है। उपनिषदों के ब्रह्म का स्वरूप-निर्माण भी कविता ने ही किया है। आदिम-समाज में सामूहिक ज्ञान की बाह्य-व्यंजना के सिवाय कविता के और

कोई चारा ही नहीं था! और आज की वास्तविकता यह है कि समाज में बाहुल्य और वैविध्य के कारण कला, धर्म और विज्ञान का भिन्न रूप तो आवश्यम्भावी था ही पर कविता की एकरूपता भी स्वयं में खंडित हो गयी! वर्ग-विभाजित समाज में उसके भी दो हिस्से हो गये। लोक-काव्य एक दूसरी चीज है और कविता दूसरी। आदिम-समाज की वह अभिन्नता ही न तो संयोग मात्र थी और न आज के युग की यह भिन्नता ही एक संयोग है। दोनों ही परिस्थितिजन्य हैं।

आज के सभ्य मानव का भाषा के साथ जो बर्ताव है, आदिम मानव का वाणी के प्रति यह बर्ताव बिल्कुल नहीं था। आदिम मानव जैसा अनुभव करता था, उसको ठीक उसी रूप में सहज भाव से व्यक्त भी करता था। वाणी का प्रयोग केवल सत्य को व्यंजित करने के लिए ही किया जाता था। जो सत्य था, वही उसकी वाणी में भी था। और जो वाणी में था, वही उसका सत्य भी था! मिथ्या बात को भी व्यक्त करने की आवश्यकता होती है, आदिम-मानव को इसकी जानकारी नहीं थी। लेकिन आज के सभ्य मानव के लिए सत्य की अपेक्षा मिथ्या को व्यक्त करने की खातिर ही भाषा की अधिक आवश्यकता है! आज सत्य को छिपाने के लिए ही भाषा का प्रयोग है! सत्य को अभिव्यक्ति देना तो भाषा के लिए गौण हो गया है। किन्तु आदिम मानव की जीवन आवश्यकता ही ने वाणी को जन्म दिया था, इसलिए वाणी उसके जीवन से कोई भिन्न चीज नहीं थी! जो आदिम मानव के जीवन में नहीं थी, वह उसकी वाणी में भी नहीं था। इसलिए आज दिन भी आदिम मानव की उस वाणी को बाँचने से उसके जीवन को भी आसानी से बाँचा जा सकता है...!

लिपि-बद्ध भाषा से मानवीय वाणी का रूप तो प्राचीन है ही, लेकिन आदिम मानव के लिए वाणी की 'जीवन आवश्यकता' को ठीक से समझ लेने पर यह अनुमान लगाया जा सकता है कि वार्तालाप की साधारण बोली से कविता का रूप और भी प्राचीन है। कविता में लय और गति होती है। छन्द होता है। गति, लय और छन्द से वाणी में एक रहस्यात्मक अद्भुत शक्ति का प्रभाव उत्पन्न हो जाता है, जो समूह के आन्तरिक भाव-जगत् में तादात्म्य स्थापित करने का सहज और अकृत्रिम साधन है। आदिम-समाज में वाणी एक सामूहिक उपज थी। एक सामूहिक आवश्यकता थी। और सामूहिक आवश्यकता के लिए लय और गति-बद्ध वाणी अधिक उपयुक्त है। संगीत से जुदा होकर वाणी सामूहिक आवश्यकता को पूरा नहीं कर पाती! इसलिए आदिम-कविता और संगीत कोई दो भिन्न चीजें नहीं हैं! कविता में प्रयुक्त शब्द उसकी विषय-वस्तु को निर्मित करते थे और लय, गति व संगीत कविता की रूप-सज्जा को सँवारते थे। वार्तालाप की साधारण बोली के माध्यम से एक व्यक्ति दूसरे व्यक्ति से अपने विचारों का आदान-प्रदान करता है। व्यक्ति केवल व्यक्ति से ही मिल पाता है। मगर कविता की इस संगीतात्मक वाणी

के माध्यम से एक सामूहिक भाव-जगत् का पारस्परिक मिलन होता है! कविता एक सामूहिक माध्यम है और कथोपकथन की बोली एक वैयक्तिक साधन। कविता का संगीत रूप सामूहिक संवेदना को उद्‌भासित करता है।

प्रश्न यह उठता है कि आदिम मानव के लिए सामूहिक संवेदना को उत्प्रेरित करने की वैसी आवश्यकता ही क्या है? इस प्रश्न का उत्तर देते समय हमेशा इस बात की सावधानी बरतनी चाहिए कि इस 'आवश्यकता' को आदिम मानव की जिन्दगी से बाहर न टटोला जाए। आज के इस वैज्ञानिक युग में समाज के बीच रहकर भी एक व्यक्ति अकेला जी सकता है। वह निर्जन एकान्त में सुख और आनन्द की लालसा के पीछे दौड़ सकता है। और : उसके लिए यह सम्भव भी है। परन्तु आदिम-मानव के लिए तो समूह ही उसकी जिन्दगी है! वह अकेला मर सकता है, लेकिन अकेला जी नहीं सकता! सामूहिक जीवन की अनिवार्यता पानी, रोटी और हवा की तरह उसकी जिन्दगी और मौत की समस्या है! प्रत्येक वस्तु-स्थिति का आदिम-मानव सामूहिक रूप से सामना करता है। 'जब कभी भूकम्प, ज्वालामुखी, बिजली आदि के रूप में कोई भी प्राकृतिक प्रकोप हो या, एक कबीला दूसरे कबीले पर सहसा आक्रमण कर बैठे या कोई हिंस्र पशु समूह के बीच घुस आये तो इस तरह के खतरनाक व भयंकर क्षणों में आदिम-मानव के लिए सामूहिक प्रतिक्रिया स्वाभाविक रूप से आवश्यक हो उठती है। इस प्रतिक्रिया का रूप होता है—केवल घबराहट, भय और चिन्ता। कविता के रूप में सामूहिक संवेदना का प्रदर्शन ऐसी स्थिति में तो सर्वथा व्यर्थ ही है। इस तरह की दुर्घटनाएँ हमेशा और हर समय नहीं होतीं। कभी-कभी होती हैं। लेकिन दुर्घटना के अभाव में भी उसकी सम्भाव्य पूर्व-कल्पना तो समूह से अगोचर नहीं रहती। उस सामान्य दुर्घटना का सामना करने के लिए वे सामूहिक रूप से तैयारी करते हैं।'[1] इसके लिए सबसे उपयुक्त साधन है—कविता। केवल कविता। तो आदिम-मानव के लिए कविता कोई मनोरंजन या उसकी जिन्दगी से बाहर की चीज नहीं है। उसकी जीवन-मरण की आवश्यकताओं के बीच स्वयं कविता को भी अपनी जिन्दगी मिली है! इन प्राकृतिक अवसरों के अन्यथा कुछ ऐसे सामाजिक अवसर होते हैं कि जिनके लिए भी सामूहिक उद्वेग और सामूहिक तैयारी आवश्यक है। जैसे : खेत जोतना, बोना, फसल काटना या खेती अँवेरना। ऐसे मौकों पर आदिम-समाज में प्राकृतिक संवेगों को एक सामाजिक रूप देना जरूरी हो जाता है। इस सामूहिक संगठन के लिए एकमात्र साधन है—मानवीय वाणी। और जब वाणी द्वारा उच्चारित शब्दों में लय, गति और संगीत का संस्पर्श मिल जाता है तो उनकी आकर्षक-शक्ति समूह की आन्तरिक भावनाओं को एकरूपता प्रदान कर देती है।

---

1. इल्युजन एंड रियलिटी—क्रिस्टोफर कॉडवेल—23

सारे समूह की ताकत व्यक्ति में प्रवेश कर जाती है। वह संगीत में सराबोर हो जाता है। प्रत्येक लय और गति पर वह ताल देकर नाचता है। गाता है। कूदता है और यही आदिम मानव की कविता है। यही उसका संगीत है। और यही उसका नृत्य है। संगीत और नृत्य दोनों मिलकर आदिम-कविता की रूप-सज्जा को निखारते हैं। खेती अँवेरना या फसल काटना इत्यादि ये सामाजिक यथार्थ इस तरह के सामूहिक उत्सवों व त्योहारों में परिकल्पना का रूप धारण कर लेते हैं। और समय आने पर वास्तविक क्रिया के लिए समूह को बल प्रदान करते हैं। प्रेरणा देते हैं। वह मेहनत है जो कविता को जन्म देती है! और वह कविता है–जो अपने संस्पर्श से मेहनत को हल्का करती है! उसे मीठा बनाती है! यह दुहरा चरित्र ही आदिम-कविता की सबसे बड़ी विशेषता है...!

वाणी या भाषा की तरह आदिम-मानव का प्रकृति के साथ बर्ताव भी आज के सभ्य मानव से सर्वथा भिन्न था। जब तक आदिम-मानव के हाथ स्वतन्त्र नहीं हुए थे, तब तक वह स्वयं पूर्ण रूप से प्रकृति का ही एक अंश बना हुआ था। वह निरा पशु ही था। उस में जीव था, मगर आत्म-चेतना नहीं थी! मेहनत और वाणी ने उसे पशु-जगत से ऊपर उठाया! वह अपनी चेतना के प्रति कुछ-कुछ सजग हुआ। इस सजग चेतना का आदिम-मानव के लिए आरम्भ में बस इतना ही परिणाम हुआ कि प्रकृति के अंश-रूप में वह उस से जुड़ा नहीं रहा। वह प्रकृति से भिन्न हो गया। लेकिन उस भिन्नता की चेतना उसे नहीं थी। इसलिए आदिम-शिकारी और आदिम-चरवाहा प्रकृति में अपनी आकांक्षाएँ व अपनी अभिलाषाएँ खोजता फिरता है। और प्रकृति ही उसकी आदिम-आवश्यकताओं को पूरा करती है। वह फलों की तलाश में घूमता है। वह शिकार के पीछे भटकता है। आदिम-शिकारी को प्रकृति की वह प्रारम्भिक जुदाई अखरती है। वह प्रकृति ही में वापस घुल-मिल जाना चाहता है। इसलिए आदिम-शिकारी और आदिम-चरवाहे की कविता भी इन्हीं प्राकृतिक उद्भावनाओं को व्यक्त करती है। शिकार करने की सामूहिक विधि और प्रकृति में घुलमिल जाने की सामूहिक आकांक्षा ही इन कविताओं की विषय-वस्तु हुआ करती है। और उन कविताओं का रूप भी सहज, स्वाभाविक व इन्द्रिय-बोध-गम्य होता है। ऋग्वेद की कुछ ऋचाएँ आदिम-शिकारी के इस सामूहिक उद्वेग का परिचय देती हैं। उन में जंगल की प्रशंसा है। घास, फल, फूल और पशुओं का वर्णन है। जैसे :

'इस महावन में गौ आदि पशु बड़े आनन्द के साथ घास चर रहे हैं। यह जंगल तो बिल्कुल घर जैसा ही है! कोई गाड़ियाँ भेज रहा है। कोई गायों को आवाज दे रहा है। कोई सूखी लकड़ियाँ काट रहा है। और कोई सन्ध्या के बढ़ते हुए अन्धकार में घबरा रहा है। यदि कोई क्रूर जन्तु न हो तो यह अरण्य किसी को नहीं मारता! किसी को कोई दखल नहीं देता। बड़ा भला है–यह अरण्य।

हमें स्वादिष्ट फल खाने को देता है। कस्तूरी और फूलों की सुगन्ध देता है! बिना खेती किये भी वह अन्न से हमारी झोली भर देता है! शिकार करने के योग्य कितने ही पशुओं का जन्मस्थान है, यह अरण्य! कितना भला। कितना सुन्दर! प्रशंसा के योग्य।'[1]

परम्परागत अनुभव और नित्य नयी आवश्यकताओं के अनुरूप पुराने औजारों का सुधार आदिम-शिकारी को स्वावलम्बी बना देता है। वह शिकारी से चरवाह और चरवाहे से कृषक बन जाता है। एक जगह ठहर कर वह पेट भरने की तलाश में मारा-मारा नहीं फिरता। वह अपन हाथों खेत जोतता है। हल चलाता है। बीज बोता है। पानी सींचता है। धान पकाता है। अपने हाथों रोटी बनाता है। खुद भी खाता है। अपने साथियों को खिलाता है। वह प्रसन्न है। स्वावलम्बी है। अब वह प्रकृति के भरोसे नहीं जीता! अपनी मेहनत के बूते पर जीता है। इस बदली हुई परिस्थिति में आदिम-मानव की सामूहिक आवश्यकता बदली। सामूहिक आवश्यकता के बदल जाने पर सामूहिक भावनाएँ बदलीं और बदली हुई सामूहिक भावनाओं के अनुरूप कविता का रूप बदला। आदिम-शिकारी स्वयं प्रकृति में घुल-मिल जाना चाहता है! और आदिम-किसान प्रकृति को अपनी चेतना में सम्मिश्रित कर लेना चाहता है। वह अब अपने में प्रकृति का अंश नहीं खोजता, बल्कि प्रकृति में मानवीय चेतना का अनुभव करता है! समूची प्रकृति को वह अपनी चेतना का ही अंश समझता है। इसलिए आदिम-किसान भी प्रकृति से भिन्न तो नहीं हो पाता, परन्तु प्रकृति के साथ उसका सम्बन्ध अवश्य बदल जाता है। पहले वह प्रकृति की ओर भागता था, अब वह प्रकृति को ही अपने में समा लेना चाहता है...!

आदिम-मानव का यह विश्वास है कि जब प्रकृति उसकी चेतना ही का अंश है तो चेतना पर नियन्त्रण करने से प्रकृति को भी नियन्त्रित किया जा सकता है! अपनी आन्तरिक भावनाओं के अनुकूल वह बाह्य-जगत को बदल सकता है। चेतना और वाणी आदिम-मानव के लिए दो भिन्न चीजें नहीं हैं। इसलिए आदिम-मानव वाणी के माध्यम से प्रकृति पर अनुशासन करने की चेष्टा करता है। और इस चेष्टा की पूर्ति होती है—कविता के सहारे। लय, गति, छन्द, संगीत और नृत्य द्वारा कविता में एक रहस्यात्मक अद्‌भुत शक्ति उत्पन्न होती है, जो समूह के आन्तरिक भाव-जगत को एक सूत्र में पिरो देती है! और उसे पूरा विश्वास हो जाता है कि प्रकृति उसकी चाहना के अनुकूल अपना कार्य निश्चित रूप से सम्पन्न करेगी। शब्दों की यह मन्त्र-शक्ति आदिम कविता का मूलभूत सत्य है। जादू-टोने और मन्त्र की आदिम-भावना ने ही कविता को जन्म दिया। आदिम-मानव अपनी खुली आँखों से देखता है कि

---

1. 10/146/1-6

काले-काले बादल उमड़कर आते हैं। बिजली चमकती है। एक गर्जन की आवाज होती है। पानी बरसता है। खेत लहलहा उठते हैं। फसल बढ़ती है। धान पकता है। इसलिए जब भी खेत को पानी की आवश्यकता होती है, आदिम-मानव समूह बनाकर नाचता है, गाता है और बादलों की कामना करता है। उसका विश्वास है कि कामना करने से जरूर बरसात होगी! वह पानी चाहता है, तो जरूर पानी बरसेगा। उसकी कामना सिद्ध होगी। विश्वास से कार्य में उत्साह, जोश और निष्ठा उत्पन्न होती है! और : मेहनत एक अनिवर्चनीय आनन्द की वस्तु बन जाती है—सहज और मधुर! यह मन्त्र-शक्ति ही आदिम-मानव का विज्ञान है। यही उसका धर्म है। यही उसकी कविता है। यही उसकी कला है। और : यही उसका जीवन है। जगत और वाणी के प्रति आदिम-मानव का यह मन्त्र-विश्वास ही आदिम-कला की विषय-वस्तु है!

वेदों की ऋचाओं में हमें इसी आदिम-विश्वास की पवित्र, विशुद्ध और जीवन्त व्यंजना मिलती है। वैदिक-जीवन का जिस किसी भी बाह्य-पदार्थ से सम्बन्ध था, उसे वैदिक ऋचाओं में जीवन-आवश्यकता के अनुरूप सहज अभिव्यक्ति मिली है। कई बाह्य पदार्थों को उसने देवता के रूप में स्थापित किया है। वैदिक-देव तत्कालीन जीवन की आवश्यकता-विशेष ही का प्रतीक है! उसका रूप हैं। रंग हैं। आकार है। उपयोगिता है। वैदिक-मानव के लिए अग्नि की बड़ी जबरदस्त उपयोगिता थी, इसलिए अग्नि की उसने अपनी ऋचाओं में स्तुति की है। वन्दना की है। उसे एक देव माना है! 'देव' शब्द अब हमारे लिए रूढ़ हो गया है। किन्तु वैदिक मानव के लिए इसका मूल अर्थ था—प्रकाश! जो वस्तु आँखों से दिख जाती हो या जिसका मानवीय इन्द्रियों से बोध किया जा सकता हो, उसे वैदिक-मानव ने 'देव' कहकर सम्बोधित किया है! अग्नि, वरुण, वायु, मारुत, इन्द्र, सूर्य, ऊषा, सन्ध्या, सोम, पर्जन्य आदि—ये ही तो हैं वैदिक देव! हर कदम पर इनकी आवश्यकता रहती थी। और वैदिक-ऋचाओं में इसी आवश्यकता को दर्शाया गया है। जीवन-आवश्यकताओं के जीवन्त-प्रतीक ही वैदिक-जीवन की देवमालाएँ हैं! आदिम-समाज में इन देवमालाओं के अन्यथा धर्म नाम की कोई अलग से चीज नहीं है। लय, गति, संगीत, नृत्य और छन्द-आदिम कविता के रूप को निर्धारित करते हैं और उसकी विषय-वस्तु का निर्माण इन पुराण-कथाओं द्वारा ही सम्पन्न होता है। आदिम-मानव सूर्य, चन्द्र, बादल, हवा, आँधी, अग्नि, ऊषा और सन्ध्या आदि को सामूहिक रूप से अनुभव करता है। सारे समूह को इनकी आवश्यकता रहती है, इसलिए सामूहिक उद्वेग द्वारा ही आन्तरिक भाव-जगत को अभिव्यक्ति मिलती है। जीवन-आवश्यकता से सम्बन्धित वस्तु का आदिम-कल्पना में अनुकरण किया जाता है। इसलिए आदिम-कविता में अन्तर्निहित कल्पना एक सामाजिक छवि-चित्र ही का अंकन है—एक सामाजिक यथार्थ का ही विम्ब है। उसकी व्यंजना में सारे समूह की चेतना व्याप्त रहती है। और पौराणिक

कथाओं में तत्कालीन सामाजिक सम्बन्धों की तत्त्व-कल्पना ही को चित्रित किया गया है। देवमालाओं के अन्तर्विरोधी कथा-तत्त्व ही आदिम-समाज की वास्तविक सच्चाई है! एक ही पदार्थ आदिम-मानव भिन्न-भिन्न परिस्थितियों में भिन्न मानसिक अवस्था के कारण भिन्न-भिन्न रूपों में देखता है, और उससे उसी विभिन्नता के साथ अनुभव भी करता है। पुराण-कथाओं में आदिम-मानव की इन्हीं विविध अनुभूतियों का यथार्थ चित्रण है। आज के बदले हुए यथार्थ में भले ही ये पौराणिक कथाएँ असंगत, अस्वाभाविक और कल्पना मात्र लगें, मगर आदिम-मानव का जीवन-सत्य इन गाथाओं में अविकृत रूप से व्यंजित हुआ है, इस में कोई सन्देह नहीं। आज इन पुराण-कथाओं के द्वारा आदिम-मानव की अज्ञानता और वस्तु-जगत को ठीक से न जानने की उसकी अवैज्ञानिक वृत्ति का भले ही हम उपहास करें, मगर इन गाथाओं में कम-से-कम आदिम-मानव की बेईमानी, कृत्रिमता और मिथ्या आडम्बर तो कहीं लक्षित नहीं होता! यह अज्ञानता ही उसकी एकमात्र सच्चाई है! क्योंकि सत्य आकाश से गिरी हुई कोई आकस्मिक चीज नहीं होती! वह तो हमेशा समाज के बीच अपनी विशिष्ट परिस्थितियों में विशिष्ट क्रम से पैदा होता है। मनुष्य और प्रकृति का व्यवस्थित और सामूहिक संघर्ष ही सत्य का सृजनहार है! वस्तु-जगत के साथ मनुष्य का जो निरन्तर संघर्ष होता रहता है, उसीके बीच सत्य पनपता है! फूलता है। फलता है। सत्य यथार्थ ही का एक अंश है। और यथार्थ हमेशा बदलता रहता है। इसलिए सत्य भी हमेशा बदलता रहता है! उसका कोई चरम और अन्तिम रूप नहीं होता। सत्य की सीमा है—स्वयं विश्व! सामयिक मर्यादा और सीमा के भीतर ही उसकी परख होनी चाहिए। आदिम-मानव का सत्य आदिम वस्तु-जगत और आदिम-यथार्थ से मर्यादित है! और आज के सत्य की सीमा आज की बदली हुई वास्तविकता है। इसलिए आज के युग में सत्य को परखने के जो मापदंड हैं, उन से आदिम-यथार्थ की ठीक से नापजोख नहीं हो सकती!

और वस्तु-जगत और यथार्थ इसलिए बदलता रहता है कि इनको बदलने के लिए मानवीय साधन बदलते रहते हैं। मानवीय शक्ति बदलती रहती है। प्रकृति को अपने अनुकूल बनाने के लिए मनुष्य के अस्त्र-शस्त्र बदलते रहते हैं। इसलिए वस्तु-जगत और यथार्थ भी बदलता रहता है। मनुष्य जब समाज बनाकर रहता है तो जिन्दा रहने के साधन भी उसे अपने ही हाथों जुटाने पड़ते हैं। उसे खाने को धान चाहिए। शरीर ढाँपने को कपड़ा चाहिए। सर्दी, गर्मी, आँधी, बरसात, हिंस्र-पशु और प्रकृति के अन्ध प्रकोपों से बचने के लिए उसे एक सुरक्षित मकान चाहिए। इन जीवन-आवश्यकताओं को खाली दो नंगे हाथों तो पूरा किया नहीं जा सकता! औजारों का प्रयोग जरूरी है! निहायत जरूरी! इनके बिना तो मनुष्य कुछ भी काम नहीं कर सकता। प्रकृति को अपने अनुकूल बनाने की खातिर, बढ़ती हुई आवश्यकताओं की

पूर्ति के लिए उसे अपने ही हाथों निर्मित किए हुए औजारों का प्रयोग करना पड़ता है। ये औजार ही तो मनुष्य की इच्छा व आवश्यकता के अनुरूप भौतिक मूल्यों का निर्माण करते हैं! भौतिक मूल्यों को निर्मित करने वाले इन उत्पादन-साधनों का आविष्कार तो मनुष्य स्वयं ही करता है, परन्तु आविष्कृत औजारों के अभाव में तो वह स्वयं भी अधूरा है! औजार ही मनुष्य की वास्तविक शक्ति है! लेकिन वह शक्ति स्वयं में निष्क्रिय नहीं है। मनुष्य की चेतना के परे भी वह समाज में अपना कार्य हरदम करती रहती है! मनुष्य तो अपनी बढ़ती हुई आवश्यकताओं की पूर्ति के लिए नये उत्पादन-साधनों का आविष्कार कर लेता है—आगे के परिणामों को बिना सोचे-विचारे। मगर ये उत्पादन-साधन मनुष्य के पिछले सारे सामाजिक सम्बन्धों को तोड़ डालते हैं और अपने हिसाब से नये सामाजिक सम्बन्धों की स्थापना करते रहते हैं। ये उत्पादन-साधन समाज को कभी एक जगह रुका नहीं रहने देते, उसे विकास की ओर अग्रसर करते ही रहते हैं। तो समाज के विकास की आखिरी जिम्मेवारी भौतिक मूल्यों को निर्मित करने वाले इन उत्पादन-साधनों पर ही आकर ठहरती है। तत्कालीन-समाज की उत्पादन-शक्ति, श्रम-विभाजन, वर्ग-विभाजन, उत्पादन-सम्बन्ध, कला, विज्ञान, धर्म, वैविध्य, दर्शन, साहित्य, रीति-रिवाज, सोचना, विचारना आदि सब-कुछ इन्हीं औजारों (उत्पादन-साधन) पर निर्भर करता है!

आदिम-औजारो के कारण ही तत्कालीन समाज के आदिम-विश्वास, आदिम-कला और आदिम-कविता का वह आदिम रूप है। अविकसित औजारों की वजह से आदिम-जीवन में वैविध्य असम्भव है। इसलिए आदिम-समाज के व्यवहार, उसके चिन्तन, उसकी कला में भी विविधता नहीं है। सिवाय शारीरिक भिन्नता के सब-कुछ समान होता है। औजारों की भिन्नता के कारण ही समाज में बढ़ई, कुम्हार, लुहार, जुलाहे, कन्दोई, मोची, डॉक्टर, इंजीनियर, ड्राइवर आदि उत्पन्न होते हैं। और काम के तरीके व औजार भिन्न होने के कारण ही जीवन में विविधता प्रवेश करती है। जीवन की विविधता के अनुरूप चिन्तन, व्यवहार, रहन-सहन, कला, विज्ञान के क्षेत्र में भी वैविध्य उत्पन्न हो जाता है। लिपिबद्ध भाषा का आविष्कार होने से पहले साहित्य की मर्यादा केवल वाणी तक ही सीमित थी। उसका आधार सर्वथा मौखिक ही था। मनुष्य का सम्पूर्ण साहित्य मनुष्य की देह के भीतर ही संचित था—स्मृति में या जिह्वा पर! वाणी द्वारा जो भी नया साहित्य मुखरित होता था, उसे स्मृति के माध्यम से सुरक्षित रखना पड़ता था। और संचित किये हुए साहित्य को वाणी द्वारा प्रेषित किया जाता था! कविता में लय, गति, संगीत व छन्द के सम्मिश्रण से वाणी और स्मृति के संयोग का आसानी से निबाह किया जा सकता है। इसलिए आदिम-मानव की सामूहिक प्रतिभा को व्यक्त करने के लिए कविता ही पूर्ण रूप से एक उपयुक्त साधन है!

समय आगे बढ़ता रहा। फिर भला मनुष्य कैसे पीछे रहता? परम्परागत अनुभव और ज्ञान के सहारे वह समय के साथ कदम मिलाता हुआ आगे बढ़ता रहता है, क्योंकि जीवन की आवश्यकताओं को पूरा करने की समग्र जिम्मेदारी अब स्वयं उसी के कन्धों पर आ पड़ी है। और : इस जिम्मेदारी को निबाहने के लिए अपने औजारों का ही भरोसा है! इसलिए उत्पादन के साधनों में बढ़ती हुई आवश्यकताओं के अनुरूप सुधार होता रहता है। विकसित औजारों की मदद से जीवन-आवश्यकताओं को पूरा करना धीरे-धीरे आदिम-मानव के लिए सुगम एवं सरल काम रह जाता है। वह पहले की अपेक्षा काफी कम समय में अपनी जरूरतों को पूरा कर लेता है। अब उसे अन्य जीवन-समस्याओं को सोचने-विचारने के लिए भी काफी समय लगा है। उपनिषद-कालीन समाज और वैदिक समाज की चिन्ता-धारा में यही अन्तर विशेष तौर पर लक्षित होता है। उपनिषद-कालीन समाज को संस्कृति व परम्परागत ज्ञान के रूप में वैदिक-साहित्य मिला था। उत्पादन के साधनों को आविष्कृत करने के लिए उसे नये सिरे से संघर्ष नहीं करना पड़ा था। वैदिक-साहित्य और उस में वर्णित देवमालाओं का दार्शनीकीकरण किया गया। आत्मा, ब्रह्म और जगत के तत्त्व-स्वरूप की व्याख्या की गयी। वेदकालीन आर्यों का ब्रह्मन् उपनिषद-कालीन दार्शनिक से भिन्न था। वैदिक ब्रह्मन् सगुण था! और उपनिषदों का ब्रह्मन् निर्गुण! वैदिक ब्रह्मन्-बाह्य सत्ता का ही एक यथार्थ था, जिसके आनन्द की प्राप्ति भौतिक परिश्रम के द्वारा ही सम्भव हो सकती थी। वैदिक-ब्रह्मन् जीवन का आनन्द लेता था। खाता था। पीता था। नाचता था। आनन्दित होता था। समुन्नत होता था। उपनिषदों का ब्रह्मन् इन्द्रियों के परे और ज्ञान के भी परे था। उस में कोई भावना या अनुभूति नहीं थी। उसके लिए खाना, पीना, आनन्द मनाना निषिद्ध था।'[1] पौराणिक आदिम-कथाओं के साथ भी उपनिषद-कालीन दार्शनिक का वह पूर्ववत् आदिम बर्ताव नहीं रहा। उन्हें भी एक धार्मिक बाना पहना दिया गया। वे सर्वथा जड़ और निष्क्रय हो गयीं! जीवन में उनकी कोई जीवन-आवश्यकता नहीं रही। इन पुराण-कथाओं का अन्त आदिम-वर्गहीन-समाज के अन्त का सूचक है!

तो आदिम-समाज की वह सामूहिक एकरूपता हमेशा के लिए अक्षुण्ण नहीं बनी रही। प्रकृति ने समाज के भीतर प्रवेश किया तो मनुष्य और मनुष्य के बीच झगड़ा पैदा हो गया! झगड़ा भी इस तरह का जो पहले कभी नहीं था। इसके पहले भी कबीले आपस में लड़ते थे। हमला करते थे। मरते थे। मारते थे, किन्तु मानव समाज के बीच यह आपसी वर्ग-संघर्ष अपनी तरह का एक सर्वथा नया ही संघर्ष है। प्रकृति के इस घनिष्ठ सम्बन्ध ने अखंड मानवता के बीच फूट पैदा कर दी! प्रकृति के साथ मनुष्य की लड़ाई तो हो गयी गौण और प्रधान बात हो गयी मनुष्य और मनुष्य

1. भारत-श्रीपाद अमृत डांगे, पृष्ठ 58।

का आपसी बैर! परम्परागत अनुभव ज्ञान और औजारों के सुधरे रूप की ताकत के सहारे मनुष्य प्रकृति से जबरदस्ती वसूल करना सीख गया है। प्रकृति को ज्यों-ज्यों मनुष्य ने गहराई के साथ बेधना आरम्भ किया, त्यों-त्यों वह मनुष्य की झोली में अधिक से अधिक धान भरने लगी! मनुष्य ने हाथ में हल क्या थामा, मानो प्रकृति की कलाई को ही उसने अपनी मुट्ठी में कसकर पकड़ लिया। बैलों की फुरणियों में नाथ क्या डाली, मानो प्रकृति को ही लगाम देकर उसने अपने वश में कर लिया!

परन्तु प्रकृति की यह विजय मनुष्य की अपनी करारी हार बनकर रह गयी! मनुष्य, मनुष्य का स्वामी हो गया! मनुष्य, मनुष्य का गुलाम हो गया! पीढ़ियों के अनुभव से आदिम-मानव की समझ-बूझ विकसित होती रही। पहले वह पशुओं को मारकर अपनी उदर-पूर्ति करता था! अब वह उन्हें पाल कर, उन्हें जिन्दा रखकर अपनी आवश्यकताओं को पूरा करना चाहता है, क्योंकि उन्हें मारकर खाने से घास चराकर उन्हें जिन्दा रखने से उसका फायदा ज्यादा है। पहले आदिम-मानव लड़ाई में जीते हुए दास को जान से मार डालता था! क्योंकि जिन्दा रखकर उसके द्वारा काम-काज कराने से कोई लाभ ही न था। प्रकृति की बढ़ती वसूली ने दासों की जान बचा ली!! गुलाम मालिक के घर से जितना खाता है, या यों कहें कि उसे जिन्दा रखने के लिए मालिक को जितना खर्च करना पड़ता है, वह उस से दिन भर मेहनत करवाकर ज्यादा वसूल कर सकता है! फिर उन्हें मारने से फायदा? गुलामों को कब्जे में रखकर मालिक उनकी मेहनत के बूते पर जी सकता है! आराम की जिन्दगी बसर कर सकता है! इसलिए शारीरिक ताकत, वीरता, बाहु-बल, शौर्य, निडरता, युद्ध कला, रण-चातुर्य, अस्त्र-शस्त्रों की संचालन विद्या, उस समय जिन्दा रहने के लिए प्रमुख शक्ति थी। जो वीर पराक्रमी है, वही धरती भोग सकता है! निर्बल और कायर गुलाम बना लिए जाते हैं! औजार स्वयं तो कुछ उत्पन्न करने से रहे, उनको प्रयोग में लाने के लिए, धान पैदा करने के लिए आदमी चाहिए! ऐसे आदमी—जो ठीक औजार ही की तरह मालिक की व्यक्तिगत सम्पत्ति हों! जो सबल, वीर, साहसी होता है, वह निर्बल को गुलाम बनाकर रख सकता है! व्यक्तिगत वीरता, बर्बर-युग की विशेष मान्यता समझी जाती है! और तत्कालीन समय की कविता भी अपने समय की उस मान्यता को स्वीकार करती है! जब स्वयं मनुष्य वीर-पूजा करने लगा है तो कविता भी वीर-भावना को व्यंजित करने लगी! दास-युग की कविता वीर नायकों का जी भरकर बखान करती है! वीरता, शौर्य, पराक्रम का गुण-गान करना उसका सामयिक उत्तरदायित्व हो जाता है। महाकाव्यों की रचना कविता की इसी सामयिक जिम्मेवारी का ही परिणाम है! आदिम-वर्गहीन-समाज और दास-युग के सन्धिस्थल के बीच ही महाकाव्यों की सृष्टि होती है! जिनके चरित्रनायक अवतार या महापुरुष हुआ करते हैं! आदिम सामूहिक गान, महाकाव्य के माध्यम से अभिव्यक्ति पाते हैं। महाकाव्यों

में वर्णित कथा का स्वरूप तो सामूहिक ही होता है। लेकिन एक व्यक्ति के माध्यम से सामूहिक उद्वेग को व्यंजना मिलती है। महाकाव्यों का लोकनायक अपनी वैयक्तिक वीरता व साहस का प्रदर्शन करते हुए भी सामूहिक प्रतिनिधित्व की जिम्मेवारी से प्रतिक्षण मर्यादित रहता है। वीर-युग के आख्यान-चक्र महाकाव्यों का विशाल आकार ग्रहण कर लेते हैं। कविता में एक सामूहिक कथा ने प्रवेश किया तो वह महाकाव्य में परिपित हो गयी! नृत्य में कथा ने प्रवेश किया तो उसने नाटक का रूप धारण कर लिया! लेकिन लोक-गीतों में तो नृत्य, संगीत इन तीनों की अभिन्नता आज दिन भी कायम है! किन्तु महाकाव्यों के सामूहिक गान से नृत्य और संगीत थोड़ा-थोड़ा किनारा करते रहते हैं! महाकाव्य का विषय सामूहिक कथा ही रहती है और काव्य उसका रूप। और इसी तरह प्रारम्भिक नाटकों में भी विषय-वस्तु का निर्माण कथा के द्वारा ही होता है। परन्तु उसके रूप-तत्त्व की पूर्णता कविता, नृत्य और संगीत के सम्मिश्रिण से ही प्राप्त होती है!

जब दास-समाज में एक ऐसी वर्ग-व्यवस्था कायम हो गयी कि अधीनस्थ गुलामों की मेहनत के बल पर प्रभु-वर्ग बिना मेहनत किये हुए भी आराम से जिन्दा रह सकता है तो इस आराम की जिन्दगी को बसर करने के लिए एक कला-विशेष में पूर्णतया दक्ष होना पड़ता है। वह कला है—गुलामों को अधिकार में रखने की शक्ति! इस कला-विशेष को साधने से तत्कालीन जीवन की सामयिक आवश्यकताओं को पूरा किया जा सकता है। गुलाम की भौतिक देह के अलावा उसके धर्म और उनकी कला को भी मालिक अपने अधिकार में ले लेता है। तब धर्म और कला का कर्तव्य बचा रहता है—ठीक गुलाम ही की तरह अपने स्वामी के आदेश का पालन करना! मालिक मेहनत से दूर रहता है। अधीनस्थ कविता और धर्म भी मेहनत और मेहनत करने वालों से दूर रहते हैं! केवल आराम और विनोद की सामग्री ही में निःशेष हो जाते हैं। जब आदिम-समाज की सामूहिक एकरूपता नष्ट हो जाती है तो कविता भी दो हिस्सों में बिखर जाती है! तब लोक-काव्य और कविता को अलग से सम्बोधित करना आवश्यक हो जाता है।

आदिम-वर्गहीन-समाज में कविता, धर्म, देवमालाएँ, मन्त्र, जादू-टोना, संगीत, नृत्य इत्यादि सब एक ही में सन्निहित थे। वर्ग-विभाजित समाज में धर्म-कविता से जुदा हो जाता है! वह एक निश्चित 'मत' का जड़-रूप धारण कर लेता है! वर्ग-समाज में समूह की चेतना उसकी अपनी चेतना नहीं होती! वह प्रभु-वर्ग द्वारा ऊपर से थोपी हुई एक बाहर की चीज होती है! शोषित-वर्ग की चेतना को अपने हिसाब से ढालने के निमित्त प्रभु-वर्ग, धर्म और साहित्य से पूरी-पूरी मदद लेता है! आरम्भ में इसका रूप उतना स्पष्ट नहीं होता। धीरे-धीरे वर्ग-संघर्ष के स्पष्ट होने पर वह स्पष्टतर होने लगता है। 'दास-युग' की सामयिक परिस्थिति में सरदार, पंडे, पुरोहित, गुलाम, दास,

स्वामी इत्यादि के रूप में समाज के भीतर वैविध्य उत्पन्न होने से उसके साहित्य में भी विविधता पैदा हो जाती है। लिपिबद्ध भाषा के अभाव में सहज व स्मृति-सुलभ होने के कारण अभिव्यंजना का माध्यम तो कविता ही रहती है, किन्तु सामूहिक संवेदना का क्षेत्र थोड़ा-बहुत सीमित हो जाता है। पंडे, पुरोहित, सरदार, दास और दास-स्वामियों की परिवर्तित स्वार्थ-भावना के मुताबिक उसके आदिम-चरित्र का वह व्यापक सामूहिक रूप अवश्य कुछ सिमट जाता है। उस सिमटे हुए रूप का वृहत् आकार है—महाकाव्य!

काल-देवता की गति क्षण भर के लिए भी अवरुद्ध नहीं होती! वह अविराम गति से आगे बढ़ता ही रहता है! समय बदला। परिस्थितियाँ बदलीं। बदली हुईं परिस्थितियों में दास-युग का वह वीर, पराक्रमी सरदार राज्य-पद पर आसीन हो जाता है! आत्म-रक्षा के लिए तब युद्ध जरूरी था! राजा भी जरूरी था! जिस युद्ध-निरत कबीले के पास राजा नहीं होता था, उसकी अकसर हार हुआ करती थी! इसलिए एक व्यक्ति को सामूहिक रक्षा और सैन्य-संचालन का भार सौंपना अनिवार्य हो गया! सामूहिक सत्ता, सामूहिक सामर्थ्य, सामूहिक शक्ति और सामूहिक सम्पत्ति को 'व्यक्ति' के हवाले करना पड़ा! सैन्य-संचालन और सामूहिक रक्षा की खातिर राजा को प्रजा द्वारा कर देना पड़ता था! जीवन की उपज का एक नियमित हिस्सा उसके सुपुर्द करना एक सामूहिक कर्तव्य था! किन्तु राज्य-पद पर आसीन होने के पश्चात् व्यक्ति फिर व्यक्ति ही नहीं रहा! वह समूह से भी अधिक ताकतवर हो गया! आरम्भ में जब 'व्यक्ति' सामूहिक सत्ता पर आरूढ़ हुआ तो थोड़े-बहुत समय तक वह समूह की मान्यताओं से मर्यादित रहा, परन्तु जब राज-सत्ता व्यक्ति पर सवार हो गयी तो फिर उसके 'मद' की भी कोई सीमा नहीं रही! वह अपनी मनमानी करने लगा। स्वयं को ईश्वर का ही प्रतिरूप घोषित करने लगा! साहित्य, कला और धर्म के माध्यम से उक्त घोषणा को प्रचारित किया गया। समय के दौरान धीरे-धीरे यह घोषणा लोक-जीवन के संस्कारों में घुल-मिलकर उसकी चेतना ही का एक अंश बन जाती है! जनता राजा को ईश्वर के रूप में स्वीकार कर लेती है! उसका गुणगान करती है। वन्दना करती है। राजा के दर्शन को अपना सौभाग्य समझती है! जन-चेतना के साथ-साथ कविता ने भी अपना स्वर बदला! अपना वेश बदला। अपनी दृष्टि बदली! जनता के स्वर में वह भी अपना स्वर मिलाकर राजा का गुणगान करती है! राजा की वन्दना करती है! शक्ति, सम्पत्ति और सत्ता के पाँवों में लोटने का उसने अपना स्वभाव बना लिया! मेहनत के पसीने से उसे बू आने लगी। रेत, काँटे, पानी और धूप से वह अपना दामन बचाने लगी! आराम, सुगन्ध और ऐश्वर्य की तलाश की खातिर वह राज-प्रासादों में जमकर रहने लगी! राज्याश्रित कवि बिहारी ने तो बार-बार अपनी कविता में लोक-रुचि की भर्त्सना की है! उसका मजाक उड़ाया

है—कि पसीने और रेत की बदबू में जीवन भर पले हुए गाँव के जाहिल इत्र की सुगन्ध को क्या खाक पहचानेंगे? ये इत्र को हथेली में भरकर चाटते हैं। मीठा-मीठा कहकर उसकी सराहना करते हैं! अजीब इनकी समझ है! अजीब इनकी रुचि है! जैसे गँवार ये, गाँधी भी इन जैसा ही गँवार! जाने किस आशा से यह मूर्ख इत्र को गाँव में बेचने निकला है।[1] राजा के 'पकवानों' पर पलने वाले, दरबारी हवा में साँस लेकर जीने वाले 'महाकवि' बिहारी को क्या मालूम कि गाँवों की जनता टहनी पर लगे हुए फूलों के वन में रहती है! वह तो केवल फूलों की सुगन्ध ही को समझती है! वह स्वयं अपनी मेहनत से, अपने हाथों से फूलों को जीवन देती है। बेचने के लिए नहीं। जिसे फूलों की सुगन्ध चाहिए, वह यहाँ चला आये। फूल अपनी जगह नहीं छोड़ता! यदि छोड़ भी दे तो फिर उस में वह ताजगी नहीं रहती। इत्र (कला) को बेचकर उसे रोजी कमाना नहीं आता! इत्र की खरीद-बिक्री तो राज-दरबारों में होती है! गाँवों में नहीं। किन्तु राज-कवि धोखा खा गया। इत्र (राज्याश्रित कला) का बाजार बढ़ाने के लिए वह गाँव में आ भटका! जहाँ घर-घर में गुलाब व चमेली (लोक-गीतों) के फूल महक रहे हैं! सामन्ती युग में जब सत्ता, सम्पत्ति और शक्ति को व्यक्ति की सीमा में केन्द्रित कर दिया गया तो बदले हुए वातावरण के अनूकुल कविता अपना चरित्र और अपनी प्रकृति बदलती रही! जन-समूह से वह काफी तेजी के साथ किनारा करने लगी! श्रम-निरत जन-जीवन से जी चुराकर वह राज-महलों में आराम की साँस लेती है। राजाओं की आश्रित बनकर वह मौज करती है! उसके अखंड राज्य की सीमा घटते-घटते सामन्ती परकोटे तक ही सीमित रह जाती है...!

राज्य को कायम रखने के लिए या उसका विस्तार करने के लिए सेना, मन्त्री, राज्य-कर्मचारी, पुरोहित इत्यादि रूपों में समाज के भीतर वैविध्य बढ़ता रहता है! जीवन-यापन के कई नये-नये तरीकों का अस्तित्व सम्भव होता रहता है! जन-चेतना कई भागों में विभाजित हो जाती है! वैयक्तिक भावना पोषित होने लगती है! वैयक्तिक-आवश्यकता को उद्‌भासित करने के लिए भाषा का लिपिबद्ध रूप आवश्यक हो जाता है! लिपि का प्रचलन वैयक्तिक भावना को फिर उकसाता है। दोनों ही एक-दूसरे को प्रभावित करते हैं। समूह और कंठ का आपस में सम्बन्ध है! इसी प्रकार व्यक्ति और लिपि भी एक-दूसरे के पूरक हैं!

सामन्त-युग में कविता समूचे समाज की जीवन-आवश्यकता न रहकर केवल कुछ व्यक्तियों के जीवन-यापन का साधन रह जाती है! राज्याश्रित कवियों की

---

1. कर फुलैल को आचमन, मीठो कहत सराहि।
   गन्धी गन्ध गुलाब को, अतर दिखावत काहि?
   कर लै सूँघि सराहि कै, सबै रहे गहि मौन!
   गन्धी गन्ध गुलाब का, गवई गाहक कौन?

आर्थिक-निर्भरता कवियों की स्वतन्त्रता का अपहरण कर लेती है! वे अपनी इच्छा और अपनी प्रेरणा से काव्य की रचना नहीं करते! बल्कि दरबारी मान्यताएँ ही कवि की प्रेरणा-शक्ति को नियन्त्रित करती हैं! कविता सामूहिक उद्‌भावना के स्थान पर व्यक्ति के कौशल एवं वाक्-चातुर्य पर ही पूर्णतया निर्भर हो रहती है! सामूहिक सम्पत्ति का अधिष्ठाता होने के कारण राजा के लिए अर्थ व धन की तो बेहद प्रचुरता रहती है! भूख, प्यास, नींद, वेश, भवन और अर्थ-संचय की भावना के श्रेष्ठतम साधन उसे उपलब्ध रहते हैं। भौतिक आवश्यकताओं के लिए उसे रंचमात्र भी चिन्तित होने की आवश्यकता नहीं रहती! काम-भावना की तुष्टि के लिए विलास और नित्य-नवीन क्रीड़ाओं की विविधता ही उसके चिन्तन की प्रमुख समस्या बच रहती है! और राजा या सामन्त की सौन्दर्य-लालसा के रंजन की जिम्मेवारी दरबारी कलाकारों पर आकर ठहरती है। राजा की समस्या कवि की अपनी समस्या बन जाती है! वह अपनी कविताओं में तरह-तरह से नारी के नख-शिख का वर्णन करता है! नायिका के चरित्र भेदों का रहस्य उद्‌घाटन करता है! निम्न-से-निम्न शृंगारिक वर्णन करता है! नारी के सौन्दर्य, उसके यौवन, उसके आकर्षण, उसकी चतुराई को दर्शाता है! उसकी व्याख्या करता है! कभी प्रशंसा करता है तो कभी भर्त्सना करता है! संयोग और वियोग के दायरे से बाहर भी समाज का अस्तित्व है, उसके कार्यकलाप हैं, अनेक सत्य हैं—इसकी वह कल्पना ही नहीं कर सकता! दरबारी कविता की विषय-वस्तु अधिकांशतया नारी की देह पर ही मँडराती रहती है! कभी परे भी हटती है तो सामन्तों के रोब-दाब, उनकी विलासिता, ऐश्वर्य और उसके कार्य-व्यापारों के घेरे में चक्कर काटती रहती है!

आपसी लड़ाई का खतरा सामन्ती-युग में हमेशा बना रहता है! इसलिए वैयक्तिक वीरता, साहस, निडरता ही सर्वोपरि नैतिक मान्यता समझी जाती है! लड़ाई में जो योद्धा जितने अधिक मनुष्य मार सकता है, वह उतना ही वीर है! श्रेष्ठ मनुष्य है! प्रशंसा के योग्य है! सामन्ती कविता भी अपने समय की मान्यताओं को अपनाती है। उनका प्रचार करती है। समर्थन करती है। इसलिए शृंगार और वीर रस की अतिशयोक्तिपूर्ण निराली सूझबूझ सामन्ती-कविता का प्रमुख चरित्र है! आभूषणों व अन्य शृंगारिक उपादानों से नारी के सौन्दर्य में वृद्धि होती है तो कोई कारण नहीं कि कविता भी अलंकारों से सुन्दर दिखलाई न दे! कवि की यह अचेतन समझ, कविता को अलंकारों से लाद देती है! कविता जब सामूहिक जीवन व मेहनत से दूर हट जाती है तो वह छन्द, नियम, विधान, रीति-नीति और परम्परा आदि के गणित से अनुशासित होने लगती है! जो कला जीवन की आवश्यकताओं से उत्प्रेरित नहीं होती, उस में विषयगत वैविध्य का अभाव रहता है और उसके रूप-तत्त्व का कौशल ही अधिक बढ़ जाता है! विषय और रूप का तादात्म्य नहीं रहता। कला केवल कौशल, कारीगरी, चातुर्य के दाँव-पेचों में ही निःशेष हो जाती है! थोथे पांडित्य और अहेतुक

चिन्तन से कविता का रूप तो तरह-तरह की शैलियों में प्रदर्शित होता रहता है, किन्तु विषय जड़, स्थिर, और निष्क्रिय हो जाता है! विषय की सक्रिय सार्थकता के माध्यम से जब तक रूप स्वयं निर्मित नहीं होता, तब तक शैलीगत विविधता निष्प्राण ही रहती है!

कविता और प्रकृति का सम्बन्ध भी सामन्ती-युग में पहले जैसा नहीं रहता। प्रकृति का चित्रण कृत्रिम और विकृत हो जाता है! सामन्ती-संस्कारों द्वारा पोषित कवि की चेतना-दृष्टि प्रकृति में भी नारी की खोज करती है! प्रकृति के साथ रहे बिना, उसे अपने ही जीवन का अंश माने बिना, उसे सच्चे माने में चित्रित नहीं किया जा सकता! इसलिए सामन्तकालीन कविता में प्रकृति की अपेक्षा दरबारी वैभव, ठाट-बाट, आडम्बर, राज-प्रासादों के ऐश्वर्य व दरबारी रोब-दाब का वर्णन अधिक मिलता है! कवि का जहाँ और जिस से भी प्रत्यक्ष सम्पर्क होता है, वह उसकी कविता में स्वयमेव प्रकट हो जाता है!

आराम की तलाश में अकेली कविता ही राजा की शरण में नहीं आयी थी! नृत्य और संगीत भी उसके साथ थे! लेकिन दरबारी ईर्ष्या, प्रतिस्पर्धा, द्वेष के उस सर्वव्यापी वातावरण में उनकी एकता कायम नहीं रह सकी! अपने अलग-अलग करतब दिखाकर वे राजा को रिझाने का प्रयत्न करते हैं! कला का उद्‌गम-स्थान राजा की रीझ-खीज तक ही सीमित रहता है! सामूहिक आवश्यकता के कारण ही नृत्य, संगीत और कविता की पारस्परिक अभिन्नता है! कारण से दूर होने पर उसका प्रभाव भी दूर हो जाता है! फिर भला उनकी एकरूपता कैसे कायम रहती? संगीत कविता से बिछुड़कर केवल वाद्यों में अपने को समेट लेता है। और कविता संगीत तथा सामूहिक उद्‌भावना के अभाव को कृत्रिम तरीकों से पूरा करती है! अपने रूप को खूब सजाती-सँवारती है! नृत्य भी कविता से जुदा होकर चुप्पी साध लेता है! गूँगा हो जाता है! परन्तु संगीत का संग छोड़ने से तो वह एक कदम भी आगे नहीं बढ़ सकता। पंगु हो जाता है! संगीत अपने बूते पर अकेला जिन्दा रह सकता है, लेकिन नृत्य बिना संगीत के पाँवों पर खड़ा नहीं हो सकता! ताल का सहारा आवश्यक है। वाद्य-संगीत–कविता के अभाव की पराकाष्ठा है तो आधुनिक गद्य-गीत संगीत के अभाव का परला किनारा है! ये तीनों कलाएं दरबारी वातावरण का अनुकूल सहयोग पाकर अपनी रूपगत शैली में खूब तरक्की करती हैं! किन्तु लोक-जीवन में कविता आज भी संगीत है, नृत्य है, एक धार्मिक कृत्य है, प्रार्थना है, आनन्द है, उल्लास है और एक आवश्यकता है! सामन्तकालीन जीवन में विविधता इस रूप में प्रकट नहीं होती कि जिस से कहानी और कविता के बीच विरोध पैदा हो जाए! कविता और कहानी का आपस में मेल बना रहता है! तत्कालीन कविताओं में अकसर एक कथा विद्यमान रहती है। कहानी, विषयवस्तु को निर्मित करती है

और कविता उसके रूप-तत्त्व को!

तुलसी, चंडीदास, मीरा, कबीर और सूर ये स्वतंत्र कवि थे। किसी राजा के आश्रित नहीं थे! मन में जो भावना उठती थी केवल उसी का पालन करते थे। सत्ता का भय उन्हें नहीं था। राजा की रीझ-खीझ से उन्हें कोई वास्ता नहीं था। सत्य से डरते थे! सच्ची बात कहना जानते थे! सामूहिक आवश्यकता को उन्होंने अपने भीतर अनुभव किया। सामूहिक उद्वेग को अपने कंठ से मुखरित किया, तभी तो हर गले में वह सहजता के साथ उतरता चला गया। चंडीदास, मीरा, कबीर और सूर जनता के अपने कवि थे! इसलिए जनता ने उनकी वाणी को अपनी वाणी में भर लिया। वे मुक्त थे। उनकी चेतना मुक्त थी। उनकी कविता मुक्त थी...!

दास-युग के अन्तर्विरोधों ने राजा को ताज पहनाकर सम्मानित किया था। उसे सोने के सिंहासन पर बिठाया था! उसकी पूजा की थी! और : सामन्त-युग के अन्तर्विरोधों ने उसके सिर से वापस ताज उतार लिया! उसके हाथ से सामूहिक सत्ता छीन ली! समय-देवता की चाल के ऐसे ही कदम उठा करते हैं! उनका ऐसा ही परिणाम हुआ करता है! राजमहलों के गुम्बदों से पार होता हुआ उसका अगला कदम आगे बढ़ा नहीं कि लम्बी-लम्बी चिमनियाँ उठ आयीं! धान पैदा करने वाली जमीन धुआँ उगलने लगी! भाप का इंजन चलने लगा! धड़ाधड़ कारखाने खुल आये! सीटियाँ बजने लगीं! मजदूरों का जत्था काम करने के लिए दौड़ पड़ा! प्रकृति से वसूल करने की ताकत मनुष्य ने लाख गुना बढ़ा ली है! हर वसूली के बाद उसकी माँग बढ़ रही है! हर बढ़ी हुई माँग को प्रकृति पूरा कर रही है! मनुष्य के आगे उसका कोई जोर ही नहीं चलता! प्रकृति की जमीन से उसकी आवश्यकताओं का क्षेत्र कहीं अधिक बड़ा है! और वह तो निरन्तर फैलता ही रहता है! जमीन अपने माप में बँधी है! मनुष्य के जीने की खातिर अब जमीन ही काफी नहीं है! नयी आवश्यकताओं की जिम्मेवारी नये यन्त्रों पर आधारित है! भौतिक मूल्यों को निर्मित करने वाले उत्पादन-साधन सभ्यता के इस युग में बेहद बढ़े! मनुष्य की उत्पादन-शक्ति भी बेहद बढ़ी! सभ्यता के इस प्रारम्भिक काल में ही मनुष्य ने अपनी मेहनत से इतना पैदा कर लिया कि अतीत की समूची पैदावार का नापजोख भी उसके बराबर नहीं हो सकता!

किन्तु मनुष्य की इस असीम उत्पादन-शक्ति के बावजूद उसके साथ एक ऐसी विडम्बना लगी रही कि जिसका सम्पूर्ण समाधान अब तक नहीं हो पाया। ज्यों-ज्यों वह अपने विकसित औजारों के द्वारा अधिक-से-अधिक पैदा करने लगा, त्यों-त्यों वह अपनी पैदावार से वंचित होता गया! बाजार में बेशुमार कपड़ा भरता गया और आदमी नंगा होता गया। मंडी में लाखों मन धान इकट्ठा होता गया, सड़ता गया और आदमी दाने-दाने को मोहताज होता गया! बीमारियों से न मरने देने के लिए हजारों की तादाद में नयी-नयी दवाइयाँ आविष्कृत हो रही हैं और आदमी बिना इलाज के

मर रहा है! क्योंकि बाजार की खूबसूरत दुकानों में दवाई बीमार को नहीं मिलती, पैसे वाले को मिलती है! हजारों नये-नये काम बढ़े। करोड़ों की तादाद में आदमी काम पर लगे और अगणित आदमी बेकाम होते गये! जीने के लिए काम चाहते हैं और उन्हें काम नहीं मिलता! ज्यों-ज्यों मनुष्य प्रकृति पर विजय पाता गया, त्यों-त्यों मनुष्य, मनुष्य का गुलाम बनता गया! गुलामी का रूप अवश्य बदलता रहा, मगर गुलामी का नाश कभी नहीं हुआ! दास-स्वामी के बाद राजा और राजा के बाद उद्योगपतियों के मातहत मनुष्य अपनी गुलामी करता रहा और कर रहा है! पिछले युग में जो महाजन स्वयं राजा द्वारा शोषित था, वह अब राजा को हटाकर शोषक बन गया है! उत्पादन-साधनों के इस 'मूल विधान को लेकर आधुनिक सभ्यता ने वे काम किये हैं जिनके लिए प्राचीन समाज बिल्कुल अयोग्य था। लेकिन उन कामों को सभ्यता ने मनुष्य की सबसे गन्दी वासनाओं और इच्छाओं को उकसाकर पूरा कराया है। उसकी अन्य शक्तियों का नाश करके उसने वासनाओं और इच्छाओं को बढ़ावा दिया! जिस दिन सभ्यता का जन्म हुआ, उस दिन से लगाकर आज तक नग्न-लोभ उस सभ्यता की आत्मा बनकर उसे चलाता रहा है। धन और धन! फिर उस से भी अधिक और धन! ऐसा धन जिस पर पूरे समाज का अधिकार नहीं, बल्कि किसी हीन व्यक्ति की सेवा में लगना जिसका लक्ष्य हो! इस लक्ष्य को पूरा करने में यदि विज्ञान की नित्य नयी उन्नति और नये-नये कलामय युग उसकी गोद में गिरते गये तो केवल इसीलिए कि कला और विज्ञान की सहायता के बिना धन के गुणों का उपयोग ही नहीं किया जा सकता।'[1] आर्थिक विषमता और आपसी भेदभाव का अन्तर जितना इस आधुनिक युग में प्रकट हुआ, उतना भयंकर रूप उसका पहले कभी नहीं रहा। एक आदमी के पास तो धन इतनी प्रचुर मात्रा में है कि जिसे खर्च करना तक मुश्किल है। और एक आदमी ऐसा है जो दिन-रात मेहनत करने पर भी बड़ी मुश्किल से दो रोटी का जुगाड़ कर पाता है! धन के पीछे आदमी, आदमी को पहचानना भूल गया! मनुष्य के सारे गुण, उसकी सारी मान्यताएँ धन की ताकड़ी पर तुली जाने लगीं! पैसा नहीं तो आदमी ही नहीं। फिर गुण और नैतिक मान्यताओं की बारी तो आदमी के पीछे आती है!

कारखानों की प्रचंड यान्त्रिक शक्ति के आगे राजा की तोपों का वश नहीं चला! उसके सिर से ताज छीन लिया गया! उसके हाथों से सत्ता बदल दी गयी! राज-महलों से राज्याश्रित कला और कविता को भी बाजार में लाकर खड़ा कर दिया गया! जिसके पास पैसा हो वह इन्हें खरीद ले! और जिसे पैसा चाहिए, वह इनकी रचना करे। जब स्वयं मनुष्य बाजार में बिकने के लिए खड़ा हो गया तो

1. परिवार, सम्पत्ति और राज-सत्ता की उत्पति—ऐंगेल्स—151-52।

बेचारी कला की क्या बिसात? बेचारे विज्ञान का क्या जोर? आज की इस पूँजीवादी व्यवस्था में पहली बार कविता को परखने के लिए एक ऐसे मानदंड की स्थापना हुई जो काव्य-क्षेत्र के बाहर की वस्तु है! वह है—पैसा! सामन्तकालीन कविता की सारी मान्यताएँ कविता के भीतर ही निहित थीं। अलंकार हैं तो वे भी कविता के शब्दों में ही! रस, ध्वनि, उपमा, वक्रोक्ति, छन्द, आदि सभी कविता से अभिन्न नहीं हैं! काव्य के ये मानदंड कविता के रूप-तत्त्व का पोषण करते हैं! कविता से जुदा होकर अलंकार और उपमा का कोई अस्तित्व ही शेष नहीं रहता! किन्तु पैसे की, कविता के बावजूद भी अपनी स्वतन्त्र सत्ता है! वह कविता से सर्वथा एक भिन्न पदार्थ है, जिस से आधुनिक कविता की परख होती है! जो कविता पैसा कमाए, वह अच्छी कविता है! जितना ज्यादा पैसा कमाए उतनी ही ज्यादा अच्छी कविता है! और जिस कला या कविता से अर्थ-प्राप्ति न हो, वह रद्दी कला है, रद्दी कविता है!

और यह व्यवस्था कुछ इसी तरह की है कि कविता से पैसा कमाने के लिए कवि होना जरूरी नहीं! बिना कविता किये, उसे बिना समझे भी उससे पैसा कमाया जा सकता है! आधुनिक दवाइयों का विक्रेता दवाइयों के नाम जानता है और उनसे पैसा कमाता है! धान-मंडी में बनिया सभी तरह के धान बेचता है, किन्तु धान पैदा करने वाला कोई दूसरा ही है! उसे यह तक मालूम नहीं कि धान कैसे पैदा किया जाता है? इसी प्रकार आधुनिक प्रकाशक स्वयं कविता किये बिना भी, उसे तिल भर समझे बिना भी, कविता को बेचकर, उसका व्यवसाय कर सकता है! वह कलाकार नहीं है, लेकिन कला को बेचना वह खूब जानता है! शेक्सपियर को बिना पढ़े भी वह जिन्दगी-भर शेक्सपियर को बेचने का काम कर सकता है! वह अंग्रेजी नहीं जानता और अंग्रेजी का व्यापार करता है। गुड़, शक्कर व चमड़े की दलाली न की—कला, विज्ञान और साहित्य की ही हाट सजा ली! पैसा कमाना है, चाहे जैसे भी कमाया जाए! आधुनिक बाजार स्वयं प्रकृति का रूप धारण कर लेता है! उसे अपने हिसाब से वश में रखना असम्भव है!

प्रकाशक कवि से माल खरीदता है और ग्राहक को बेचता है! उसे न कवि से कोई वास्ता है और न ग्राहक से कोई सरोकार! केवल पैसे के माध्यम से वह उन्हें पहचानता है! वह एक स्वतन्त्र व्यवसायी है! वह न तो अपने शौक के लिए कविता, कला या साहित्य का सौदा करता है और न समाज के भले की खातिर कला या साहित्य को बेचता है! उसे तो केवल अपने जमा-खर्च का ही ध्यान रहता है! वह बाजार से अनुशासित है! ज्यादा तादाद में किताबें प्रकाशित होती हैं तो वह उसका श्रेय नहीं, उसका स्वार्थ है! किताबों का खूब सज-धज के साथ प्रकाशन होता है तो उसके लिए भी वह प्रशंसा का पात्र नहीं, तरह-तरह के विषय प्रकाश में आते हैं तो इसके लिए भी वह धन्यवाद का पात्र नहीं! क्योंकि इन सबको निर्मित करने

के लिए बाजार की प्रकृति का ही मुख्य हाथ रहता है! सर्दियों के दिनों में कपड़े का व्यवसायी बढ़िया-बढ़िया ऊनी कपड़े के डिजाइन मँगवाकर रखता है तो वह इसलिए नहीं कि लोगों को सर्दी से बचाकर वह उनकी सेवा करना चाहता है! यदि वह सर्दियों में ऊनी कपड़े के विविध डिजाइन नहीं रखेगा तो निश्चित है कि उसे कमाई नहीं होगी! बाजार का हुक्म उसे मानना ही पड़ता है! उसी प्रकार आज हिन्दी में धड़ल्ले के साथ नये-नये बढ़िया प्रकाशन और नये-नये विषय अपना रूप-रंग लेकर हजारों की तादाद में दिखलाई पड़ते हैं—वह इसलिए नहीं कि प्रकाशक उदार हो गया है या उसकी रुचि परिष्कृत हो गयी है! यह सब केवल इसलिए कि साहित्य का बाजार इन सबकी माँग करता है...!

आधुनिक साहित्य में प्रकाशक का प्रवेश लेखक और पाठक दोनों से अधिक महत्त्वपूर्ण है! इसका सही विश्लेषण किये बिना आधुनिक साहित्य को ठीक से समझा ही नहीं जा सकता। प्रकाशक के आगमन से कवि और पाठक का सम्बन्ध टूट जाता है! कवि अपने पाठक की रूपरेखा नहीं जानता। पाठक अपने कवि से मिल नहीं पाता! कुछ कह नहीं पाता! प्रकाशक को अच्छे-बुरे साहित्य की चिन्ता क्यों होने लगी? वह तो उसे व्यावसायिक रूप से आँकता है! वह जनता की नब्ज को बिना पहचाने अपनी दुकान में कोई चीज ले आता है। यदि संयोग से वह चीज अधिक बिक जाती है तो वह उसी को जन-रुचि समझने की भूल कर बैठता है! वह जनता की पाशविक-वृत्तियों को उभारने या उत्तेजित करने का पहले तो वैसा मौका देता है और बाद में उसी को जनता का वास्तविक स्वभाव मान बैठता है! प्रकाशक के द्वारा जन-रुचि का सही पता लग सकना मुश्किल है! क्योंकि अपनी दुकान या अपने व्यवसाय के बाहर उसका समाज से कोई भी प्रत्यक्ष सम्पर्क नहीं होता कि जिस से वह जन-भावना के यथार्थ रूप को समझ सके। सामन्त-युग के कवि का क्षेत्र सीमित अवश्य हो गया था, लेकिन श्रोताओं से उसका सम्बन्ध विच्छेद नहीं हुआ था! क्योंकि तब कविता सुनाने के लिए कंठ और कान की पारस्परिक निर्भरता थी! यदि सुनने वाले कान सामने न हों तो कवि की वाणी अपूर्ण थी!

कविता दिन-ब-दिन वैयक्तिक होती गयी। इसलिए नहीं कि छापे की मशीन ने कवि को व्यक्तिवादी बना दिया, बल्कि जिन सामयिक परिस्थितियों ने छापे की मशीन को आविष्कृत किया, उन्हीं सामाजिक परिस्थितियों ने वैयक्तिक भावना का भी पोषण किया! कविता एक सामूहिक उद्वेग और सामूहिक आवश्यकता की सहज अभिव्यक्ति है और यह व्यवस्था सम्पूर्ण रूप से वैयक्तिक है! जाति-विचार को भुलाकर व्यक्ति को प्रधानता दी जाती है। साहित्य को जगन्नाथ का क्षेत्र समझा जाता है। जहाँ केवल व्यक्ति के प्रवेश को मान्य समझा जाता है! व्यक्ति पनपता है, समूह के प्रति उपेक्षा बरती जाती है! इसलिए वैयक्तिकता के हाथों पड़कर इस

व्यवस्था में कविता की बड़ी दुर्गति होती है! वह चिन्तन-प्रधान बन जाती है—किताबों के तथाकथित ज्ञान की उसमें बू आने लगती है! दस फुट के कमरे के भीतर ही वह कैद हो जाती है! नये-नये प्रयोगों के बहाने कविता व्यक्ति के स्वर में स्वर मिलाकर उसके दुःखों का रोना रोती है! निराशा के गीत गाती है। कवि अपने को सारे संसार द्वारा सताया हुआ अनुभव करता है! समाज के साथ उसे किसी भी रूप में सम्बन्ध दिखलाई नहीं पड़ता! वह सब तरफ से सताया हुआ, निराश्रित और हतभागा महसूस करता है! कविता के बहाने वह समाज को अपने व्यक्तिगत दुःखों का रोना सुनाता है! कभी खुशी या सुख होता है तो उन्हें भी दर्शाता है। कवि की सारी सामाजिक चेतना का छब के पाँवों की तरह उसके भीतर सिमट जाती है! मृत्यु की विभीषिका उसे हरदम छाया की तरह घेरे रहती है! हर अगले साँस के साथ वह स्वयं को मौत के समीप अनुभव करता है! पूँजीवादी कविता जिन्दगी की अपेक्षा मौत को अधिक दुलराती है! इस दुनिया से जीवन ग्रहण करते हुए भी वह एक काल्पनिक दुनिया में विचरण करता है! जिसकी कोई भौतिक या वैज्ञानिक बुनियाद नहीं होती, वह इस पार खड़ा होकर उस पार के सपने देखता है! आध्यात्मिक नाविक का ध्यान करता है! प्रेयसि, सुमुखि, सजनी, प्रियतमा आदि का काल्पनिक चिन्तन उसकी कविताओं का प्रमुख विषय है! वह काल्पनिक प्यार के तराने छेड़ता है! और काल्पनिक भाव-जगत से हरदम जुड़ा रहने के कारण, उसका शब्द-ज्ञान बहुत ही सीमित रह जाता है! सामाजिक सर्व-मान्य शब्दों के साथ वह वैयक्तिक खिलवाड़ करता है! समाज के साथ व्यापक सम्बन्ध, यथार्थ प्रेरणा और संघर्षमय-अनुभूति का अभाव होने के कारण उसकी कविता में विषय की ताजगी नहीं रहती! रूप-तत्त्व की प्रधानता रहती है। विषय गौण हो जाता है! उत्पादन-साधनों के विकास की तरह कला की रूप-गत शैलियों का विकास तो खूब होता रहता है! होना यह चाहिए कि विषय रूप को अपने हिसाब से स्वयं निर्मित करे! लेकिन पूँजीवादी कला को अपने रूप ही की प्रथम चिन्ता रहती है! रूप के हाथों विषय जैसा भी सँवर जाय, वह ठीक है। वह निशाने पर गोली नहीं मारता, बल्कि जहाँ गोली लग जाय उसे अपना निशाना मान लेता है...!

जिस प्रकार मनुष्य मकान के लिए मकान नहीं बनवाता। रहने की सुविधा के लिए बनवाता है। जिस प्रकार सड़क के लिए सड़क का निर्माण नहीं होता। सामाजिक सुविधा के लिए, चलने-फिरने की सुगमता के लिए उसका निर्माण होता है। रेल की खातिर जिस प्रकार रेल का आविष्कार नहीं होता। उसी प्रकार कविता के लिए कविता की बात भी ग्राह्य नहीं! कला के लिए कला की बात का कोई सामाजिक आधार नहीं है! फिर भी आधुनिक कलाकार पैसे के लिए कला की बात मंजूर नहीं करना चाहता। उसके स्वाभिमान को चोट लगती है, तब वह कला के लिए कला

का नारा बुलन्द करता है! किन्तु वास्तव में कला के लिए कला की बुलन्दगी का अर्थ है—पैसे के लिए कला! स्वार्थ के लिए कला!

पूँजी को ही सर्वोपरि मान्यता के रूप में स्वीकार करने वाले इस आधुनिक सभ्य युग में सारे मानवीय गुणों को बाजार में बिकने के लिए विवश होना पड़ता है! यहाँ ईमानदारी बिकती है! प्रतिभा बिकती है! कला बिकती है! विज्ञान बिकता है! स्नेह और प्यार बिकता है! क्रोध बिकता है! सच्चाई बिकती है! सुन्दरता बिकती है! मनुष्य को जन्म देने वाली माँ तक अपने शरीर का भाव-ताव करने के लिए बाजार में बैठ जाती है! छिः! छिः! और : कला पैसे से अछूती रहेगी, इस दुर्भावना का कैसे प्रतिपादन किया जाय? डॉक्टर, कवि, वकील, इञ्जीनियर, अध्यापक सभी पैसा कमाने के लिए अपना-अपना पेशा अख्तियार करते हैं! डॉक्टर का सबसे निकट सम्बन्ध रोगी से है! पिता, माँ, भाई, पत्नी से भी निकट! लेकिन आज का दक्ष डॉक्टर बिना फीस लिये रोगी की बात तक नहीं सुनना चाहता। समय नहीं है! उसे न तो रोग की चिन्ता है, और न रोगी की! केवल पैसे के साथ उसका लगाव है! जब डॉक्टर तक अपने लोभ की खातिर एक जीवित मनुष्य को अपनी आँखों मरते देख सकता है तब आधुनिक कलाकार का यह दावा कि वह कला के लिए कला की बात भी बे-बुनियाद है! डॉक्टर, वकालत, कला और विज्ञान इन सब की वास्तविक सार्थकता, उपादेयता पूँजी से मुक्ति पाने ही में है! मनुष्य और मनुष्य के समाज की खातिर ही कला और विज्ञान का अस्तित्व है!

पूँजीवादी व्यवस्था में कलाकार की चेतना पैसा या अपने व्यक्तिगत स्वार्थ द्वारा नियन्त्रित होती है। वह परिस्थितियों का गुलाम होता है! पैसे के लिए अपनी कला की सृष्टि करता है! कला इस तरह के वातावरण में नहीं पनप सकती! श्रेष्ठ कला और श्रेष्ठ कविता की उद्भावना केवल स्वतन्त्रता के हाथों ही सम्भव है! और आज का कलाकार गुलाम है! गुलामी प्रतिभा को कुंठित कर देती है! उसे अशक्त और प्रभावहीन बना देती है! वैदिक लोक-साहित्य इसलिए इतना सुन्दर, इतना उच्च और इतना हृदयग्राही है कि उसे सामूहिक उद्वेग द्वारा स्वतन्त्र व्यंजना मिली है! और आदिम पुराण-कथाएँ भी इसीलिए इतनी सुन्दर हैं कि उन में स्वतन्त्र मानव की उन्मुक्त भाव-धारा को जीवन्त अभिव्यक्ति मिली है! दास-युग में स्वामी दास की अपेक्षा अधिक स्वतन्त्र है। उसकी भावनाओं का उद्भव अधिक उन्मुक्त होता है। इसलिए वर्ग-समाज के प्रारम्भिक काल में जब तक प्रभु-वर्ग स्वतन्त्र रहता है तब तक उच्च साहित्य की सृष्टि होती रहती है! लेकिन सर्वदा के लिए वह स्वतन्त्र रह नहीं पाता। अन्तर्विरोधी तत्त्वों से उत्पन्न वर्ग-संघर्ष का सामना करने के लिए वह शासन-व्यवस्था के जाल में उलझता रहता है। दिन-ब-दिन वह भी परिस्थितियों का गुलाम हो जाता है। गुलाम को गुलाम बना रहने देने की व्यवस्था का गुलाम! सामन्त-युग के प्रारम्भिक काल

में राजा काफी स्वतन्त्र रहता था। उसे शासन व्यवस्था के बाद भी बहुत-सारा समय मिल जाता था। तब वह कला और साहित्य की बात सोच सकता था। उस तरफ वैसी चेष्टा कर सकता था। उसके दरबार में कला, साहित्य और कविता की उन्नति होती रहती थी। एलोरा, अजन्ता और उड़ीसा के मन्दिर सामन्तकालीन स्वतन्त्रता द्वारा रचित उच्च कलाकृतियाँ हैं, जिनका आज दिन भी किसी से मुकाबला नहीं हो सकता! सामन्त-युग में लोक-साहित्य भी साथ-साथ पनपता रहता है। और आज की पूँजीवादी व्यवस्था में भी जब तक वर्ग विरोध अपना उग्र रूप धारण नहीं कर लेता तब तक फिर भी अपनी मर्यादा के भीतर सद-साहित्य की सर्जना होती रहती है। लेकिन इस व्यवस्था के अन्तिम दौर तक पहुँचते-पहुँचते कला और साहित्य के पतन की सीमा ही नहीं रहती। इधर पूँजीपति को अपनी पूँजी बटोरने के सिवाय किसी अन्य काम के लिए फुरसत ही नहीं। और उधर लोक-जीवन आर्थिक-संकटों में पिसता रहता है। जिन्दा रहना बड़ा मुश्किल हो जाता है। तब ऐसी स्थिति में लोक-साहित्य और चिन्तन-प्रधान साहित्य दोनों अपने पतन की पराकाष्ठा तक आ पहुँचते हैं। मध्य वर्ग की व्यवसायी शिक्षा, उसके अनिश्चित संस्कार और उसकी अपरिपक्व मान्यताओं पर साहित्य का ढाँचा डगमगाता रहता है। और जब समाज में अनिश्चित जीवन-समस्याओं के कारण नैतिक-मान्यताएँ पूर्ण रूप से विकृत हो जाती हैं तो वह हीन विकृति नारी के माध्यम से अपनी अभिव्यक्ति पाती हैं। कला और साहित्य में नारी की बड़ी दुर्गति होने लगती है! उसे कहीं निस्तार नहीं मिलता। सामन्त-युग की अन्तिम अवस्था में कला के द्वारा नारी की यह दुर्गति आरम्भ हो जाती है। और आधुनिक-युग के किनारे तक तो पहुँचते-पहुँचते फिर उसकी कोई सीमा ही नहीं रहती। कोई मर्यादा ही नहीं रहती। जीवन की प्रत्येक अभिव्यक्ति से नारी-सम्बन्धी यह क्षुद्र वासना अपनी जघन्य पाशविकता व्यक्त करती रहती है। कवि महोदय कविता लिखने बैठेंगे तो प्रेयसी की बात गुनगुनाने के सिवाय उनके पास कोई चारा ही नहीं। विकृत संयोग और वियोग की क्षुद्र भावना कवि के मस्तिष्क को घेरे रहती है। चित्रकार कोई चित्र बनाएगा तो उसकी विकृत दृष्टि भी नारी के सिवाय और कहीं नहीं जाती। आधुनिक भारतीय सिनेमा को तो नारी के सिवाय कुछ और सूझता ही नहीं! सब कलाओं की विषय-वस्तु नारी। केवल नारी! जघन्य वासना। क्षुद्र काम-भावना। हीन। अश्लील। अमानवीय। लोक-जीवन और लोक-साहित्य पर भी इसका बड़ा घातक असर होता है।

आर्थिक संकट और बाजार के उतरते-चढ़ते भाव किसान की जिन्दगी को बड़ा अस्थिर बना देते हैं। मौत के साथ लड़ने ही में उसकी जिन्दगी बीत जाती है! सुख और जीवन के गीत गाने का उसे अधिक समय ही नहीं मिलता। लोक-साहित्य का विकास रुक जाता है।

सबसे महत्त्वपूर्ण बात इस आधुनिक युग की है कि उसकी सामाजिक पृष्ठ-भूमि पर एक ऐसे वर्ग का जन्म हुआ जो पहले के इतिहास में कभी नहीं था। वह है—मजूर! दो खाली नंगे हाथों के अलावा, अपनी देह को चराने के लिए उसके पास और कोई साधन नहीं। हजारों, लाखों, करोड़ों मजूर अपने-अपने खाली हाथ लेकर आधुनिक यन्त्रों से उलझने को दौड़ पड़ते हैं। आधुनिक समाज में सभी भौतिक मूल्यों का निर्माण वैज्ञानिक यन्त्रों के जरिये ही होता है। मजूर के खाली हाथ नये यन्त्र बनाते हैं। यन्त्रों का संचालन करते हैं। मजूर की मेहनत से सामाजिक उत्पादन होता है। लेकिन उसकी मेहनत से कविता पैदा नहीं होती! संगीतमय कविता संस्पर्श से उसकी मेहनत को हल्का और मीठा नहीं करती। कारखाने का मजूर मुँह बन्द किये गूँगा होकर काम करता है। काम पर लगने के पहले, फाटक के बाहर, मजूर की तलाशी ली जाती है। कविता को फाटक के बाहर की रोक दिया जाता है। मजूर के साथ कविता भीतर प्रवेश नहीं कर पाती। गाने से काम में खलल पड़ने का अन्देशा है। और : सबसे महत्त्व की बात यह है कि उत्पादन सामग्री में मजूर का कतई हिस्सा नहीं रहता। उसे तो केवल सूखी देनगी मिलती है। तब वह क्यों कविता व संगीत के सहारे पैदावार बढ़ाने की चिन्ता करे? वह तो स्वयं मशीन की तरह काम करता है। इसलिए मेहनत के साथ कविता का कोई संयोग नहीं जुड़ता। जब कि उत्पादन सामाजिक रूप से होता है, लेकिन उसका वितरण सामाजिक नहीं होता। चन्द मालिकों में ही बँट जाता है। इसके पहले सामन्ती प्रथा में किसान का जमीन के साथ पूरा-पूरा लगाव रहता है। अपने हाथों बोई हुई फसल का हिस्सा उसे मिलता है। वह अपनी फसल को मेहनत और कविता के संयोग से बढ़ाने की चेष्टा करता है। किसान की जिन्दगी और उसकी मेहनत से लोक-साहित्य का घनिष्ठ सम्बन्ध है।

उत्पादन-साधनों के विकसित रूप से आधुनिक समाज के भीतर वैविध्य खूब बढ़ जाता है। विविध जीवन के अनुरूप कला और विज्ञान की खूब तरक्की होती है। आधुनिक विविध परिस्थितियों के बीच सामन्तयुगीन कविता और कहानी की वह एकता नष्ट हो ज़ाती है। दोनों की सर्वथा भिन्न सत्ता स्थापित हो जाती है। कविता, कहानी, नाटक, उपन्यास, गद्य-गीत, रेडियो, सिनेमा, अर्थ-शास्त्र, मनोविज्ञान, जीव-शास्त्र, व्यवहार-शास्त्र, नीति-शास्त्र, रसायन-शास्त्र आदि के विभिन्न रूपों में कला और विज्ञान का क्षेत्र खूब विकसित होता रहता है। लेकिन इस विविध भिन्नता की सामाजिक आधार-भूमि तो एक ही रहती है। कला और विज्ञान के इन विभिन्न उपांगों में मूलभूत सामाजिक यथार्थ तो समान रूप से विद्यमान रहता है।

आँख की सुविधा के लिए, व्यापक प्रचार के लिए केवल छापेखाने के रूप में इकतरफा ही विकास नहीं हुआ है। कान की सुविधा के लिए, निर्विलम्ब विश्व-व्यापी प्रचार, और समाज के हित में रेडियो, टेलिफोन, सिनेमा का आविष्कार छापेखाने से

कहीं अधिक महत्त्वपूर्ण है। समूह के आन्तरिक भाव-जगत का आदान-प्रदान करने के लिए छापे के निर्जीव काले अक्षरों से रेडियो का जीवन्त स्वर अधिक उपयुक्त है। लेकिन इन आविष्कारों का सामाजिक कल्याण के लिए सामूहिक उपयोग अभी शेष है। आज की वैयक्तिक आधार-भूमि पर इस से अधिक सम्भव भी नहीं है। केवल उत्पादन-साधनों के सामूहिक अधिकार द्वारा ही इन यन्त्रों का सामूहिक उपयोग सम्भव होगा। तब कविता और कान की व्यापक घनिष्ठता पुनः स्थापित होगी। सामूहिक उद्वेग की उपयुक्त मंगल-भावना पूर्ण स्वतन्त्रता के साथ फिर मुखरित होगी। अकेला कवि भी कविता करेगा तो भी उसका रूप वैयक्तिक नहीं होगा। कवि अपने सामूहिक जिम्मेवारी को पूरा करेगा। सामूहिक उद्वेग को ही व्यंजित करेगा।

कविता ने मनुष्य की आदिम असहाय अवस्था में दुःख व कठिनाइयों का सामना करने के लिए उसका साथ दिया था। उसे परिस्थिति के साथ जूझने के लिए सामूहिक शक्ति का सम्बल दिया था। वह फिर निश्चित रूप से मनुष्य की सामूहिक जरूरत पर उसका साथ देगी। अपने साथी से अब उसका अधिक विछोह नहीं रहेगा। अपनी लय और अपने संगीत से आधुनिक मनुष्य की ताकत को बढ़ाएगी, उसकी सामूहिक शक्ति को उत्प्रेरित करेगी!

अप्रैल, 1956

आयौ इंगरेज मुलक रै ऊपर[1]

इस मुल्क पर अंग्रेजों के पहले भी अनेक विदेशियों ने कई बार हमले किये। इस मुल्क को लूटा-खसोटा और उस पर राज्य किया है। मध्ययुगीन बर्बर आक्रान्ताओं का इस अभागे मुल्क को हमेशा जब-तब शिकार होना पड़ा है। सदैव बर्बर हमलों की यातनाओं का इसने सामना किया है, उन्हें सहा है। विश्व-इतिहास के इस मध्य-युग मे सर्वत्र विदेशी हमले, लूट-खसोट, मार-काट तथा घरेलू लड़ाइयों के रूप में इसी तरह की बर्बर भावनाओं का प्राधान्य रहा है। लेकिन हिन्दुस्तान की उपजाऊ धरती, प्राकृतिक सुविधाओं तथा उसकी भौगोलिक स्थिति के कारण इन विदेशी हमलावरों का तो कभी अन्त ही नहीं हुआ। एक के बाद एक हमले होते रहे। पहले हमले की साँस पूरी ली नहीं गयी कि दूसरा हमला हो गया। सिकन्दर का हमला हुआ और उसके बाद तो भारत के उत्तर-पश्छिमी सीमा-प्रान्त से यवनों के निरन्तर हमले होते रहे। हूणों का आक्रमण हुआ। पश्चिमी एशिया से अरबों का आक्रमण हुआ। मध्य एशिया से शकों ने चढ़ाई की। बुखारा के तुर्कों का एक के बाद एक हमला होता रहा। मुगलों ने इस देश पर चढ़ाई की, उसे जीता और उस पर शासन किया। ईरान के नादिरशाह व अहमदशाह अब्दाली ने हमले किये और भयंकर लूट-खसोट मचाई। महमूद गजनवी और गोरी ने बार-बार आक्रमण किये और तबाहियाँ मचाईं। तैमूर और चंगेजखाँ के हिंस्र उत्पात भी अपना सानी नहीं रखते।

एक के बाद एक चढ़ाई, हमला, विजय, शासन, लूट-खसोट और उत्पात के बीच भी इस देश की जिन्दगी अपने तरीके से चलती रही। देश के जीवन की ऊपरी सतह में हलचल और परिवर्तन होते रहे, मगर आन्तरिक व्यवस्था पर इन हमलों व गृह-युद्धों का कोई विशेष असर नहीं हुआ। लेकिन यूरोप के इस अन्तिम आक्रान्ता ने तो हिन्दुस्तान की सम्पूर्ण व्यवस्था को ही जड़ से हिला दिया। उसकी आन्तरिक जिन्दगी में एक भयंकर उथल-पुथल मचा दी, जो पहले के सभी आक्रमणों से सर्वथा भिन्न प्रकार की है।

---

1. राजस्थानी शोध-संस्थान, द्वारा प्रकाशित परम्परा के 'गोरा हटजा' अंक की भूमिका—एक ऐतिहासिक विवेचन। 15 अगस्त 1956।

पहले के समस्त आक्रमणकारियों व विजेताओं ने भले ही इस देश पर नृशंस अत्याचार किये हों, बर्बरता से उस पर शासन किया हो, बेजोड़ लूट-खसोट की हो, लेकिन इन सबके बावजूद कुछ अर्से के बाद वे भारतीय संस्कृति में घुलमिल-से गये, हिन्दुस्तान, ही एक अंश बनकर रह गये। क्योंकि इतिहास का यह शाश्वत नियम रहा है कि बर्बर विजेता देश के मूल निवासियों की संस्कृति को अजाने ही स्वीकार कर लेते हैं और सांस्कृतिक दृष्टि से वे पराजित हो जाते हैं। लेकिन अंग्रेज वे पहले विजेता हैं जिन्होंने भारतीय सभ्यता को स्वीकार नहीं किया। हिन्दुस्तान पर सबसे अधिक समय तक शासन करने पर भी वे इस देश की संस्कृति से सर्वथा अलग रहे और यहाँ की उच्च संस्कृति को वे अपने निर्धारित तौर-तरीकों से प्रभावित करते रहे, उसे बदलते रहे। इसके साथ उन्होंने यहाँ के देश-वासियों को भी उनकी संस्कृति से बहुत कुछ अंश में विच्छिन्न कर डाला।

अंग्रेज वे पहले विजेता हैं जिनका लगाव व सम्बन्ध उनकी मातृ-भूमि में ही हमेशा बना रहा। जिन्होंने हिन्दुस्तान के साथ कभी भी अपनत्व महसूस नहीं किया और इसके विपरीत यहाँ के देश-वासियों के हृदय में भी देश के प्रति अलगाव उत्पन्न करने को ही उन्होंने हमेशा अपना श्रेय समझा।

वे हिन्दुस्तान की खातिर नहीं, बल्कि अपने देश की खातिर उस पर राज्य करते रहे। उसका ज्यादा-से-ज्यादा शोषण करते रहे। उन्होंने हिन्दुस्तान को अपना उपनिवेश यानी शोषण की एक मंडी बना डाला।

हिन्दुस्तान के साथ इन 'फिरंगी' विजेताओं का यह सम्बन्ध एक आकस्मिक संयोग नहीं है, बल्कि तत्कालीन ऐतिहासिक पृष्ठभूमि के कारण ही ऐसा सम्भव हो सका था। अंग्रेजों के पूर्व आक्रमणकारियों की विभिन्न ऐतिहासिक मर्यादाएँ थीं, जिनके कारण ही उनके आक्रमणों का वह विभिन्न रूप सम्भव हो सका था। और उनके पश्चात् अंग्रेज विजेता की अपनी ऐतिहासिक सुविधाएँ थीं, जिनके कारण ही पराजित हिन्दुस्तान के साथ उसका यह सर्वथा भिन्न सम्बन्ध स्थापित हुआ जो उसके (भारतवर्ष) पहले के इतिहास में कहीं भी नहीं मिलता।

हिन्दुस्तान के साथ अंग्रेजों के इस नूतन सम्बन्ध को समझने के लिए यहाँ के गाँवों की तत्कालीन आर्थिक व्यवस्था को समझना जरूरी है।

अंग्रेजों से पहले के आक्रमणकारियों की विजय या पराजय के कारण केन्द्रीय सरकार तो बनती-बिगड़ती रहती थी, परन्तु भारत की प्राचीन ग्राम्य-व्यवस्था में वे केन्द्रीय परिवर्तन अपना कोई असर पैदा नहीं कर पाते थे। निरंकुश राजवंशों के बनने तथा मिटने का क्रम तो सदैव जारी रहता था, परन्तु गाँवों की प्राचीन पंचायती अर्थ-व्यवस्था अपने कदीमी ढर्रे के साथ उसी रूप में चलती रहती थी।

पश्चिम की तरह हिन्दुस्तान के प्राचीन पंचायती-समाज से व्यक्तिगत भू-सम्पत्ति

और सामन्तवाद का पूर्ण विकास नहीं हुआ। इस कारण दोनों की आर्थिक व्यवस्थाओं में आगे चलकर भिन्नता उत्पन्न हो गयी।

पश्चिमी और पूर्वी देशों की प्रारम्भिक आर्थिक-व्यवस्था मूल रूप से समान थी, परन्तु उसके बाद अपनी भौगोलिक मर्यादाओं के अनुसार उन्हें विभिन्न रूप धारण करना पड़ा। और वह तात्त्विक विभिन्नता इस रूप में प्रकट हुई कि वहाँ तो प्राचीन पंचायती-व्यवस्था से व्यक्तिगत भू-सम्पत्ति तथा सामन्तवाद का पूर्ण विकास होता रहा और हिन्दुस्तान में एक सीमा तक पहुँचकर उस समान व्यवस्था से भूमि पर व्यक्तिगत अधिकार और सामन्तवाद के विकास में अवरोध उपस्थित हो गया।

हिन्दुस्तान में सामन्तवाद के विकास की अपूर्णता का परिणाम यह हुआ कि केन्द्रीय सरकार और गाँवों की व्यवस्था परस्पर एक-दूसरे को आत्मसात् नहीं कर सकी। शासन की निरंकुशता के अलावा दोनों में पारस्परिक निर्भरता का सम्बन्ध नहीं रहा। इसलिए अंग्रेजों से पूर्व की केन्द्रीय सरकारों के राजनैतिक क्षेत्रों में भले ही अनेकों तूफान व भयंकर उथल-पुथल मचती रही हो, किन्तु केन्द्रीय परिवर्तनों से गाँवों का आर्थिक ढाँचा कभी डगमगाया नहीं। लेकिन अंग्रेजी शासन ने हिन्दुस्तान के इसी मूल स्थान पर ही जबरदस्त आघात किया। उसकी प्राचीन ग्राम्य-व्यवस्था को, जो सदियों से अक्षुण्ण बनी हुई थी, अंग्रेजी साम्राज्यवाद ने तहस-नहस कर डाला! हिन्दुस्तान की प्रगति व आगे के विकास की खातिर उस पंचायती अर्थ-व्यवस्था का समाप्त होना निहायत जरूरी था, परन्तु फिरंगी-साम्राज्यवाद द्वारा जिस रूप में उसका विध्वंस हुआ, वह निश्चित रूप से केवल एक अमानुषीय, जघन्य नृशंसता मात्र थी, इस में कोई सन्देह नहीं!

अंग्रेजों की पाशविकता से अपने क्षुद्र स्वार्थों के लिए उस प्राचीन ग्राम्य-व्यवस्था का नाश तो अवश्य हो गया, परन्तु उसके बदले में निर्माण नाम मात्र को भी नहीं हुआ। विकास और प्रगति की बात तो दूर, उस विध्वंस-लीला के भग्नावशेष आगे भी प्रतिगामी तत्त्वों के रूप में बहुत अर्से तक प्रगति की राह के बीच अवरोध पैदा करते रहे। आज दिन भी उन रुकावटों से हिन्दुस्तान को छुटकारा नहीं मिल पाया है।

हिन्दुस्तान के इतिहास में, अंग्रेजी-पूँजीवाद की विजय के फलस्वरूप एक जबरदस्त विडम्बना यह घटित हुई कि तत्कालीन सामन्तवाद की अविकसित छिन्न-विच्छिन्न अवस्था के बावजूद जब उसकी सामाजिक पृष्ठभूमि से नवोदित पूँजीवाद का उदय होने वाला था कि इसी बीच अंग्रेजों के राक्षसी पंजे ने उसका गला घोंट डाला! मुगल-साम्राज्य के बिखर कर नष्ट हो जाने के बाद उन सभी तबाहियों व अराजकताओं का अन्त एक गुणात्मक परिवर्तन के रूप में कुछ क्रान्तिकारी तत्त्व ग्रहण करने को था कि अंग्रेजों की कुटिलताओं ने उसे क्षत-विक्षत कर डाला।

इस कारण यूरोप की तरह हिन्दुस्तान में न तो पूँजीवाद का आरम्भ ही हुआ और न उसका विकास ही।

हिन्दुस्तान में अंग्रेजी पूँजीवाद ने कोई क्रान्तिकारी भूमिका अदा नहीं की। पूँजीवाद के नाम पर यहाँ केवल नाश और विध्वंस ही हुआ, निर्माण-कार्य की सभी दिशाएँ अवरुद्ध रहीं। केन्द्रीय सरकार की शासन-व्यवस्था सम्पूर्ण रूप से विदेशी पूँजीपतियों के हाथों में रही, किन्तु हिन्दुस्तान के जन-समाज का पूँजीवाद से वास्ता नहीं रहा।

विदेशी पूँजीवाद की सरकार अपनी कोख में हिन्दुस्तान के जीर्ण-शीर्ण सामन्ती तत्त्वों का पोषण करती रही। तत्कालीन पंचायती व्यवस्था को सत्ता के बल पर कृत्रिम तरीके से उखाड़ फेंका गया और उसके बदले में सामन्तवाद के प्रतिगामी तत्त्वों को भी कृत्रिम तरीकों से वे अपने स्वार्थ की खातिर बढ़ावा देते रहे, उसे अपने हिसाब से बनाते-बिगाड़ते रहे। विकास की सहज गति को बलपूर्वक रुद्ध कर दिया गया और इसके विनाश के प्रतिगामी तत्त्व को सभी दिशाओं से प्रवेश मिलता रहा।

अंग्रेज बहादुर की उस दुधारी तलवार ने अपने दुहरे प्रहारों से हिन्दुस्तान को काटना आरम्भ किया। समय और परिस्थितियों के दौरान 'अंग्रेज बहादुर' अपना रूप बदलता रहा और उसके साथ-साथ उसकी दुधारी तलवार का स्वरूप भी बदलता गया।

अंग्रेज वे पहले विजेता हैं जिन्होंने विजय की लालसा से हिन्दुस्तान की भौगोलिक सीमा में प्रवेश नहीं किया, फिर भी सबसे अधिक समय तक उन्होंने भारतवर्ष को अपने कब्जे में रखा।

'अंग्रेज बहादुर' ने आरम्भ में एक साधारण-सी व्यापारी कम्पनी के रूप में हिन्दुस्तान की धरती पर प्रवेश किया था। सन् 1600 में उसे हिन्दुस्तान के साथ व्यापार करने का सरकारी परवाना मिला था। उस समय उसका यह लक्ष्य कदापि नहीं था कि अंग्रेज कारखानेदारों के लिए एक बाजार तलाश किया जाए, बल्कि उनकी कोशिश थी कि हिन्दुस्तान और पूर्वी-द्वीप समूह में पैदा होने वाली चीजें, खासकर मसाले और सूती तथा रेशमी कपड़े उन्हें मिल जाएँ। इन चीजों की इंग्लैंड और योरोप में बड़ी माँग थी। इस तरह हेरफेर करने और माल मिल जाने पर मुनाफा ही मुनाफा था।

कुछ साहसी सौदागरों के रूप में अपने नग्न स्वार्थ की खातिर, केवल अपनी और अपने परिवार वालों की पेट भराई के लिए कम्पनी ने हिन्दुस्तान की व्यापारी वस्तुओं का सहारा लिया था।

फिर भी 'हिन्दुस्तान से यह सब माल लेने के लिए बदले में उसे कुछ देना जरूरी था। कम्पनी के सामने शुरू से ही यह समस्या रही। सत्रहवीं सदी के शुरू में इंग्लैंड जिस मंजिल तक पहुँचा था, उस में यह सम्भव नहीं था कि हिन्दुस्तान

की चीजों की बराबरी में वह कुछ दे सके। उस कीमत की और उतनी अच्छी चीजें उसके पास थीं नहीं। उस समय ऊनी कपड़ों का धन्धा ही विलायत में होता था और ऊनी कपड़ों की हिन्दुस्तान को ज्यादा जरूरत न थी। इसलिए हिन्दुस्तान का माल खरीदने के लिए अंग्रेजों को कीमती धातुएँ निकालनी पड़ती थीं।'

'ईस्ट इंडिया कम्पनी को शुरू में ही इस बात का विशेष अधिकार मिल गया कि वह हर साल तीन हजार पौंड (लगभग तीन लाख रुपये) कीमत का सोना-चाँदी और देशी सिक्के बाहर भेज सकती है। लेकिन सौदागरों का पूँजीवाद इस तरह की व्यवस्था से कुढ़ रहा था। ये कीमती धातुएँ उसकी समझ में देश की सच्ची दौलत थीं। व्यापार का असली उद्देश्य मुनाफा कमाना था जिस की कसौटी यह थी कि यह असली दौलत या कीमती धातुएँ कितनी हाथ लगीं! कम्पनी के ये उठाईगीर सौदागर शुरू से ही इस मसले को हल करने में लगे थे कि किस तरह हिन्दुस्तान का माल थोड़े पैसों में या मुफ्त ही हथियाया जा सकता है।'

मुफ्त में हथियाए जाने के उस निकृष्ट स्वार्थ को व्यापारिक रूप देने के लिए कम्पनी के सौदागरों को सीधे रूप से भारतीय उत्पादकों से साबका पड़ता था। वे धीरे-धीरे परिस्थितियों के दौरान उन से जोर-जबरदस्ती भी करने लगे।

भारतीय उत्पादकों के साथ जोर-जबरदस्ती के उन पारस्परिक झगड़ों का सीधा परिणाम यह हुआ कि मजबूर होकर कम्पनी को ताकत की आजमाइश के लिए तलवार का सहारा लेना पड़ा! और उस तलवार का जोर बढ़ते-बढ़ते यहाँ तक बढ़ा कि उन छुटपुटे सौदागरों की कम्पनी ने 'कम्पनी बहादुर' का सैनिक रूप धारण कर लिया! यहाँ तक कि हिन्दुस्तान के राजनैतिक मामलों में भी उसकी दखलन्दाजी दिनोंदिन बढ़ने लगी। बढ़ती हुई शक्ति के साथ उसकी लूटपाट का हौसला भी दिन-ब-दिन बढ़ने लगा। और यों कम्पनी के तथाकथित व्यापार और लूट दोनों में सिवाय शाब्दिक अन्तर के कोई व्यावहारिक रूप से अन्तर था भी नहीं। व्यापार के साथ लूट व डकैती के सभी कार्य जुड़े हुए थे, परन्तु धीरे-धीरे व्यापार का हिस्सा तो और भी कम होता गया और लूट-खसोट का हिस्सा तेज रफ्तार के साथ बढ़ता ही गया। इस क्रम का सीधा परिणाम यह हुआ कि 'कम्पनी बहादुर' के जिम्मे केवल लूट ही शेष बच रही और व्यापार नाम की चीज उसके कार्य-क्षेत्र से सर्वथा लोप हो गयी!

व्यापारियों के इसी 'इंसाफी' व नैतिक व्यवहार से तंग आकर सन् 1762 में बंगाल के नवाब ने कम्पनी से शिकायत की थी कि 'ये लोग रैयत (किसान) और व्यापारियों वगैरह का माल-असबाब चौथाई कीमत पर जबरदस्ती उठाकर ले जाते हैं। साथ ही रैयत वगैरह पर जुल्म और मार-पीट करके वे एक रुपये की चीज पाँच रुपये में बेचते हैं।' हिन्दुस्तान की आम जिन्दगी में कम्पनी ने कलह और उत्पात

मचाना आरम्भ कर दिया। अंग्रेज सौदागरों ने आरम्भ में हिन्दुस्तान के शक्तिशाली, सत्ताधारी शासकों, नवाबों व ठाकुर-महाराजाओं से सीधे रूप से लड़ाई नहीं ठानी, बल्कि वहाँ के जन-साधारण से लूट-खसोट के रूप में वे अपनी ताकत आजमाते रहे। और हिन्दुस्तान के शासक-वर्ग ने कम्पनी द्वारा जन-जीवन के उत्पातों पर काफी हद तक उदासीनता ही बरती। क्योंकि आमने-सामने मुकाबला नहीं होने की वजह से वे कम्पनी को शत्रु रूप में पहचान नहीं सके! इस असावधानी व नासमझी के फलस्वरूप कम्पनी की ताकत बढ़ती ही गयी। आम जनता की लूट के धन से उसकी शक्ति केन्द्रित होती गयी।

'अंग्रेज लोग अपने बनियों और काले गुमाश्तों के जरिये मनमाने ढंग से तय कर देते हैं कि माल बनाने वाला आदमी उन्हें किस भाव पर कितना माल बेचेगा...बेचारे जुलाहे की रजामन्दी जरूरी नहीं समझी जाती। कम्पनी का कारोबार करने वाले गुमाश्ते अकसर चाहे जैसे कागज पर उनसे दस्तखत करा लेते हैं। यह भी देखा गया है कि अगर जुलाहे यह कीमत नहीं लेते तो उनके पैर बाँधकर उन्हें बेंतों से पीटा जाता है।...आम तौर से बहुत से जुलाहों के नाम कम्पनी के गुमाश्तों की बहियों में दर्ज होते हैं। उन्हें इस बात की इजाजत नहीं होती कि वे दूसरों के लिए कपड़ा बुनें। वे गुलामों की तरह एक गुमाश्ते से दूसरे के हाथ बेच दिये जाते हैं।...इस महकमे में कितनी बदमाशी होती है, यह कोई सोच नहीं सकता, लेकिन वह आखिर में गरीब जुलाहे के मत्थे पड़ जाती है। कम्पनी के गुमाश्ते और उनसे मिले हुए जाचनदार (कपड़ों की जाँच करने वाले) जो भाव तय कर देते हैं, वह खुले बाजार की दर से पन्द्रह फीसदी और कभी-कभार चालीस फीसदी तक कम होता है।'[†]

कम्पनी के इन अत्याचारों के कारण कुछ भारतीय जुलाहे तो इस हद तक परेशान हो गये कि उन्हें मजबूर होकर अपने हाथों के अँगूठे अपने ही हाथों काट डालने पड़े ताकि वे कम्पनी के काम की जिम्मेदारी झेल न सकें। क्योंकि उन्हें सस्ते दामों, जबरदस्ती काम सौंप दिया जाता था जो उन्हें किसी भी कीमत पर पोसाता नहीं था। वे जी-तोड़ मेहनत करते थे और उसके बदले में भरपूर नुकसान उठाना पड़ता था। काम समय पर पूरा न होने पर मार खानी पड़ती थी सो ब्याज में। मजबूरी क्या नहीं सिखा सकती? नुकसान व मार से बचने के लिए उन्हें अपने अँगूठे काट फेंकने को विवश होना पड़ा। आवश्यकता आविष्कार की जननी है!

कम्पनी बहादुर के पास वह हुनर था कि वह नित्य नये दाँव-पेचों से हिन्दुस्तान की धरती पर इस तरह की नयी-नयी आवश्यकताएँ पैदा करती रहे। और भारतवासी उन आवश्यकताओं की कोख में अँगूठे काटने के समान नये-नये आविष्कारों को जन्म देते ही गये! उन 'आविष्कारों' का एक दिन सहज परिणाम यह हुआ कि हिन्दुस्तान अपने परम्परागत ज्ञान को भूल गया, अपनी विद्या को गँवा बैठा। अपनी

कला, संस्कृति व अपने उद्योग-धन्धों से कटकर अलग हो गया। दिन-ब-दिन उसकी दरिद्रता बढ़ती गयी। दिन-ब-दिन कम्पनी की सम्पन्नता में वृद्धि होती गयी। उन्होंने यहीं के जीवन से अपने को शक्तिशाली बनाया, अपने को अर्थ-सम्पन्न बनाया। आम लोगों से रुपया बटोरते-बटोरते वे उस दौरान यहाँ तक ताकतवर हो गये कि मौका आने पर नवाबों व सूबेदारों से टक्कर लेना उन्होंने शुरू कर दिया।

एक बात सबसे महत्त्वपूर्ण यह है कि अंग्रेजों की ताकत स्वयं अंग्रेज नहीं थे। उन्होंने भारतीय ताकत के उपयोग से ही भारतवर्ष को जीता और उस पर शासन किया। मुगल साम्राज्य की केन्द्रीय सत्ता के निर्बल होने पर हिन्दुस्तान का कृत्रिम संगठन तत्काल ही ढह पड़ा। घरेलू लड़ाइयाँ, आपसी कलह, लूट-खसोट आदि अराष्ट्रीय भावनाओं के बीच अंग्रेजों को व्यक्तिगत स्वार्थों से अनुप्रेरित हिन्दुस्तानियों को अपनी ओर मिलाने के लिए अधिक कष्ट उठाना नहीं पड़ा। एक-दूसरे को आपस में लड़ाकर ही अंग्रेजों ने आसानी से हिन्दुस्तान को जीत लिया।

आपसी फूट, द्वेष और निम्न स्वार्थों ने विदेशियों के सिर पर अपने ही हाथों से ताज पहना दिया!

प्लासी की लड़ाई में अंग्रेजी ताकत के भरोसे एक क्या हजार क्लाइवों का जीतना नामुमकिन था, परन्तु मीरजाफर, अमीचन्द और दुर्लभराय ने क्लाइव का काम बिल्कुल ही आसान कर दिया। विश्वासघातियों के भरोसे क्लाइव ने सोते-साते मैदान मार लिया! प्लासी के युद्ध की जीत से कम्पनी में एक गुणात्मक परिवर्तन आ गया। भारतवासियों की आपसी फूट का पूरा विश्वास पाकर अंग्रेजों को अपनी बहादुरी पर भी झूठा विश्वास हो गया! और वे 'कम्पनी बहादुर' के नाम से प्रसिद्ध हो गये!

सन् 1757 में बंगाल के नावाब सिराजुद्दौला को प्लासी के मैदान में अपने 'विश्वासपात्र द्रोहियों' के कारण हार मंजूर करनी पड़ी। उसके पश्चात् नवाबी के आपसी टंटों का लाभ उठाकर सन् 1765 में बंगाल, बिहार और उड़ीसा की दीवानी कम्पनी के अधिकार में आ गयी। व्यापार के अतिरिक्त मालगुजारी वसूल करना कम्पनी का एक मुख्य काम हो गया। इस बहाने लूटमार का सीधा रास्ता कम्पनी के हाथ लग गया। और फिर अठारहवीं सदी के पिछले तीस वर्षों में इस तरह बेशर्मी से खुलकर लूट हुई कि इतिहास में कम्पनी का नाम अमर हो गया।' 'सन् 1784 में कामन्स सभा (हाउस ऑफ कामन्स) के एक प्रस्ताव में कहा गया था :

'जब ईस्ट इंडिया कम्पनी बनी थी तब उसका राजनीतिक या व्यापारिक उद्देश्य जो कुछ भी था, उस से वह एकदम विमुख हो गयी है। पार्लियामेंट ने जो जाँच की है उससे पता लगा है कि कम्पनी के कारोबार में जबरदस्त बेईमानी होती है। सरकारी परवाने से उसे युद्ध करने और सन्धि करने की जो शक्ति दी गयी थी, उसका उसने दुरुपयोग किया है लूटमार करने के लिए उसने हर जगह युद्ध की आग भड़काई है।

और जितनी सन्धियाँ की हैं उनको बराबर तोड़ा है। जो प्रान्त पहले खाते-पीते और खुशहाल थे, वे अब धन-जन-हीन और निर्बल हो गये हैं।'

सन् 1858 में जार्ज कार्नवाल लीविस ने पार्लियामेंट में कहा था :

'मैं अत्यन्त विश्वासपूर्वक कह सकता हूँ कि ऐसी बेईमान, दगाबाज और लुटेरी सरकार दुनिया के पर्दे में कोई नहीं रही, जैसी 1765 से 1784 तक यह ईस्ट इंडिया कम्पनी की सरकार रही है।'

कम्पनी के सौदागरों की चेष्टा बनी रही कि हिन्दुस्तान को एक कानी कोड़ी दिये बिना ही वे उसकी दौलत बाहर भेजते रहें। अपने कुटिल व्यवहारों के कारण वे अपनी चेष्टा में सफल रहे। प्लासी की लड़ाई ने उनका काम और भी हलका कर दिया। उन्हें साफ मार्ग दिखाई पड़ने लगा कि उन्हें किस गति से व किस दिशा की ओर बढ़ना है।

'दुसमण देसां लूटकर'—इस रूप में हिन्दुस्तान की सम्पत्ति 'परदेस' ले जाया करते थे। सोने के बंगाल को किस तरह मिट्टी में मिलाया गया होगा, उसकी मर्मान्तक कल्पना का अन्दाज, कम्पनी की प्रारम्भिक लूट के जरिये लगाया जा सकता है। और इसके विपरीत अकिंचन ब्रिटेन किस तरह हिन्दुस्तान की दौलत से हीरे-जवाहरतों का देश बनता गया, उसका क्रमिक ब्यौरा भी आसानी से समझ में आ जाता है।

'एक खास ध्यान देने की बात यह है कि हिन्दुस्तान के वे हिस्से, जो अंग्रेजों के कब्जे में सबसे अधिक समय तक रहे हैं, आज वे ही सब से ज्यादा गरीब हैं। वास्तव में एक ऐसा नक्शा तैयार किया जा सकता है जिस से ब्रिटिश राज्य-काल के माप और क्रमशः निर्धनता की वृद्धि का घनिष्ठ सम्बन्ध प्रकट हो। कुछ बड़े शहरों से या कुछ नये औद्योगिक प्रदेशों से इस जाँच में कोई बुनियादी अन्तर नहीं आता। जो बात ध्यान देने की है वह यह है कि कुछ मिलाकर आम जनता की हालत क्या है, और इस बात में कोई सन्देह नहीं है कि हिन्दुस्तान के सबसे ज्यादा गरीब हिस्से बंगाल, उड़ीसा और मद्रास प्रेसीडेंसी के हिस्से हैं। रहन-सहन का सबसे अच्छा मापदंड पंजाब में है। अंग्रेजों के आने से पहले बंगाल निश्चित रूप से एक धनी और समृद्धिशाली प्रान्त था। इन विषमताओं के कई कारण हो सकते हैं। लेकिन यह बात समझ पाना मुश्किल है कि बंगाल, जो इतना धनी और समृद्धिशाली था, ब्रिटिश शासन के 187 वर्षों में (यह हिसाब, जून 1944 से, जब कि यह किताब लिखी जा रही है, लगाया गया है) अंग्रेजों द्वारा उसकी दशा सुधारने और वहाँ की जनता को खुद मुख्तारी की कला सिखाने की जबरदस्त कोशिशों के बावजूद, आज गरीब, भूखे और मरते हुए लोगों का भयानक समूह है।

'हिन्दुस्तान में ब्रिटिश शासन का पहला पूरा अनुभव बंगाल को हुआ। उस राज्य की शुरुआत खुल्लम-खुल्ला लूट-मार से हुई, और उसमें ज्यादा-से-ज्यादा जमीन

का लगान सिर्फ जिन्दा किसान से ही नहीं, बल्कि उसके मरने पर भी वसूल किया जाता था।'

'अंग्रेजों के दिमाग में दौलत के लिए इतना जबरदस्त लालच भरा था कि कार्टिज और पिजारों के युग में स्पेनवासियों के समय से लेकर आज तक उसकी मिसाल नहीं मिल सकती। खास तौर से बंगाल में तो उस वक्त, शान्ति नहीं हो सकती थी, जब तक कि वह चुसते-चुसते खोखला न रह जाय।' 'ब्रिटिश हिन्दुस्तान के शुरू के इतिहास का ध्यान आता है, जो कि शायद दुनिया भर में राजनैतिक छल की सबसे बड़ी मिसाल है।'

अंग्रेजों के इस बेमिसाल रजनैतिक छल और बंगाल की लूट व तबाही के बीच ही बंगाल को एक और दुर्भाग्य का सामना करना पड़ा। वह था सन् 1770 का भयंकर अकाल। इस अकाल के प्राकृतिक कारण तो नाम मात्र को थे। उसका विकट परिणाम केवल अंग्रेजों की क्रूरता और उनके हीन स्वार्थों के कारण ही घटित हुआ था। सूबे की एक-तिहाई आबादी को वे खा गये! उनके लालच के कारण लगभग एक करोड़ आदमी तड़प-तड़पकर मर गये। कम्पनी की कलकत्ता-समिति ने 12 फरवरी, 1771 की अपनी रिपोर्ट में साफ बयान किया है कि 'पिछला अकाल बड़ा भयानक था और उस से बहुत से आदमी मारे गये, फिर भी इस साल बंगाल और बिहार के सूबों की मालगुजारी में कुछ बढ़ती हुई है।' वारेन हेस्टिंग्ज ने इसका हवाला अपनी रिपोर्ट में इस प्रकार दिया था :

'सूबे की एक-तिहाई आबादी काम आयी और इससे खेती भी कम हुई, फिर भी 1771 में जो नकद मालगुजारी वसूल की गयी, वह 1768 से भी ज्यादा थी। ...यह आशा करना स्वाभाविक था कि इतनी बड़ी विपत्ति का जो फल होगा उसके अनुसार मालगुजारी भी कम होगी, लेकिन वह कम नहीं हुई। इसका सबब यह था कि जोर-जबरदस्ती से उसे कम नहीं होने दिया गया।

'पुराने जमाने में बंगाल के इलाके, लोगों के लिए खलिहान के समान थे। पूरब में यह प्रदेश तैयार माल, व्यापार और दौलत का खजाना था।' लेकिन अंग्रेजों के 'बुरे ढंग ने इस जोर-शोर से काम किया कि बीस साल के थोड़े से अर्से में ही बहुत से इलाके वीरान हो गये हैं। खेत जोते नहीं जाते। बहुत-सी जमीन पर जंगली झाड़ियाँ उग आयी हैं। किसानों को लूटा जाता है। कारीगारों को सताया जाता है। लोगों को बार-बार अकाल का सामना कराना पड़ता है। और आबादी का मिटना शुरू हो गया है।''

बंगाल ने मरते-मरते भी इंग्लैंड के जीवन में जान बख्श दी! सब तरह की मुसीबतों व तबाहियों के बावजूद यह उसी का श्रेय है कि उसने ब्रिटेन की औद्योगिक क्रान्ति को सम्भव बनाया। अंग्रेजों के सम्पर्क से हिन्दुस्तान के उद्योग-धन्धे, वहाँ का

कारोबार सबकुछ नष्ट हो गया, परन्तु बर्बाद होते हुए भी इंग्लैंड को आबाद कर दिया। बंगाल के इस गर्व को चुनौती नहीं दी जा सकती कि अंग्रेजों की वजह से उत्पन्न विपत्तियों की कोख जिसने बरतानिया की औद्योगिक क्रान्ति को जन्म दिया।

'अक्सर ऐसा मालूम होता है कि खोज और आविष्कार अकस्मात् हो जाते हैं। लोगों का खयाल है कि अठारहवीं सदी में आविष्कारक प्रतिभा के अकारण फूट पड़ने से नयी मशीनें बन गयीं। अगर हम कहें कि आर्कराइट और वाट इस बात में भाग्यशाली थे कि उन्हें अपने लिए उपयुक्त समय मिल गया था तो इसका यह मतलब नहीं कि उनके गुण कम हो जाते हैं। विलियम ली और डोडो डडले के समय से बहुत से प्रतिभाशाली आदमी होते आये हैं लेकिन उनका समय ऐसा अनुकूल नहीं था कि वे सफल होते।

'कीमती मशीनों को लगाने और उन से काम लेने के लिए काफी पूँजी चाहिए। आदमी चाहे जितना जानदार हो, उसकी सभी कोशिशें बेकार होंगी जब तक कि उसके पास काफी पूँजी न होगी और बड़े बाजारों तक उसकी पहुँच न होगी। अठारहवीं सदी में यह शर्त बराबर पूरी हो रही थी। इंग्लैंड के बैंक तथा दूसरे बैंकों के कायम होने से पूँजी इकट्ठा करने के लिए बड़ी प्रेरणा मिली। पहले की अपेक्षा एक योग्य आदमी के लिए अब यह कहीं ज्यादा सम्भव हो गया कि वह अपना धन्धा चलाने के लिए ऐसे नये उपाय करे जिस में काफी पैसा खर्च होता हो।

बंगाल की लूट से इंग्लैंड में बैंक की स्थापना हुई सन् 1694 में। इस तरह 'बंगाल से चाँदी आने पर धन ही नहीं बढ़ा, उसका चलन भी हुआ। 1759 में बैंक ने तुरन्त दस और पन्द्रह पौंड के नोट जारी कर दिये और सारे देश में प्राइवेट दुकानों से कागज के नोटों की बाढ़ आ गयी।

'हिन्दुस्तान का खजाना हाथ लगने से देश की नकद पूँजी ही काफी नहीं बढ़ी बल्कि उसकी ताकत भी बढ़ी और वह तेजी से चालू होने लगी। प्लासी के थोड़े ही दिन बाद बंगाल की लूट लन्दन में आने लगी और उसका असर भी फौरन दिखाई दिया, क्योंकि सभी अधिकारी विद्वान मानते हैं कि जिस 'औद्योगिक क्रान्ति' ने उन्नीसवीं सदी में एक बिल्कुल नया युग ही शुरू कर दिया, उसकी शुरुआत 1760 से ही होती है। बेन्स का कहना है कि 1760 से पहले लंकाशायर में सूत कातने की मशीनें उतनी ही मामूली थीं जितनी कि हिन्दुस्तान की। उधर लोहे के उद्योग-धन्धे 1750 के लगभग गिरते जा रहे थे क्योंकि ईंधन के लिए जंगल खत्म किये जा रहे थे। उस समय राज्य में जितना लोहा खर्च होता था उसका 4 बटा 5 भाग स्वीडेन से आता था।

'प्लासी की लड़ाई 1757 में हुई। शायद उसके बाद ऐसी कोई घटना नहीं हुई जिस से इतनी तेजी से परिवर्तन हुआ हो। 1760 में फ्लाइंग-शटल सामने आयी और

लोहा गलाने के लिए लकड़ी के बदले कोयले से काम लिया जाने लगा। 1768 में वाट ने भाप के इंजन का काम पक्का किया जो शक्ति को केन्द्रित करने का सबसे अच्छा तरीका था। जमाने की तेज रफ्तार को इन मशीनों से एक जरिया मिला, लेकिन उस तेज रफ्तार का कारण ये मशीनें नहीं थीं। अपने आप से आविष्कार कुछ नहीं कर सकते। बड़े महत्त्वपूर्ण आविष्कार सदियों तक बेकार पड़े रहे हैं और इस बात का इन्तजार करते रहे हैं कि इतनी शक्ति संचित हो जाए कि वे चालू हो सकें। यह संचित शक्ति हमेशा धन की होती है और ऐसे धन की नहीं जो गाड़कर रखा जाए, बल्कि उस धन की जो चालू हो। हिन्दुस्तान का खजाना हाथ लगने के पहले इस काम के लिए आवश्यक धन की शक्ति नहीं थी। इसी के बाद महाजनी व्यापार भी फैलने लगा। अगर वाट पचास साल पहले इंजन बनाता तो वह और उसका आविष्कार दोनों नष्ट हो जाते! शायद जब से दुनिया शुरू हुई, पूँजी लगाने से कभी इतना फायदा नहीं हुआ जितना कि हिन्दुस्तान की लूट से अंग्रेजों को हुआ। करीब पचास साल पहले उन से होड़ करने वाला कोई था ही नहीं। 1760 से 1815 तक बहुत बड़े पैमाने पर और बड़ी तेजी से विकास हुआ।'†

हिन्दुस्तान में फिरंगी साम्राज्य की स्थापना के पहले उसने कभी भी अपनी आजादी खोई नहीं थी। वह अपने इतिहास में पहली बार एक विदेशी राष्ट्र का गुलाम बना। फिरंगियों के पूर्व के विजेता धीरे-धीरे यहीं के बाशिन्दे हो गये थे। उन्होंने यहीं की जिन्दगी में अपने आप को सम्मिलित कर लिया था। केन्द्रीय निरंकुशता व शोषण के बावजूद देश का पैसा देश ही में रहता था। वह कभी भी ऐसे आर्थिक या राजनैतिक शिकंजे में नहीं कसा गया कि जिसका संचालन केन्द्र उसकी भौगोलिक सीमाओं से दूर किसी विदेशी सत्ता के हाथ में रहा हो। वह कभी भी ऐसे शासक वर्ग के अधीन नहीं रहा जो समूचे सामाजिक क्षेत्रों में सभी प्रकार से उसका प्राणघातक विरोधी रहा हो! फिरंगी शासन का भारतीय विकास व प्रगति से थिर विरोध था। हिन्दुस्तान को निर्धन बनाकर ही वे आर्थिक रूप से सम्पन्न हो सकते थे। हिन्दुस्तान के विकास को रोककर ही वे आर्थिक व सामाजिक रूप से विकसित हो सकते थे। कुछ ही अरसे में हिन्दुस्तान, इंग्लैंड-वासियों की जिन्दगी व मौत का केन्द्र बन गया। वहाँ के तेजी से हो रहे औद्योगिक विकास का सीधा-सा मतलब यही था कि भारत के उद्योग-धन्धों को सर्वथा चौपट कर दिया जाए। हिन्दुस्तान में फिरंगी राज्य के इतिहास को समझने की यही मूल कुंजी है—

आयौ इंगरेज मुलक रै ऊपर, आहंस लीधा खेंचि उरा।

वह इस रूप में हमारे मुल्क पर आया था। उसने इस रूप में हम पर शासन किया।

और सारे देश के जिस्म की चेतना को इस तरह निष्प्राण बनाना ही उसकी एक मात्र चारित्रिक विशेषता थी। उसकी संचालन-विधि के इस मूल मन्त्र को ठीक से समझे बिना उसके कार्य-व्यापारों को सही रूप से आँका नहीं जा सकता।

हिन्दुस्तान में अंग्रेजों की सदा केवल एक ही नीति रही है—उसका ज्यादा से ज्यादा आर्थिक शोषण। मूल रूप से उनकी नीति में तो कभी तब्दीली नहीं हुई लेकिन शोषण के तरीके, परिस्थितियों के अनुरूप हमेशा बदलते रहे हैं। आरम्भ में हिन्दुस्तान के माल को बाहर बेचकर वे अपना स्वार्थ पूरा करते थे, किन्तु कुछ समय बाद उसके माल की खपत को रोकने में उन्हें लाभ की सम्भावना दीख पड़ी तो उन्हें यहाँ के व्यापार को ठप्प भी करना पड़ा। उनकी शासन-पद्धति के इस गत्यात्मक क्रम की जानकारी ही तत्कालीन इतिहास की सही जानकारी है।

इंग्लैंड में उठते हुए समय के साथ एक दिन यह स्थिति पैदा हुई कि सामन्ती सम्बन्धों से जुड़े हुए वहाँ के कुछ मनचले साहसी सौदागरों को हिन्दुस्तान के माल की दलाली करने को मजबूर होना पड़ा। उन्होंने हिन्दुस्तान में आकर व्यापार की शुरुआत की। मौके का लाभ उठाते हुए उन्होंने व्यापार के साथ लूट-खसोट को भी जोड़ दिया। यह लूट का माल इंग्लैंड पहुँचा तो वहाँ की सामाजिक स्थिति में एक बुनियादी गुणात्मक परिवर्तन हुआ। जब वहाँ की सामाजिक स्थिति में वह आधारभूत परिवर्तन हुआ तो उसके अनुरूप उन्हें हिन्दुस्तान में भी अपनी स्थिति बदलनी पड़ी। मुद्दे की बात यह है कि हिन्दुस्तान में फिरंगियों की शासन-पद्धति में मूल रूप से उनका अपना ही स्वार्थ निहित है। यहाँ के निवासियों की भलाई व सुख-सुविधा की खातिर उन्होंने कभी कुछ भी नहीं किया। उन्होंने तो केवल अपनी भलाई को लक्ष्य में रखकर ही यहाँ शासन किया था। फिर भी भारत में प्रगति व विकास के बहुत सारे-कार्य हुए हैं। परन्तु वे सभी कार्य उनकी वजह से नहीं, उनके बावजूद हुए हैं! उनके बिल्कुल नहीं चाहने पर भी उन 'सद्-कार्यों' को अस्तित्व में आना पड़ा। अपने स्वार्थ से प्रेरित होकर कार्य की शुरुआत के लिए ही वे स्वतन्त्र थे, लेकिन बाद में परिणामों पर नियन्त्रण रख सकना उनके वश की बात नहीं थी। जहाँ उनका वश नहीं था उसके लिए उन्हें श्रेय नहीं दिया जा सकता! यह उनकी विवशता थी कि हिन्दुस्तान को विकास की ओर गतिशील होना पड़ा, अन्यथा उनके चरित्र का वास्तविक रूप तो बर्क के शब्दों में स्पष्टतया अन्तर्निहित है कि 'अगर हम आज हिन्दुस्तान से निकाल दिये जाएँ तो वहाँ कोई भी ऐसी चीज न रह जाएगी जिससे मालूम हो कि हमारी हुकूमत के मनहूस जमाने में वहाँ चीतों या गुरिल्लों के अलावा आदमियों ने भी राज्य किया था!'

ईस्ट इंडिया कम्पनी के रूप में अंग्रेजों के साथ हिन्दुस्तान का प्रारम्भिक सम्पर्क पूँजीवाद के प्रगतिशील तत्त्वों से सम्बन्धित नहीं था। कम्पनी के एकाधिकारी

सौदागर सामन्ती तत्त्वों से जुड़े हुए थे, सामन्ती दृष्टिकोण व सामंन्ती मान्यताओं से अनुशासित थे। पूँजीवादी तत्त्वों का श्रेय उन्हें अज्ञात रूप से केवल इतना ही दिया जा सकता है कि उन्होंने भारत की लूट से ब्रिटेन में 'पूँजी' को गतिशीलता प्रदान की जिस से औद्योगिक क्रान्ति के लिए प्रारम्भिक भूमिका तैयार हो गयी। अन्यथा कम्पनी के उन सामन्ती दलालों ने हिन्दुस्तान को तो इंग्लैंड के उगते हुए पूँजीवाद का भी कसकर विरोध किया था लेकिन उन्हें पराजित होना पड़ा। नयी ताकत का सामना करने में वे असफल रहे। लेकिन हिन्दुस्तान पर कम्पनी की प्रारम्भिक विजय पर सुगठित, विकसित सामन्तवाद की, अविकसित जर्जरित सामन्तों की बिखरी हुई ताकत पर विजय थी। एकजातीय तथा राष्ट्रीय भावना की स्वार्थरत व अराष्ट्रीय भावना पर विजय थी। और जब इंग्लैंड के पूँजीवादी उद्योगपतियों ने वहाँ की सामन्ती ताकत को परास्त करके उस पर हमेशा के लिए विजय प्राप्त कर ली तो कम्पनी के आश्रित हिन्दुस्तान के भू-भाग पर भी उनका कब्जा हो गया और उन्होंने अपने तरीकों से हिन्दुस्तान का शोषण किया जो कम्पनी के तरीकों से पूर्णतः विरोधी थे। हिन्दुस्तान के कारण इंग्लैंड की बदली हुई हर परिस्थितियों ने वापस हिन्दुस्तान को प्रभावित किया है।

इस गत्यात्मक क्रम का सहज परिणाम यह हुआ कि कम्पनी के निरंकुश एकाधिपत्य को समाप्त होना पड़ा और उसकी जगह स्वच्छन्द व्यापार के पूँजीवाद ने ले ली। इन नये पूँजीपतियों की 'नयी जरूरतों को पूरा करने के लिए हिन्दुस्तान में एक ऐसा बाजार बनाना था जो कम्पनी के एकाधिकार के बदले सब के लिए खुला हो। यह जरूरी हो गया कि हिन्दुस्तान तमाम दुनिया को सूती माल भेजने के बदले अब खुद उसका ग्राहक बन जाए। इसका मतलब था हिन्दुस्तान की आर्थिक व्यवस्था में परिवर्तन हो! इसका यह मतलब भी था कि कम्पनी की व्यवस्था में एकदम उलट-फेर हो। हिन्दुस्तान के शोषण के तरीकों में परिवर्तन करना जरूरी था और वह परिवर्तन कम्पनी के एकाधिकार से फायदा उठाने वाले सेठों के जबरदस्त विरोध के बावजूद करना था।...ऐसे तमाम लोग जो कम्पनी के एकाधिकार का विरोध करते थे, एक साथ मिल गये और उन्होंने कम्पनी के खिलाफ जोरों से धावा बोल दिया। इस समय कम्पनी के खिलाफ तमाम मसाला इकट्ठा किया गया। साम्राज्यवाद की कलई खोलने के लिए इतना पूर्ण, विस्तृत और अधिकारी साहित्य किसी भी युग में नहीं मिलता।

कम्पनी के द्वारा हिन्दुस्तान से जो कपड़ा आता था उस से वहाँ के नये मिल मालिकों के माल की खपत नहीं हो पाती थी। कम्पनी से उसका यही विरोध था। सन् 1720 में उन्हें इस बात में सफलता मिली कि वे हिन्दुस्तान का रेशमी कपड़ा और छपा हुआ कैलिकों इंग्लैंड में आना बिल्कुल बन्द कर दें। हिन्दुस्तान से जो भी

सूती माल आता था उस पर बहुत भारी चुंगी लगा दी गयी, तब कम्पनी हिन्दुस्तानी कपड़ों का व्यापार योरोप से करने लगी और अंग्रेजी बन्दरगाह सिर्फ माल बाँटने के अड्डे बन गये।

लेकिन कम्पनी के प्रति नये मिल-मालिकों का विरोध यहीं पर आकर समाप्त नहीं हो गया, उनका विरोध जारी था। उन्नीसवीं सदी के आरम्भ में उन्होंने कम्पनी पर बहुत हद तक सफलता प्राप्त कर ली। सन् 1813 से इंग्लैंड के औद्योगिक पूँजीपतियों के शोषण का नया अध्याय हिन्दुस्तान में आरम्भ होता है। कम्पनी के सौदागर मुफ्त में हिन्दुस्तान का माल बाहर बेचने की चेष्टा करते थे तो उसकी जगह इन नये उद्योगपतियों ने माल तैयार करने वाले भारतीय उद्योग-धन्धों को ही नष्ट करने में अपना भला समझा। उस समय तक हिन्दुस्तान का रेशमी और सूती माल विलायत में अंग्रेजी कपड़ों के मुकाबले में 50 फीसदी से लेकर 60 फीसदी तक कम कीमत पर बेचा जा सकता था। इसलिए यह जरूरी हो गया कि 70 और 80 फीसदी तक चुंगी लगाकर अंग्रेजी माल की रक्षा की जाए, यानी हिन्दुस्तान का माल बिकने ही न दिया जाए। अगर ऐसा न होता, अगर यह जबरदस्त नाकाबन्दी करने के लिए यों चुंगी न लगाई जाती तो पैसले और मैन्चेस्टर की मिलें तभी बन्द हो जातीं और उन्हें भाप की ताकत भी चालू न कर पाती। हिन्दुस्तान के उद्योग को बलिवेदी पर चढ़ाकर ही ये मिलें चालू हो पाईं...!

और उस समय केवल मशीनों का जोर ही काफी नहीं था कि जिसके जरिये उत्पादित कपड़ों से भारत का बाजार भरा जा सके, तोपों और बन्दूकों का जोर आवश्यक था। अंग्रेजों ने सत्ता के बल पर, तलवार की ताकत से अपनी मिलों के कपड़े को हिन्दुस्तान में भर दिया। पाशविक ताकत के जरिये यहाँ के उद्योग-धन्धे मिटा दिये गये। उद्योग-धन्धों के साथ लाखों मनुष्यों की जिन्दगी जुड़ी हुई थी, वह तबाह हो गयी! एक साथ देश में बेकारी और निर्धनता बढ़ी। इंग्लैंड में एक साथ लाखों मनुष्यों को रोजगारी मिली। धन संचित होने लगा। अंग्रेज व्यापारियों को स्वच्छन्द व्यापार की आजादी मिली और भारत के व्यापारियों की स्वतन्त्रता का कानून के जरिये अपहरण कर लिया गया। इंग्लैंड की औद्योगिक स्वतन्त्रता भारत की गुलामी पर पूर्णतया मुनहसर थी! वहाँ की उत्पादन-शक्ति के विकास का मूल विधान था—हिन्दुस्तान के उद्योग-धन्धों का खात्मा। इंग्लैंड की राजनीति का सीधा और प्रमुख आधार हिन्दुस्तान को बनना पड़ा। भारत इंग्लैंड की जिन्दगी का आधार बना तो इंग्लैंड ने भारत की मौत का सामान जुटाया!

अठारहवीं सदी के बीच तक इंग्लैंड एक खेतिहर देश बना हुआ था और उन्नीसवीं सदी के आरम्भ होने तक वह औद्योगिक देश बन गया। इसके विपरीत हिन्दुस्तान में उद्योग व कृषि का जो संयोग था वह एकदम से मिटा दिया गया। उसे खेतिहर

देश के रूप में बदल दिया गया। इतिहास के काँटे को पीछे की ओर घूमना पड़ा। इंग्लैंड में दस्तकारी की कब्र पर कल-कारखाने और चिमनियाँ उठ खड़ी हुईं और हिन्दुस्तान के उद्योग-धन्धों की कब्र पर से कफन का टुकड़ा तक उड़ गया ताकि कभी पहचाना ही नहीं जा सके कि यहाँ कोई कब्र भी थी! झूठा प्रचार किया गया कि हिन्दुस्तान शुरू से ही एक कृषि-प्रधान देश रहा है और आखिर उस प्रचार का परिणाम यह हुआ कि हम स्वयं मान बैठे कि हिन्दुस्तान कभी औद्योगिक देश रहा ही नहीं! कि वह पहले भी एक खेतिहर देश था और अब भी एक खेतिहर देश बना हुआ है। अंग्रेजों ने शिक्षा और ज्ञान के बहाने हमेशा भारत की संस्कृति और उसके इतिहास को झुठलाने की चेष्टा की है। क्योंकि उन्हें किसी भी कीमत पर यहाँ राज्य करना था। हिन्दुस्तान का अधिक शोषण करना था। उनकी शिक्षा, उनके विज्ञान ने हमारे संस्कारों की स्वाभाविक क्रिया का सहज रूप धारण कर लिया। उन्होंने अपनी कृत्रिम नैतिकता के साँचे में हिन्दुस्तान को ढालने की एक भी कसर नहीं उठा रखी। फिरंगी शासन से हिन्दुस्तान के अर्थ व जन की तो बेशुमार हानि हुई ही है, लेकिन इस भी कहीं एक बड़ी क्षति उसको भुगतनी पड़ी है, वह है यहीं के निवासियों को 'अभारतीय' बनाने की निरन्तर चेष्टा! और इस चेष्टा में उन्हें काफी हद तक सफलता भी मिली है। आज हम अपने देश ही में विदेशी बने हुए हैं, यह उन्हीं की भलमनसाहत का सुपरिणाम है! एक हिन्दुस्तानी विद्यार्थी आज दिन भी जब अपने देश पर निबन्ध लिखता है तो दृढ़ विश्वास के साथ, बिना किसी विलम्ब व अपवाद के, उसका पहला वाक्य यही होता है—भारत एक कृषि-प्रधान देश है! दूसरा वाक्य इस कथन की पुष्टि के लिए सच्चाई के आँकड़े प्रस्तुत करता है—उसकी 75 फीसदी आबादी कृषि पर निर्भर है। किसी मिथ्या बात को बार-बार प्रचारित करने से यदि वह 'सत्यम्' रूप धारण कर लेती हो तो ऐसे अनेक सत्यों को अंग्रेजी प्रचार ने प्रतिष्ठापित किया है। और इस से बड़ी विडम्बना यह घटित हुई कि हम आज उन्हीं प्रचारित मिथ्याओं को ही सच्चाई मान बैठे हैं!

सन् 1840 में मांटगोमरी मार्टिन ने फिरंगी प्रचार की सच्चाई का स्पष्टीकरण किया था, 'मैं नहीं मानता कि हिन्दुस्तान कृषि-प्रधान देश है। हिन्दुस्तान जितना खेतिहर है उतना औद्योगिक भी। जो लोग उसे खेतिहर देश के दर्जे तक पहुँचा देना चाहते हैं वे उसे सभ्यता के पैमाने में बहुत नीचे रखना चाहते हैं! मैं नहीं समझता कि हिन्दुस्तान को इंग्लैंड का 'खेत' बनाना है! यह एक औद्योगिक देश है। सैकड़ों साल से यहाँ तरह-तरह का माल तैयार होता रहा है। ईमानदारी से काम लेने पर कभी कोई देश उसके मुकाबले में नहीं ठहर सका।...उसे खेतिहर देश बनाना उसके साथ अन्याय करना है!'

लेकिन हिन्दुस्तान को अपना 'खेत' बनाने का अन्याय केवल अन्याय की

भावना तक ही सीमित नहीं था। उसके पीछे ब्रिटेन का 'जीवन-न्याय' जुड़ा हुआ था। यह अन्याय तो उनकी आर्थिक नीति ही की बाह्य व्यंजना थी। और आखिर न्याय-अन्याय की अनेकों दुहाइयाँ देने के बावजूद हिन्दुस्तान को इंग्लैंड का खेत बनाना था और बनकर रहा, जिस से वहाँ के उद्योगपतियों को कारखानों को हरदम सस्ते भाव पर कच्चा माल मिलता रहे और वहाँ का तैयार माल हिन्दुस्तान के बाजार में महँगा बिक सके। सन् 1840 मे पार्लियामेंट की जाँच-कमेटी के सामने टॉमस बैजले ने उनकी इस नीति का पूरा खुलासा इस प्रकार किया था—'हिन्दुस्तान का राज अपार है और वहाँ की आबादी इतना विलायती माल खरीद सकती है कि उसकी थाह नहीं। भारतीय व्यापार की समस्या इतनी-सी है कि यहाँ के लोग हमारे माल की कीमत अपनी धरती की पैदावार से दे सकते हैं या नहीं।'

वीर सेनापति क्लाइव ने अपने तरीके से हिन्दुस्तान को लूटा था और उसके बाद इन मेधावी पूँजीपतियों ने अपने तरीकों से उसका शोषण किया। उद्योग-धन्धों का पटरा बैठ जाने से लाखों आदमी मर गये। लाखों ने बेकार होकर खेती की शरण ली, जिस से खेती में संकट पैदा हो गया। अकाल के कारण अधिक आदमियों को प्रपीड़ित होने के लिए मजबूर होना पड़ा! पुराना पेशा टूट गया। नया कुछ भी हाथ न लगा। बड़ी दर्दनाक स्थिति पैदा हो गयी। सन् 1834 में गवर्नर जनरल लार्ड बैंटिक ने उस विभीषिका का वर्णन इस प्रकार किया था—'व्यापार के इतिहास में तकलीफ की ऐसी दूसरी मिसाल पाना मुश्किल है। जुलाहों की हड्डियाँ हिन्दुस्तान के मैदानों को सफेद किये हुए हैं!'

कमाने-खाने का एकमात्र सहारा खेत और बादल के भरोसे छोड़ देना पड़ा। खेती के लिए भूमि सीमित थी। बादल भी अक्सर धोखा दे जाया करते थे। हिन्दुस्तान की जनता पर ऐसा भयंकर संकट पहले कभी नहीं आया था। लोग अपनी मौत मरने लगे। जल्लाद की तलवार उनके लिए एकदम अदृश्य हो गयी थी! करोड़ों लोग दम-दम में प्राण तोड़ने लगे, मगर आततायी उनके सामने न था! लोगों को मारा जा रहा था, मगर मारने वाले का पता नहीं था! लूटा जा रहा था पर लुटेरा लापता था! किसका सामना करते? कैसे सामना करते? अंग्रेजों का उत्पात तैमूर, चंगेजखाँ और नादिरशाह से कहीं लाख गुना बढ़कर था। उन्होंने यहाँ की जिन्दगी के आधार ही को काट डाला। और जिन्दगी स्वयमेव मौत में बदलती गयी! लोग मौत के भय से शहर छोड़-छोड़कर गाँवों की ओर भागने लगे। शहर खाली हो गये। गाँवों पर संकट आ गया। हिन्दुस्तान की जनता ने खेतों के सामने अपनी झोली फैला दी। किसान की आफत दिन-ब-दिन बढ़ने लगी। उसका सब तरफ से शोषण होने लगा। महाजन, जमींदार और सरकार तीनों बारी-बारी से उसे नोच-नोचकर खाने लगे! बेचारा किसान अपना पेट भरे या इन सबका पेट भरे? अजीब समस्या थी! खेतों के

टुकड़े हो गये। किसान का शोषण करने के लिए महाजन और जमींदार में बँटवारा हो गया! सरकार ने मालगुजारी वसूल करने के सिवाय किसान से और कोई ताल्लुक नहीं रखा। उसने सिंचाई के साधनों की ओर से एकदम हाथ खींच लिया। सिवाय लूट के हिन्दुस्तान की जनता के साथ फिरंगी सरकार ने कोई दूसरा वास्ता नहीं रखा।

'हिन्दू और मुलसमान हुकूमतों ने देश और जातियों के हित के लिए जो तालाब, नहरें और सड़कें बनवाई थीं उन्हें अंग्रेजों ने बरबाद हो जाने दिया। आबपाशी का इन्तजाम न होने से अब सूखा पड़ने लगा है। नहरों में मिट्टी भरती गयी, लेकिन अंग्रेजों ने इस बात की खोज-खबर नहीं ली।

'समूचे हिन्दुस्तान में सार्वजनिक कार्यों की तरफ सरकार ने बेहद लापरवाही बरती है।...उसकी टेक है—न खुद करो और न औरों को करने दो! भले ही लोग अकाल से मर जाएँ, भले ही सड़कें और नहरें न होने से करोड़ों की आमदनी से हाथ धोना पड़े—लेकिन तुम्हें कसम है, कुछ करना नहीं।'[†]

काफी अरसे तक अंग्रेज अपनी 'टेक' पर डटे रहे। उपरोक्त 'कसम' का पालन करते रहे। न उन्होंने ही कुछ किया और न औरों को ही करने दिया। उनकी इस 'सजग-लापरवाही' के कारण हिन्दुस्तान की दस्तकारी चौपट हो गयी! सिंचाई के साधन बरबाद हो गये। कमाई के प्रचलित जरिये एक-एक करके हाथ से छूटने लग गये। लाखों कारीगर, जुलाहे, लुहार, बुनकर, कुम्हार, चमार आदि अपनी रोजी को गँवाकर गाँवों की ओर भाग छूटे। शहरों की आबादी बेइन्तहा कम होने लगी। गाँवों में जमीन के लिए छीना-झपटी आरम्भ हो गयी। भयंकर खूनी युद्ध भी इस से अधिक और क्या कर सकता था? यह न किसी लुटेरे के वश की बात थी और न किसी आततायी के बूते की! उस 'असम्भव' को भी किस आसानी से अंग्रेजों ने सम्भव कर दिखाया। उनकी वजह से लाखों मनुष्यों को जिन्दगी से हाथ धोना पड़ा, परन्तु उन्होंने अपने हाथ पर खून का दाग न लगने दिया! वे गजनी और गोरी की तरह कच्चे-पक्के लुटेरे नहीं थे। तलवार और बारूद का जमाना लद चुका था। मौत के नये 'आविष्कारों' ने बाजी मार ली थी! वे उन्हीं नये आविष्कारों के जन्मदाता थे। और उन्होंने उन्हीं आविष्कारों का इस्तेमाल किया था, जिसका परिणाम यह हुआ कि ढाका की आबादी डेढ़ लाख से घटकर केवल 30 या 40 हजार तक रह गयी! हिन्दुस्तान के तत्कालीन औद्योगिक शहरों की बरबादी को ध्यान में रखते हुए मांटगोमरी मार्टिन ने कहा था, 'सूरत, ढाका, मुर्शिदाबाद वगैरह शहर, जहाँ हिन्दुस्तानी माल तैयार होता था, इस तरह तबाह हुए हैं कि जिसका जिक्र नहीं करते बनता! मेरी समझ में ईमानदारी से व्यापार करने से उनकी यह दशा नहीं हुई। मैं कहूँगा कि शहजोर ने अपनी ताकत से कमजोर को कुचल दिया है!' सन् 1757 में क्लाइव ने मुर्शिदाबाद शहर की प्रशंसा करते हुए कहा था कि वह 'लन्दन से भी सुन्दर और

घना बसा हुआ है। लन्दन से भी अधिक दौलत वाला खुशहाल शहर है।'

एक समय था जब कि अपने लाभ की खातिर अंग्रेजों ने बड़ी बेदर्दी के साथ हिन्दुस्तान की नहरों को मिट्टी से भरने दिया, सड़कें को नष्ट होने दिया, आबपाशी के साधनों को समाप्त होने दिया। लेकिन एक समय ऐसा भी आया जब मजबूर होकर अपने नग्न स्वार्थों की पूर्ति के लिए उन्हें रेलों की पटरियाँ बिछानी पड़ीं! बिजली के खम्भों का जाल लगाना पड़ा! पक्की सड़कें बनवानी पड़ीं। नहर और बाँध बनवाने पड़े। शिक्षा की तरफ ध्यान देना पड़ा। सुधार व शान्ति के लिए विवश होना पड़ा। उन्हें अपनी 'कसम' तोड़नी पड़ीं। अपनी 'टेक' छोड़नी पड़ी। वे भारत को पिछड़ी हुई हालत में रखकर ज्यादा लाभ नहीं उठा सकते थे! सन् 1853 में लार्ड डलहौजी ने अपने मसविदे में रेलों की आवश्कताओं का राग अलापते हुए अपनी कुटिलता का इस प्रकार बयान किया था।

'रेलें बनने से हिन्दुस्तान को जो व्यापारिक और सामाजिक लाभ होंगे वे मेरी समझ में अकथनीय है।...विलायत में रूई की माँग बराबर बढ़ रही है। हिन्दुस्तान में रूई पैदा होती है। यहाँ अच्छी किस्म की रूई मिल सकती है, मगर शर्त यह है कि बड़े-बड़े मैदान पार कर के बन्दरगाहों में जहाजों तक माल ले जाने के लिए उपयुक्त साधन हों। दूसरे, व्यापार में जितनी ही सुविधाएँ मिलती हैं, उतनी ही विलायती चीजों की माँग हिन्दुस्तान के दूर-दूर कोनों में होने लगती है। दुनिया के इस हिस्से में हमें नया बाजार मिल रहा है और ऐसी हालत में मिल रहा है कि बड़े-बड़े दिमागदार भी यह अन्दाज नहीं लगा सकते कि आगे चलकर इससे कितना मुनाफा होगा और यहाँ कितना माल खपेगा!'

नादिरशाह, तैमूर, चंगेजखाँ और डलहौजी—इन सब में कौन अधिक लुटेरा था, किसकी लूट अधिक खतरनाक थी? बिना किसी संशय के कहा जा सकता है कि अंग्रेजों के पूर्व आक्रमणकारियों व सभी लुटेरों ने मिलकर भी इतनी हत्याएँ नहीं कीं, हिन्दुस्तान का इतना धन-माल नहीं लूटा जितना क्लाइव, वारेन हेस्टिंग्ज, वैलेजली, लार्ड हेस्टिंग्ज और डलहौजी—इन पाँचों लुटेरों ने अलग-अलग से हिन्दुस्तान को लूटा-खसोटा, उसे तबाह किया और आम-हत्याएँ की हैं। इनका न किसी से मुकाबला किया जा सकता है और न किसी से इनकी मिसाल ही दी जा सकती है! ये अपनी तरह के एक ही खूनी थे, एक ही जालिम थे! फिर भी, इतना सब होते हुए भी नादिर, तैमूर और चंगेजखाँ के पहले—लुटेरे, क्रूर, नृशंस आदि शब्दों का प्रयोग होता है और इन फिरंगी लुटेरों के पहले—लार्ड, गवर्नर, गवर्नर जनरल आदि के विशेषण प्रयोग में लाये जाते हैं! भारत में ब्रिटिश राज्य के निर्माताओं का रूप देकर इनके साहस, इनकी वीरता और इनकी सूझ-बूझ का बखान किया जाता है, जैसे स्वयं भारतवासियों के लिए भी, उनके अपने देश में ब्रिटिश राज्य की स्थापना एक गौरव

व प्रतिष्ठा की बात हो! अंग्रेज जनता के लिए भले ही ये आदर्श हो सकते हैं क्योंकि उन्होंने भारत में उनके साम्राज्य की सीमा का लाल-विस्तार किया था, परन्तु लाख चेष्टा करने पर भी इतिहास का भारतीय विद्यार्थी कैसे उन्हें आदर्श रूप में ग्रहण कर सकता है, यह बात आसानी से समझ में नहीं आती! भले ही आसानी से किसी की समझ में यह बात न आये तो न आये, कुछ मुश्किल से समझ में आएगी, लेकिन अंग्रेजों ने इस असम्भव को भी सहज और स्वाभाविक बना दिया। उन्होंने हिन्दुस्तान के दिमाग को ही अपने साँचे में ढालने की अकथ चेष्टाएँ कीं। उसके इतिहास ही को बरबाद करने का प्रयास किया। अपने हिसाब से उन्होंने नये इतिहासों का निर्माण करना आरम्भ कर दिया। अंग्रजों के द्वारा लिखे भारतवर्ष के वे इतिहास ही हमारे लिए सबसे खतरनाक मार है, सबसे बड़ी क्षति है, जो न मालूम कब पूरी होगी...?

और यह सब कुछ हुआ शिक्षा और ज्ञान के नाम पर! भारतवर्ष के इतिहास की दुहाई देकर अंग्रेजों ने दुतरफा प्रहार किया है। ब्रिटेन में अंग्रेज पाठक को इतिहास के बहाने यह बतलाने की चेष्टा की गयी कि हिन्दुस्तान एक ऐसा देश है जो गुलामी के ही योग्य है...उसकी भलाई, सुख-शान्ति व सुरक्षा के लिए ही वे वहाँ पर राज्य कर रहे हैं! जिस क्षण उन्होंने हिन्दुस्तान को अपने भरोसे छोड़ दिया, वहाँ सब बरबाद हो जाएगा। लोग आपस में कट-कटकर मर जाएँगे। अराजकता फैल जाएगी। लूट और तबाहियों का कहर मच जाएगा। वह ऐसा ही जाहिल और बर्बर देश है, उन्हीं की वजह से वहाँ अमन-चैन है! वे हिन्दुस्तान के भले की खातिर ही हिन्दुस्तान को छोड़ना नहीं चाहते! मजबूरी है कि उन्हें वहाँ राज्य करना पड़ रहा है! वहाँ की आम जनता उन्हें वहाँ शासन करने के लिए अनुनय प्रार्थना करती है। और दूसरी तरफ हिन्दुस्तान के विद्यार्थियों को इतिहास के नाम पर वे किस्से-कहानियाँ और चुटकले पेश किये गये जिन में अंग्रेजों की योग्यता, उनकी बहादुरी, उनकी कुशलता का बखान हो। उनकी श्रेष्ठता का प्रदर्शन हो। उनके रौब-दाब का चित्रण हो। परीक्षाओं में पास होने के लिए यह सब जानकारी आवश्यक बन गयी। नौकरी के लिए इम्तिहान में पास होना जरूरी हो गया। और इतिहास के अध्यापकों को नौकरी के लिए यह सब-कुछ पढ़ना जरूरी हो गया। इतिहास को जानना और पढ़ाना हिन्दुस्तान के शिक्षित वर्ग की जीवन-आवश्यकता बन गयी। आगा-पीछा भूलकर लाखों विद्यार्थियों को अपने व्यक्तिगत स्वार्थों की पूर्ति के लिए तोते की तरह इतिहास के इन पाठों को कंठस्थ करना पड़ा। भारतीय अध्यापक तोते की तरह पढ़ाने लगा। दोनों के लिए नौकरी की समस्या ही ने सर्वोपरि समस्या का रूप धारण कर लिया। उन्हें न भारतवर्ष से मतलब रहा और न भारतवर्ष के इतिहास से! अंग्रेजों की कद्रदानी का प्रमाण-पत्र हासिल करने के लिए भारतीय इतिहासकारों ने सत्य का गला ही घोंट डाला! वे अंग्रेज इतिहासकारों से भी आगे निकल भागे, क्योंकि उन्हें सरकार से

'वफादारी' और 'बौद्धिक-प्रतिभा' की सनद लेनी थी! तथाकथित 'विद्वता' व 'डॉक्टरी' की उपाधि ग्रहण करनी थी। डॉक्टर-मार्का इन भारतीय इतिहासकारों ने अपनी स्वामिभक्ति का तगमा लेने के लिए अंग्रेजी शासकों का जी भरकर बखान किया। उनके समाज-सुधारों, उनकी शान्ति-प्रियता और न्यायपरायणता का गुणगान किया! विदेशी शोषकों का विरोध करने वाले सच्चे देश-प्रेमियों को भारतीय इतिहासकारों के द्वारा ही सर्वाधिक भर्त्सना का उपहार मिला है! देश की स्वाधीनता के लिए जूझ मरने वाले शहीदों को क्रूर, हत्यारा, पागल और डाकू आदि की संज्ञाओं से विभूषित किया गया! लन्दन के सेंट पाल गिरजे क्लाइव की समाधि को अंग्रेजों के द्वारा 'साम्राज्य निर्माता शहीद' के रूप में दिये गये सम्मान का रहस्य तो समझ में आ सकता है, लेकिन इतिहास का भारतीय अध्यापक जब अपने छात्रों के सामने क्लाइव, वैलेजली और डलहौजी का आदर्श उपस्थित करना चाहता है, उनकी साम्राज्य-विस्तार नीति का निःसंकोच भाव से जिक्र करता है, उनके कौशल की सराहना करता है तो उस अभागे शिक्षक की 'प्राण-घाती स्मरण-शक्ति' पर न रोष करते बनता है, न उसकी नासमझी पर दया ही आती है! आज दिन भी भारत के दुर्भाग्य को न उन इतिहासों से छुटकारा मिला है और न उन इतिहासकारों से। पाठ्यक्रम में आज दिन भी वही जहरीला प्रचार उसी रूप में चल रहा है। यूनिवर्सिटियों से हजारों स्नातक प्रति वर्ष इस 'अज्ञानभरी शिक्षा' का प्रमाणपत्र पाकर गौरव का अनुभव करते हैं! अंग्रेजों का भूत उनके सिर पर चढ़कर बोलता है—यह है भारत के शिक्षित वर्ग का चरित्र!

और दूसरी तरफ गाँवों का अनपढ़, अशिक्षित वर्ग अपनी नादानी के कारण अंग्रेजों की जादूभरी करामातों पर ही मुग्ध है! हवाई-जहाज, रेल, तार, डाक, इंजन, आदि वैज्ञानिक साधनों में गोरों का बुद्धि-कौशल देखकर वह आश्चर्यचकित-सा रह जाता है। श्रद्धा से विगलित होकर उनके हुनर का हार्दिक बखान करता है। 'अंग्रेज गोरा लोग थारौ हुनर भारी रे।' यह है भारत के अशिक्षित वर्ग का चरित्र!!

भारत का अशिक्षित वर्ग अपने अज्ञान के कारण अंग्रेजों के हुनर पर मुग्ध है तो भारत का शिक्षित वर्ग अपने ज्ञान के कारण उनका गुलाम बना हुआ है! शिक्षा के नाम पर उसने गलत और खोटी मान्यताओं को अपनी स्मरण-शक्ति में भर लिया है। जो अशिक्षित है वह कुछ जानता नहीं और जो शिक्षित है वह गलत जानकारियों में ही खोया हुआ है! इस विडम्बना का न जाने कब और कैसे अन्त होगा? संयोग से राजस्थान का इतिहास लिखने की जिम्मेवारी जिन 'योग्य विद्वान' व्यक्तियों के हाथ लगी, उन्होंने तो इतिहास के दुर्भाग्य को चरम सीमा तक ही पहुँचा दिया! तारीख और घटनाओं के ऊपरी वर्णन में उन्होंने इतिहास के सूत को उलझाकर ही अपना दायित्व समाप्त कर दिया! सत्ता के प्रति स्वामी-भक्ति के स्वाभाविक कर्तव्य ने उनके सामाजिक दायित्व को पंगु और निश्चेष्ट बना डाला था! और : दुर्भाग्य

से आज इन्हीं इतिहासकारों को सरकारी मान्यता और सामाजिक प्रतिष्ठा का सबसे अधिक श्रेय प्राप्त है!

भारतवर्ष में अंग्रेजी शासन के सभी पाठ्य-इतिहास-इतिहासकारों के इसी 'स्वाभाविक कर्तव्य' की अन्तर्प्रेरणा से ही सम्पन्न हुए हैं। अपनी-अपनी शैली और अपने-अपने तरीकों से उन्होंने अपने इतिहासों में क्लाइव की 'चतुराई' का दिग्दर्शन किया है, अंग्रेजों के 'सितारे' को चमकाया है। उनके बढ़ते हुए 'प्रभाव' को दर्शाया है, उन्हें 'शान्ति व सुरक्षा' का स्थापक बतलाया है, 'न्याय का समर्थक' घोषित किया है। अंग्रेज सरकार को उन्होंने 'निष्पक्ष' स्वार्थ-रहित नीति का पोषक बतलाया है। सन् सत्तावन के गदर को उन्होंने 'एक भयंकर षड़यन्त्र' के रूप में पेश किया है, जो उनकी दृष्टि से केवल 'अंग्रेजी राज्य का नाश करने के लिए रचा गया था।' विक्टोरिया को उन्होंने 'दयालु रानी' के रूप में चित्रित किया है! तो फिर उस दयालु और शान्तिप्रिय सरकार के राम-राज्य में भारत की दिन-ब-दिन बढ़ती दरिद्रता और उसकी भयंकर तबाही का आखिर कारण क्या था? उसका सामाजिक आधार क्या था? हिन्दुस्तान की धरती निहायत उपजाऊ है और जनता यहाँ की बेहद गरीब है। इस 'पहेली' की जिम्मेवारी आखिर किस पर आकर ठहरती है? इन मूलभूत प्रश्नों का सही जवाब इतिहास की इन पाठ्य-पुस्तकों में कहीं भी खोजे नहीं मिलता। या तो इन ख्यातिप्राप्त इतिहासकारों ने इस समस्या को ऐतिहासिक समस्या के रूप में स्वीकार करना जरूरी ही नहीं समझा या उन्होंने जानकर सब तरफ से बचने की चतुराई करते हुए, अपने स्वार्थों को पूरा कराने के लिए उसे टालने की सतर्कता बरती है! इतिहास को यदि अपना सामाजिक उत्तरदायित्व निभाना है तो उसे स्पष्टतया वैज्ञानिक तरीके से बतलाना होगा कि अंग्रेजी शासन-काल में हिन्दुस्तान की तबाही के लिए न जमीन का कोई दोष था और न प्रकृति का कोई कोप! न उसके लिए पूर्व-जन्मों का फल जिम्मेवार था और न भाग्य की परवशता। न खोटे ग्रहों के मत्थे ही उसका दोष मंढ़ा जा सकता है। उसकी गरीबी, अशिक्षा के कारण नहीं थीं, बल्कि उसकी अशिक्षा गरीबी ही का परिणाम थी। और गरीबी की विभीषिका केवल अंग्रेजी-सुव्यवस्था की वजह से थी, कोई उसके बावजूद नहीं! वह दर्दनाक संकट केवल और केवल साम्राज्यवादी शोषण का सहज व सीधा नतीजा था। इतिहासकार को बताना होगा कि किस तरह 'अंग्रेज नाम का शैतान हमारे देश पर चढ़ आया था' और किस तरह 'उसने देश के जिस्म की सारी चेतना को अपने खूनी अधरों से सोखा?' यह जानकारी बहुत-कुछ लिखी जाने के बाद भी बहुत अधिक शेष है। वे 'अंग्रेज, जिनकी जन्म-भूमि विलायत है, उन्होंने किस तरह कलकत्ता और कानपुर में आकर अपना जाल फैलाना शुरू किया और किस तरह धीरे-धीरे उनका जाल बम्बई, मद्रास व ठेठ दक्षिण तक फैलता गया।' इस मुतल्लिक बहुत-कुछ सच्चाई

प्रकाशित होने पर भी बहुत अधिक वास्तविकता अब भी शेष है। किस तरह इस 'गोरी देह वाले फिरंगी ने अपना फैलाव किया' उसका यथार्थ इतिहास अब भी लिखा जाना बाकी है।

हे ओ काळी टोपी रौ फिरंगी फैलाव कीधौ ओ।

इस काली टोपी वाले ने किस कुटिलता से यहाँ अपना पाशविक राज्य फैलाया बहुत कुछ गुप्त बातें प्रकाशित होने पर भी हिन्दुस्तान के कोने-कोने से हजारों छिपे हुए तथ्य, लाखों गुप्त मन्त्रणाएँ, करोड़ों जालसाजियाँ अब भी प्रकाश में आनी बाकी हैं।

फिरंगी प्रळै जल फैलियौ, तज दूहूं राहां टेक।

हिन्दुस्तान पर फिरंगियों के इस महाप्रलय की शुरुआत कब हुई, कैसे हुई, क्यों हुई और उस प्रलय की अथाह जल-राशि कहाँ तक फैली, वापस कैसे सिमटी, इस बाबत भी कुछ कम सामग्री प्रकाशित नहीं हुई, परन्तु अप्रकाशित मसाला अब भी बहुत अधिक संख्या में छिपा पड़ा है, सो न जाने कब हिन्दुस्तान के कोने-कोने से प्रकाश में आएगा। कहने को तो कई ईमानदार और निडर व्यक्तियों द्वारा अंग्रेजी साम्राज्य-विरोधी सामग्री प्रकाश में आयी है, लेकिन उसका वांछित प्रचार नहीं हुआ। कुछ इने-गिने विद्या-प्रेमियों की जानकारी तक ही वह प्रचार सीमित रह गया। इसके विपरीत जन-साधारण के संस्कारों को सँवारने वाली सार्वजनिक शिक्षा को तो आज दिन भी उन्हीं पाठ्य-पुस्तकों का ही सहारा है। आम भावना व जन-रुचि तो उन्हीं तथाकथित इतिहासों पर सौ प्रतिशत रूप से निर्भर करती है।

और हिन्दुस्तान की आजादी का सही इतिहास तब तक अपना वास्तविक रूप ग्रहण नहीं कर सकता जब तक कि वांछित सामग्री अपने मूल में प्रकाशित न हो जाए। अक्सर देखने मे आया है कि हर नयी ऐतिहासिक सामग्री ने अपनी सच्चाई के बल पर इतिहास की पूर्व-मान्यताओं को एकदम ले पलटा है। पन्द्रह अगस्त के बाद ही वह मौका आया है जब कि यथेष्ट सामग्री को इस दृष्टिकोण से इकट्ठा किया जा सकता है। सन् सैंतालीस के पहले तो यह मौका था ही नहीं।

यह ऐतिहासिक सामग्री मिलेगी सरकारी फाइलों में, आरकाइव्ज विभाग में, अगणित कागजों में, लोगों की जबान पर, अखबारों के दफ्तरों में, जेलों की फाइलों में, अहदनामे व खलीतों में, सन्धि-पत्रों व अंग्रेज अधिकारियों की चिट्ठी-पत्रियों में, रियासतों के रेकाडर्स में, ब्रिटिश पार्लियामेंट की रिपोर्टों में, तत्कालीन अंग्रेजी साहित्य में, वहाँ के भाषणों में, भारतवर्ष के तत्कालीन साहित्य में, शिलालेखों में, लोक-जीवन की आम चर्चाओं में—मतलब कि ज्ञात-अज्ञात रूप से भारत में अंग्रेजी शासन को

लेकर जब कभी भी, किसी का भी सम्पर्क रहा हो, उसका मूल रूप प्रकट होने पर ही ब्रिटिश-काल का इतिहास तैयार हो सकता है।

यह न एक व्यक्ति के बूते की बात है और न चन्द व्यक्तियों के खोज का विषय। यह निश्चित रूप से एक सामूहिक कार्य है जो सम्पूर्ण होने के लिए अपना समय चाहता है।

अंग्रेजी-साम्राज्य-विरोधी प्रस्तुत कविताओं की बस यही सार्थक मान्यता है कि राजस्थान के क्षेत्र से इनके द्वारा ऐतहासिक सामग्री में आंशिक वृद्धि हुई है। इनका मूल रूप में प्रकाशित होना ही इनकी एकमात्र उपादेयता है। और न इस विषय से सम्बन्धित सामग्री केवल इन कविताओं तक ही सीमित है। राजस्थान में न जाने कितने ही अज्ञात स्थानों से इस तरह की सामग्री प्राप्त हो सकती है। अधिकांश सामग्री शायद लिपिबद्ध भी न हो पाई होगी, अनेक शिलालेखों को अब तक पढ़ा भी न गया होगा, विभिन्न परिवारों में पांडुलिपियों को दीमक चाट रही होगी। इस विषय से सम्बन्धित सामग्री को जितना जल्दी हो सके सतर्कता से प्राप्त करने का प्रयास किया जाना चाहिए। इस कार्य के लिए राजस्थान सरकार को निर्विलम्ब कदम उठाने की आवश्यकता है। क्योंकि अलग-अलग व्यक्तियों को यह काम आर्थिक रूप से बहुत भारी पड़ जाता है। यह केवल सरकार के सामर्थ्य की ही बात है और उसका यह कर्तव्य भी है। राजस्थान की शोध-संस्थाओं को भी अपने वश रहते इस तरफ अधिक लगन के साथ कार्य में जुट पड़ना चाहिए।

यहाँ प्रसंगवश यह समझ लेना जरूरी है कि ऐतिहासिक सामग्री और इतिहास दोनों एक बात नहीं है। किसी भी युग की ऐतिहासिक सामग्री उस युग का इतिहास कदापि नहीं बन सकती। परन्तु इतिहास को अपनी चरितार्थता प्रकट करने के लिए यथेष्ट ऐतिहासिक सामग्री की अपेक्षा रहती है। इसमें कोई सन्देह नहीं। एक ओर जहाँ ऐतिहासिक सामग्री के अभाव में इतिहास-विज्ञान अपनी पूर्णता की ओर अग्रसर नहीं हो सकता, तो दूसरी ओर इतिहास के वैज्ञानिक दृष्टिकोण बिना वह सामग्री कभी-कभी समाज के लिए घातक भी सिद्ध हो जाती है! किसी भी ऐतिहासिक सामग्री को सामाजिक विकास के सूत्र में पिरोने के लिए यह 'समझ' आवश्यक है कि प्रगति और प्रतिक्रिया का निर्णय पूर्णतया देश, काल व परिस्थितियों के अनुसार होता है।

प्रकृति की तरह मानव-समाज भी सतत गतिशील है। पारस्परिक क्रिया-प्रतिक्रिया व आन्तरिक असंगतियों के फलस्वरूप प्रकृति की तरह समाज का भी निरन्तर विकास होता है। प्रकृति के बाह्य रूपों की तरह सामाजिक घटनाओं में भी परस्पर अविच्छिन्न सम्बन्ध है। उनमें आन्तरिक निर्भरता व पारस्परिक सम्बद्धता है। निश्चित है कि कोई भी घटना अकस्मात घटित नहीं होती। प्रकृति की भाँति वह भी अपने विकासजन्य नियमों से अनुशासित होती है। इसलिए इतिहास आकस्मिक घटनाओं

का संकलन न होकर एक व्यवस्थित विज्ञान है, जो अपने गतिशील विकास के नियमों पर पूर्णयता निर्भर करता है।

इतिहास-विज्ञान का यह सुव्यवस्थित अध्ययन केवल अतीत की जानकारी ही प्रस्तुत नहीं करता, बल्कि भविष्य के प्रति मार्ग-निर्देशन भी करता है। इस कारण इतिहास को जानने का मतलब है नये इतिहास का निर्माण। भविष्य के सजग निर्माण के लिए अतीत की जानकारी समाज की एक जीवन्त आवश्यकता बन जाती है। अतीत की परिधि सम्राटों व शासकों की कार्य-विधियों तक ही परिसीमित नहीं है। इतिहास-विज्ञान समूचे समाज के अतीत का विकास प्रेषित करता है। इसलिए जिन इतिहासकारों ने राजे-महाराजाओं, मध्य-युगीन योद्धाओं, गवर्नर जनरल व वायसरायों, विजेताओं और सत्ताधारी शासकों के कार्य-व्यापारों तक ही इतिहास को मर्यादित कर, अपने वैयक्तिक कर्तव्य की इति समझ ली है, उनकी कृतियों को किसी और अच्छे नाम से सम्बोधित किया जा सकता है, किन्तु उन्हें इतिहास की संज्ञा किसी भी रियायत पर नहीं दी जा सकती।

राजस्थान का इतिहास लिखने में यही सबसे बड़ी भूल हुई कि ऐतिहासिक सामग्री को इतिहास का पूरक मान लिया गया है। और वह सामग्री सीमित थी। केवल राजा-महाराजा और सामन्तों की क्रिया-प्रतिक्रियाओं के घेरे तक ही। क्योंकि केवल इन्हें ही वह सुविधा या वे साधन प्राप्त थे जो इस तरह की सामग्री को लिपिबद्ध करवा सकते थे। उस प्रचार का अधिकांश भाग हमें मिलता है चारणों की कविताओं में, ख्यातों में, वार्ताओं में, भाटों की बहियों तथा अन्य राजकीय सामग्री के जरिये, जो सब मिलाकर भी समूचे समाज की गतिविधियों का एक अंश मात्र था। राज्याश्रित प्रचारकों की जो मर्यादा थी, वही इतिहासकारों का साध्य बन गया! और उस निर्भरता के बाद स्वयं इतिहासकार भी परोक्ष या अपरोक्ष रूप से राजा का ही आश्रित था। उसकी स्वतन्त्रता आर्थिक परिस्थितियों से नियन्त्रित होती थी। प्रश्न यह नहीं है कि क्या सीधे रूप में उन दरबारी प्रचारकों की स्वतन्त्रता पर कोई अंकुश रहता था या नहीं, बल्कि वास्तविकता यह है कि उनकी चेतना का अतिरिक्त विकास ही उन परिस्थितियों में सम्भव नहीं था।

'गोरा हट जा' में संग्रहीत कविताएँ, अपने-आप में मुख्य न होकर उनमें विनिहित ऐतिहासिक तत्त्व का महत्त्व ही प्रधान है। परोक्ष-अपरोक्ष रूप से अंग्रेजों से सम्बन्धित होने के कारण ही उन्हें संग्रह में स्थान मिला है। इनके काव्य पक्ष का श्रेय बस इतना ही है कि उनके माध्यम से तत्त्व-भावना को एक सामाजिक बोधगम्य रूप प्राप्त हो सका। लेकिन समाज-सुलभ अभिव्यक्ति के पश्चात् घटना-सत्य और माध्यम दोनों परस्पर आत्मसात् होकर एकरूप हो गये, जिससे ऐतिहासिक तथ्य का अपना निजी स्वरूप, शैली विशेष के साथ जुड़ने से काफी बदल गया है। शैली तथा कविताओं के

रूप-तत्त्व से विच्छिन्न करने पर ही विषय-वस्तु की अपनी वास्तविकता प्रकट हो सकती है। तत्कालीन शैली की महत्त्वपूर्ण प्रवृत्तियों को ठीक समझने पर ही 'रूप' से 'विषय' की स्वतन्त्र सत्ता का आभास मिल सकेगा और तब उसके बाद इन कविताओं में अन्तर्निहित ऐतिहासिक तथ्य को अपना स्वतन्त्र परिचय दे सकने का सामर्थ्य प्राप्त होगा।

कवि की समझ या चेतना केवल उसके अपने व्यक्तित्व तक ही सीमित न होकर एक सामाजिक यथार्थ की अचेतन अभिव्यक्ति होती है। समाज का जैसा प्रचलित आचार होता है, उसी से मनुष्य के विचार निश्चित होते हैं। मनुष्य के जैसे विचार होते हैं, वैसी ही उसकी भावना या संवेदन-शक्ति होती है। विचार, कल्पना, भावना या संवेदन-शक्ति परस्पर एक दूसरे को प्रभावित करते रहते हैं। मनुष्य के आध्यात्मिक जीवन को भौतिक परिस्थितियों का प्रतिबिम्ब मानने पर भी वह स्वयं में निष्क्रिय नहीं होता! वह भौतिक सत्ता को प्रभावित करता है। एक बार अस्तित्व में आने पर या मनुष्य के हृदय में घर कर लेने पर उसकी भावनाएँ तथा मान्यताएँ अत्यधिक जीवन्त शक्ति का रूप धारण कर लेती हैं!

सामन्तवादी व्यवस्था में पेशों के अनुसार जातियों का निर्माण होता है। तत्पश्चात् वे जातियाँ उन्हीं परम्परागत पेशों को हमेशा के लिए अपना लेती हैं। पेशों की श्रेष्ठता व हीनता के मापदंड से ही जातियों की श्रेष्ठता निर्धारित होती है। सम्पत्ति के अधिकारों की रक्षा के निमित्त वैवाहिक सम्बन्ध, पारिवारिक विधि-कर्म आदि जातियों के अपने दायरे में ही केन्द्रित हो जाते हैं, पेशा और जाति एकमेल होकर परस्पर पर्यायवाची हो जाते हैं।

कविता और अन्य कलाएँ भी जातियों में बँट जाती हैं। पेशों के बहाने वे वंशानुगत चरित्र का रूप धारण कर लेती हैं। कविता जैसी स्वतः स्फूर्त सामूहिक कला वंश और जातिगत पेशों का कृत्रिम रूप धारण कर लेती है। वर्ग-विभाजित समाज में कविता, संगीत और नृत्य की प्रारम्भिक एकता नष्ट हो जाती है।

राजस्थान में सामन्ती व्यवस्था के अन्तर्गत कविता का जातीय पेशा चारणों का रहा। कविता उनके जीविकोपार्जन का साधन बन गयी। एक बात और—चारणों का पेशा मुख्य रूप से कविता करना नहीं, बल्कि कविता के माध्यम से शासक-वर्ग का यश-गान करना था। क्योंकि भाषा का लिपिबद्ध रूप प्रचलित होने पर भी जन-साधारण के लिए छापे की कला के अभाव में तब पुस्तकों का प्रकाशन सम्भव नहीं था। घरेलू काम-काज, राजकीय हिसाब-किताब, शासन-व्यवस्था, तथा आपसी चिट्ठी-पत्री के अलावा गद्य की विशेष सार्वजनिक उपयोगिता नहीं थी।

सामन्ती अवस्था तक आते-आते कविता की सामूहिक आवश्यकता भले ही केन्द्रित हो गयी हो, उसकी विषय-वस्तु में सामूहिक जीवन की उत्प्रेरणा भले ही निःशेष हो गयी हो, फिर भी सामाजिक प्रचार व सुविधा के लिए छापे की मशीन के

आविष्कृत होने तक कविता ने अभिव्यक्ति के माध्यम का पूरा उत्तरदायित्व निभाया है। सामाजिक परिस्थितियों के कारण चारणों को अपने लक्ष्य की खातिर कविता का सहारा लेना पड़ा। उनकी इस परिस्थितिजन्य विवशता ने आखिर जातीय-विशेषता का रूप धारण कर लिया। परम्परा से चले आने के कारण वह उनके व्यवहार में घुलमिल-सी गयी। अभ्यास की निरन्तरता समय के साथ स्वभाव बन जाती है। परम्परा विधान बन जाती है!

सामन्ती-व्यवस्था के टूटने पर पेशों के आधार पर बनी जातियों का संघटन भी विच्छिन्न हो जाता है। धीरे-धीरे जातियाँ अपना पेशा छोड़ती रहती हैं। दूसरे काम-धन्धों को अपनाती रहती हैं। क्योंकि निर्धारित पेशों के साथ जातियों का कोई रागात्मक सम्बन्ध तो होता नहीं, बल्कि एक आर्थिक समझौता होता है।

मनुष्य बाह्य-जगत को अपनी आवश्यकताओं के अनुसार परिवर्तित करता है और इस परिवर्तन-क्रम में वह स्वयं को बदलने का सामान भी अनजाने जुटा लेता है। प्रकृति को अपने अनुरूप निर्मित करने के इस अविरल प्रवाह में मनुष्य का रूप भी विकसित होता रहता है। विकास का यह क्रम परिपूर्ण होता है—भाषा के माध्यम से। इसलिए भाषा मनुष्य-जीवन की एक भौतिक आवश्यकता है, मानसिक खिलवाड़ नहीं। भाषा के माध्यम से ही वह बाह्य-जगत के साथ सम्पर्क स्थापित करता है। मनुष्य, प्रकृति और समाज के इस विकास-क्रम में भाषा का स्वरूप भी कभी एक-सा नहीं रहता। वह निरन्तर विकसित और उन्नत होता रहता है। इसलिए जो भाषा मनुष्य के विकास की भौतिक आवश्यकताओं में अपना यथेष्ट योग प्रदान नहीं करती, वह निर्जीव और जड़ हो जाती है। मनुष्य-समाज अपने विकास-पड़ावों पर उसे छोड़कर आगे बढ़ता रहता है। भाषा की यह उपादेयता सम्पन्न होती है—कला, विज्ञान और संस्कृति के माध्यम से। कला और विज्ञान के रूप में मनुष्य के सांस्कृतिक विकास व परिवर्तन का भी यही मूलभूत सामाजिक आधार है।

प्रकृति और मनुष्य के पारस्परिक संघर्ष के बीच भाषा का जन्म होता है! समूचे समाज की भौतिक आवश्यकताओं के कारण ही वह उद्भूत होती है। इसलिए भाषा एक सामाजिक इकरारनामा हैं—वैयक्तिक सुविधा नहीं।

वर्ग-विभाजित समाज में जब कविता अपनी सामूहिक जरूरतों से उत्पन्न न होकर शासक-वर्ग की रंजन-सामग्री में निःशेष हो जाती है, तब उसमें प्रयुक्त होने वाली भाषा भी पारस्परिक सम्बन्धों को स्थापित करने के लिए समूचे समाज का एक आवश्यक साधन न रहकर चन्द व्यक्तियों की सुविधा और सहूलियत की वस्तु हो जाती है। उसका विकास रुक जाता है। और रह जाती है—केवल परम्परा का अन्ध-अनुकरण मात्र।

कविता स्वयं एक ऐसी कला है—जो जाति, वंश या राष्ट्र के संकीर्ण दायरे में

बाँधी नहीं जा सकती। इसलिए पेशे के रूप में अभ्यास की कारीगरी का रूप धारण करने के निमित्त उसका अपना स्वभावगत चरित्र स्वयमेव नष्ट हो जाता है। वह रूढ़ियों और नियमों में जकड़ जाती है। स्वतःस्फूर्त न होकर एक अभ्यास की वस्तु बन जाती है। कला न रहकर एक कारीगरी रह जाती है! और उसकी भाषा जन-साधारण की व्यावहारिक आवश्यकता से दूर हटती हुई भाषा के पिछले पड़ावों में ही सिमट रह जाती है। शैली, कल्पनाएँ, उपमाएँ वर्णन व कथानक आदि सब रूढ़ हो जाते हैं। इस तरह की कविता लिखना और समझना जन-साधारण के वश की बात नहीं रहती।

क्यों?

स्पष्ट ओर सीधा-सा उत्तर है कि इसके बिना कविता किसी भी जाति-विशेष का पेशा नहीं बन सकती। अभ्यास और परम्परा का अन्ध-अनुकरण किसी भी जातीय पेशे के लिए सर्वथा अनिवार्य है। इन पेशेवर कविताओं की रचना बाह्य प्रेरणा से उद्भासित न होकर व्यक्ति के अपने कौशल पर ही पूर्णतया निर्भर करती है। पेशे की प्रारम्भिक विवशता समय के दौरान रूढ़ होकर शास्त्रों की वैधानिक ओट ग्रहण कर लेती है। मजबूरी पांडित्य के थोथे आडम्बरों में परिणत हो जाती है! फिर नियमों और रूढ़ियों के दायरे से हटना हीन कला का द्योतक समझा जाने लगता है। जो एक समय की लाचारी थी, वही समय पाकर कविता की खरी कसौटी बन जाती है। शास्त्रों का उल्लंघन करने वाले को कवियों की श्रेणी से बहिष्कृत समझा जाने लगता है!

सभी देशों की सामन्तकालीन कविता का कुछेक देश, काल व परिस्थितिजन्य विभिन्नता के अलावा विशेषतया यही तात्त्विक चरित्र होता है। मध्ययुगीन संस्कृत, प्राकृत व अपभ्रंश साहित्य भी सामन्ती दौर की इन प्रवृत्तियों से भरपूर प्रभावित है। हिन्दी के रीतिकालीन साहित्य ने तो रूढ़ियों की पराकाष्ठा तक पहुँचकर ही दम तोड़ा!

सामन्त-काल में शासक-वर्ग के लिए युद्ध कोई कला या मनोरंजन नहीं—एक जबरदस्त आवश्यकता होती है। आपसी लड़ाई, ग्रह-कलह और बाहरी हमले की सम्भावना हरदम बनी रहती है। शारीरिक ताकत और युद्ध कौशल जीने के लिए अनिवार्य शर्तें बन जाती हैं। सर्वोच्च सत्ता के प्रतीक राजा को वीरता के आदर्श रूप में प्रेषित किया जाता है। और उसके लिए मर मिटने को जिन्दगी का सबसे बड़ा सौभाग्य! स्वामि-भक्ति जीवन की सर्वोपरि सार्थकता का गौरव प्राप्त कर लेती है। समय के दौरान युद्ध व वीरता की आवश्यकता भी रूढ़ हो जाती है। राजकीय प्रचारकों के जरिये उनका वर्ग-स्वार्थ जन-साधारण की चेतना का अंश बन जाता है। कार्य-कारण-सम्बन्ध से दूर हटती हुई युद्ध और वीरता की अनिवार्यता अपने ही चरम रूप में सिमट जाती है। वर्णन उसका सधी-सधाई परम्परागत रूढ़ियों में

मर्यादित हो जाता है। अलोच्य-संग्रह की अधिकांश कविताओं में युद्ध-स्थल का वर्णन भी बनी-बनाई लीक के जरिये ही हुआ है।

'सेनाओं तथा पलटनों का समुद्र उमड़ पड़ना, मतवाले हाथियों का उन्मत्त होना, तलवारों के झटकों से टूटकर उनकी सूँडों का चटाक-चटाक गिर पड़ना, तोपों, बन्दूकों, घोड़ों के खुरतालों की आवाज से आकाश का गूँज उठना, झंडों की मालाओं का फरफराना, तलवारों के प्रहारों से आग की चिनगारियाँ प्रज्वलित होना, काले नागों की तरह योद्धाओं का फुफकारना, भालों की नोकों व तलवारों के प्रहारों से शरीर का छलनी-छलनी हो जाना, देह से लहू के फव्वारे छूटना, फेफड़ों के टुकड़े-टुकड़े हो जाना, खून से सनी हुई अँतड़ियों का पैरों तक लटक आना, खून की नदियाँ बह जाना, बादलों की गड़गड़ाहट के समान तोपों का गर्जन-तर्जन होना, कँवारी सेना के साथ युद्ध केलि करना, तलवारों से वज्राग्नि का बरसना, सिन्धु के समुद्र का लहरा उठना—आदि।

माना कि युद्ध में सब-कुछ यही हुआ करता है। लेकिन इस तरह के वर्णनों में ही युद्ध को बार-बार समाहित करते रहने से उसकी अनुभूति में सजीवता नहीं रहती! युद्ध एक बात है और युद्ध का वर्णन करना दूसरी बात! युद्ध से वर्णन तक पहुँचा जा सकता है—वर्णन से युद्ध तक नहीं! परिणाम कारण से उद्भुत होता है, लेकिन परिणाम से कारण को उत्पन्न नहीं किया जा सकता। कुछ समय के बाद, वर्णन की यह रूढ़ि हृदय में किसी भी प्रकार की प्रतिक्रिया उद्वेलित करने में सर्वथा निष्क्रिय हो जाती है। उसके शब्दों में निहित एक समय की प्रारम्भिक अनुभूति शुष्क और निष्प्राण हो जाती है। शब्दों की सक्रिय चेतना को लकवा मार जाता है।

युद्ध की तरह परिणामों का वर्णन भी कवियों की अपनी अनुभूति के हाथों नहीं, बल्कि परम्परागत रूढ़ियों की तूलिका से ही चित्रित हुआ है।

'युद्ध-भूमि की गर्द से सूर्य का ढँक जाना या उसका प्रकाश चन्द्रमा के समान शीतल पड़ जाना या सूरज का बिल्कुल दिखाई न पड़ना, युद्ध के वेग से कच्छप की पीठ का चरमराना, वराह की डाढ़ का बड़क उठना, शेषनाग के फनों का डोलना या परस्पर उनका टकराना, अचला पृथ्वी का विचलित होना, नारद मुनि का हड़हड़ाट की ध्वनि से अट्टहास करना, खून से सनी लाल जिह्वाओं वाली जोगनियों का तालियाँ दे-देकर उत्पात मचाना, युद्ध के बाजों की ताल पर किलकारियाँ करती हुई कालिका का नृत्य करना, जमदूतों का कबड्डी खेलना, युद्ध के दृश्य को देखने के लिए सूर्य का रथ रोककर रुक जाना, महेश द्वारा मुंडों की माला बनाकर पहनना, चंडी का जय-जय के स्वर में रुद्र का बखान करना, वीरों के साथ शिवजी का ताली दे-देकर तांडव नृत्य करना'—आदि।

शासक-वर्ग की जीवन आवश्यकताओं को जन-साधारण के लिए आदर्श रूप में पेश किया जाता है। शुद्ध को गौरवान्वित किया जाता है! जीवन को तिरस्कृत

और मृत्यु को अलंकृत करने का प्रयत्न किया जाता है! लड़ाई से सुख व आनन्द की अनुभूति संचरित हो, ऐसा प्रचार किया जाता है। जीने के लिए मरना जरूरी हो जाता है! मौत जीवन का श्रेय बन जाती है! इन मान्यताओं के अनुसार जो आदर्श वीर है, वहीं आदर्श पुरुष है!

तठै सूर लड़ैता थटै घण तंदूरां, हरख सूरां निरख रंभ हूरां।
अछरां वरै करै अखियातां, सूरां रूप सिधायौ,
छवरां सीस ढुळंतां चिमनौ, अमरापुर में आयौ।

मौत को आकर्षित बनाने के लिए उसकी आकृति में रंग भरा जाता है! योद्धाओं को निरखने के लिए अप्सराओं की आँखें विकल हो तड़पती रहती हैं। खुशी में उन्मत्त हो, कभी-कभी वे नाचने लगती हैं। परस्पर होड़ लग जाती है कि कौन किसका वरण करे? जब तक वह जीता है, स्वर्ग की परियाँ उसके लिए लालायित रहती हैं और मरने पर तो वह हमेशा के लिए जी उठता है। योद्धा का भाग्य एक ईर्ष्या की वस्तु है!

मृत्यु को इस प्रकार गौरव प्रदान किये बिना कौन उसको अपने पाँवों चलकर अपनाए? मृत्यु को इस प्रकार दुलराए बिना कौन उसे गले लगाए? जीवन, मौत के हाथों पराजित हो जाता है! सामन्ती कवि मृत्यु का बखान करता है। उसको विरदाता है। मरने वालों के लिए आकाश से फूल बरसाता है। देवताओं से बाजे बजवाता है।

अतिशयोक्ति कविता का अपना चारित्रिक गुण है। अनुभूतिजन्य सत्य को हृदयंगम कराने के लिए यह एक सशक्त माध्यम है। लेकिन सत्य तथा यथार्थ की संघर्षमय अनुभूति पहले है, अतिशयोक्ति उसके पीछे चलती है। उनका अनुकरण करती है। सहज अकृत्रिम परिणाम के रूप में जब उसकी स्वाभाविक व्यंजना होती है तो उससे सत्य का निखार होता है। अनुभूति भावगम्य बन जाती है। किन्तु जब अतिशयोक्ति, संघर्ष-युक्त अनुभूति की वास्तविकता से उत्पन्न न होकर केवल वैकल्पिक सूझ के रूप में उपस्थित होती है तो उस से सत्य का सम्पर्क छूट जाता है। उसकी सजीवता नष्ट हो जाती है। भाव-जगत में उसकी कोई भी दखल नहीं रहती। हृदय में कल्पना को जगाने के लिए वह अक्षम हो जाती है!

संग्रह की अधिकांश डिंगल कविताओं में अतिशयोक्ति की भरमार है, लेकिन अनुभूति और सत्य को वहन करने का उनमें पर्याप्त सामर्थ्य नहीं है। कवियों की निराली सूझ के द्वारा ही उन्हें अस्तित्व प्राप्त हुआ है। इस कारण हृदय की संवेदना-शक्ति का संस्पर्श कर सकने की पर्याप्त शक्ति उन में अब नहीं रही। इसके अन्यथा भी चारण कवि की यह विवशता है कि चरित्रनायक के प्रति उसकी स्तुति या प्रशंसा की कोई सीमा नहीं होती। उसका चित्रफलक संकीर्ण होकर नायक के इर्द-गिर्द ही सिमट जाता है। उसकी दृष्टि में नायक का आकार सारी दुनिया से भी बड़ा होता है। परम्परागत वर्णन-शैली, स्तुति व प्रशंसा के बने-बनाए साँचे में वह अपने

प्रत्येक नायक का रूप सँवारता है। व्यक्ति निमित्त-मात्र रह जाता है और साँचे का रूप हो जाता है महत्त्वपूर्ण। युद्ध के समय सारी वीरता, सारा शौर्य और तेज होता है अपने पक्ष में और दुश्मन के खेमे में होती है केवल कायरता, क्रूरता और ओछापन!

कविता में जब इस प्रकार की अतिशयोक्तिपूर्ण उक्तियों का प्रयोग होता है तो सत्य उनकी व्यंजित शैली में नहीं, बल्कि उनके आन्तरिक वस्तु-तथ्य में समाहित रहता है। शैली को सच्चाई न मानकर उस में विनिहित तथ्य को ग्रहण करना चाहिए। शैली के माध्यम से, जो बात कही जाती है वही सत्य है। लेकिन वह शैली सामूहिक चित्त की उद्‌भावना का परिणाम होनी चाहिए, वैयक्तिक सूझ की अटकल नहीं। अनुभूतिशून्य शैली अपने में सत्य को थाम नहीं पाती।

शब्द, सामाजिक चेतना ही के बिम्ब-प्रतीक होते हैं। लेकिन शब्दों का 'वस्तुपरक' के साथ 'आत्मपरक' रूप भी होता है। वस्तुपरक तो इसलिए कि वह वस्तु-जगत का बोधक होता है। और आत्मपरक इसलिए कि वह भावना को व्यक्त करता है। चूँकि शब्द—वस्तु-जगत और भाव-जगत दोनों का अपूर्व मिश्रण है, इसलिए किसी भी व्यक्ति का अनुभव न पूर्ण रूप से वस्तुपरक होता है और न पूरे रूप से आत्मपरक ही। दोनों के पारस्परिक संयोग से सत्य को प्राण-प्रतिष्ठा मिलती है!

साहित्य एक ऐसी कला है जो शब्दों के माध्यम से सम्पन्न होती है। शब्दों का सामाजिक रूप होता है, जो अपनी सम-सामयिक चेतना के विभिन्न रूपों का प्रतिनिधित्व करते हैं। संगीत, चित्र, वास्तु, नृत्य आदि अन्य कलाओं की अपेक्षा भाषा के रूप में सर्वमान्य साधन प्रयुक्त होने के कारण साहित्य पारस्परिक आदान-प्रदान के लिए अधिक उपयुक्त, सहज, सुलभ और सीधा माध्यम है। इसलिए भाषा के माध्यम से प्रेषित होने वाली कला का अधिक प्रचार होता है। वह जन-साधारण की पहुँच तक आसानी से पहुँच पाती है। इसके अन्यथा साहित्य का अपना एक निर्बल पहलू भी है। वह यह कि दूसरी कलाओं की अपेक्षा साहित्य में वस्तु-तथ्य अपरिवर्तित शब्दों के जरिये थिर बना रहता है। उस में यथार्थ बँध जाता है। इस कारण शब्दों में भ्रामक स्थायित्व उत्पन्न हो जाता है। यथार्थ बदल जाने पर भी शब्दों का प्राचीन सामाजिक यथार्थ अक्षुण्ण बना रहता है। शब्दों का अपना आकार व अपनी ध्वनि अवश्य होती है, मगर वह स्वयं यथार्थ नहीं होता। 'वस्तु' का 'विषय'—शब्द में बिम्बित होता है। शब्द की अपनी कोई स्वतन्त्र सत्ता नहीं होती। वह यथार्थ से अपना अस्तित्व ग्रहण करता है। लेकिन यथार्थ स्वयमेव उस में चित्रित नहीं होता। यथार्थ और मनुष्य के पारस्परिक सम्बन्ध के बीच शब्द की उत्पत्ति होती है। वह तो केवल वास्तविकता के साथ मानवीय अनुभवों का सूचक होता है। लेकिन एक बार अस्तित्व में आने पर वह स्वयं यथार्थ का स्थान ग्रहण कर लेता है। भाषा का यह स्थिर चिरन्तन रूप उसकी कमी है। और ज्यों-ज्यों उसका अधिक विकास होता है,

यह भ्रामक चिरन्तनता भी बढ़ती रहती है। कागज और छापे का स्थायित्व, भाषा में चित्रित यथार्थ को भ्रान्तिमूलक स्थायित्व प्रदान कर देता है। क्योंकि वास्तविकता के बीत जाने पर भी शब्दों में उनका सामयिक बिम्ब विद्यमान रहता है, जो तत्कालीन मानवीय सम्बन्धों के बीच उद्भूत हुआ था। बदली हुई नयी परिस्थितियों के नये यथार्थ के फलस्वरूप उनका महत्त्व कम होता रहता है। और इसी जगह कला और कलाकार का दायित्व उपस्थित होता है। कलाकार भाषा और यथार्थ के इस विरोध को सुलझाता है! उसे जीवन्त बनाने की चेष्टा करता है। अपने नये अनुभवों को अभिव्यक्ति के नये तरीके प्रदान करता है। शब्दों के प्राचीन सामाजिक अनुभवों के साथ वह नये अनुभव को जोड़ता रहता है। इस क्रम में प्राचीन अनुभवों की थाती नये संघर्षों के कारण बदलती रहती है।

भाषा व शब्दों की परम्परागत विरासत के बावजूद मनुष्य अन्तर्जगत के आदान-प्रदान की इच्छा प्रकट करते हैं तो वे भाषा के बहाने अपने खुद के अनुभव व्यक्त करते हैं। इसलिए सामाजिक शब्दों को वे अपने नये अनुभवों के अनुरूप कुछ नयी तरह से मिल-जुलकर प्रयोग में लाते हैं। नयी उपमाएँ तथा नयी उक्तियों के सृजन का यही आधार होता है!

मनुष्य परम्परा से सामाजिक चेतना को अपने प्रचलित वातावरण एवं समाज द्वारा हासिल करता है। प्राचीन सामाजिक मान्यताएँ कला के विभिन्न रूपों के माध्यम से चली आती हैं। अपने समय की यथार्थ वास्तविकताओं ने ही उन मान्यताओं को जन्म दिया था। मनुष्य एक चेतनाशील प्राणी है इसलिए हर नयी पीढ़ी अपनी परम्पराओं की भौतिक शक्ति के सहारे नयी परिस्थितियों का सामना करती है। बाह्य-जगत से उसका अपना मौलिक अनुभव होता है, जो पुरानी पीढ़ी के अनुभवों से भिन्न रूप में प्रकट होता है। यथार्थ की जानकारी यथार्थ को बदलती है! फिर नये यथार्थ की नयी जानकारी होती है। उस नयी जानकारी से नये यथार्थ का निर्माण होता है। यही कला का द्वन्द्वात्मक चरित्र है! बीती हुई प्राचीन चेतना और परिवर्तित सामाजिक सम्बन्धों का स्वाभाविक तनाव ही कला के उद्गम का मूल स्रोत है! व्यक्ति की नयी सत्ता और पुराने विचारों के साथ द्वन्द्व होता है, जिसके फलस्वरूप नये विचारों को जन्म मिलता है!

सामाजिक मान्यताएँ, कला के विभिन्न रूप-तत्त्वों के माध्यम से स्वयं को प्रस्तुत करती हैं। कला के उन प्राचीन रूपों और नये व्यक्तिगत अनुभवों के बीच संघर्ष उपस्थित होता है। नया अनुभव कलाकार के लिए नयी विषय-वस्तु का निर्माण करता है। तत्पश्चात् विषय नये रूप की खोज करता है। इस क्रम में प्राचीन सामाजिक मान्यताओं का महत्त्व धीरे-धीरे कम होता रहता है। स्वाभाविक विकास के दौरान अतीत की प्राचीन चेतना कभी भी वापस अपने उसी रूप में प्रकट नहीं होती। लेकिन

इसका यह तात्पर्य नहीं कि प्राचीन कला से आनन्द उठाया ही नहीं जा सकता या पुरानी कला या साहित्य के प्रति हमारी रुचि सर्वथा निःशेष हो जाती है। पुरानी कलाएँ हमें आज दिन भी पसन्द आती हैं—इसलिए कि पुराने अनुभव के साथ ही हमारा नया अनुभव जुड़ता है। नया अनुभव एकदम से नया नहीं होता, बल्कि पुराने से कुछ अतिरिक्त होता है! हमारे नये अनुभवों में प्राचीन का अंश भी समाहित रहता है। लेकिन वह पर्याप्त नहीं होता। केवल उसी से तुष्टि नहीं की जा सकती। इसलिए कुछ अतिरिक्त को अपेक्षा रहती है। उस अतिरिक्त की पूर्ति नये अनुभव से होती है! हमारा नया अनुभव भिन्न होता है—सर्वथा विरोधी नहीं! परिवर्तन का अर्थ विकास है। वैपरीत्य नहीं! इसके अन्यथा यथार्थ के बदल जाने पर भी कला को ग्रहण करने वाले हमारे ऐन्द्रिक स्रोत तो सर्वथा वैसे ही होते हैं।

लेकिन वर्ग-विभाजित समाज में कला की यह स्वाभाविक गति रुद्ध हो जाती है। उसका विकास अस्वाभाविक धाराओं में बहने लगता है। सामूहिक प्रतिभा का प्रतिनिधित्व न कर वह वैयक्तिक दायरों में बँट जाती है। उसका द्वन्द्वात्मक चरित्र नष्ट हो जाता है। कला, रूढ़ियों के बहाने अतीत को बचाने का प्रयत्न करती है। उसका सक्रिय पहलू नष्ट हो जाता है!

संग्रह की अधिकांश डिंगल कविताओं का उद्‌गम-स्थान कवियों की निजी अनुभूति और प्राचीन चेतना का संघर्ष नहीं, बल्कि परम्परा का अनुकरण मात्र है! इन में वैयक्तिक अनुभूति नहीं, रूढ़ियों का निर्देश है! इसी कारण वे आज हमारी अनुभूतियों को जगाने में अक्षम हैं। सामाजिक शब्दों को प्रयोग में लाने के कारण शब्दों के वस्तुपरक रूप को बाँचा और समझा जा सकता है, लेकिन कवियों के आत्मपरक रूप का संस्पर्श नहीं किया जा सकता! रूढ़िगत शैलियों द्वारा संचालित इनकी व्यंजना में भाषा और यथार्थ का संघर्ष नहीं, भाषा की चिरन्तनता ही लक्षित होती है। अधिकांश शब्द यथार्थ के बिम्ब-प्रतीक न रहकर यथार्थ के पूरक बन गये हैं! प्राचीन काव्य-शैली और शब्दों में विनिहित सामाजिक चेतना को उन्होंने अपने अनुभव से समृद्ध नहीं किया, बल्कि उसी में उन्होंने अपनी अनुभूति को भी पा लिया। बदले हुए यथार्थ का उन्होंने पुरानी चेतना से ही सामना किया। परम्परा और रूढ़ियों की जड़ता ने उनकी चेतना को भी निष्क्रिय बना दिया! उन्होंने प्राचीन को भौतिक शक्ति के रूप में ग्रहण न करके स्वयं की सत्ता को ही अतीत में भुला दिया। अतीती ही उनके वर्तमान का भविष्य बन गया!

समाज और वास्तविकता के विकास के साथ-साथ भाषा का विकास अवश्य होता है, लेकिन उनकी अपेक्षा भाषा का विकास धीमा होता है। कला और संस्कृति सामाजिक उपज हैं, फिर भी मनुष्य इसके साथ हम-कदम मिलाते हुए नहीं चल सकता। संस्कृति आदमियों के पहले बदलती है! सामाजिक परम्पराओं की विरासत

को लेकर जब नयी पीढ़ी बदले हुए यथार्थ का अपने नये अनुभवों से सामना करती है तो उस द्वन्द्व में नयी आवश्यकताओं को पूरा करने के लिए नये साधनों को अस्तित्व में आना ही पड़ता है, किन्तु उन परिवर्तित साधनों को समूचे समाज की जीवन्त शक्ति बनने में समय लगता है! समाज का आधार या सत्ता के बदलने के साथ तत्काल ही सांस्कृतिक प्रासाद या सामाजिक चेतना में परिवर्तन नहीं हो जाता। दस गत्यात्मक क्रम में समय भी अपनी दखल रखता है। एक हद तक समय को नियन्त्रित भी किया जा सकता है, परन्तु उसे सम्पूर्ण रूप से समाप्त नहीं किया जा सकता!

कला और साहित्य के साधनों में समय, समाज और परिस्थितियों के अनुसार आवश्यक परिवर्तन और विकास होते रहने पर भी उनके वांछित प्रयोग में सामूहिक अभ्यास व समय का दौर अपेक्षित है। भाषा के लिपिबद्ध रूप से निश्चय ही साहित्य की विषय-वस्तु और उसके रूप-तत्त्व में एक गुणात्मक परिवर्तन हुआ है, किन्तु लिपि की पूर्णता के साथ परिवर्तन एकदम से सम्पूर्ण नहीं हो गया। जिन सामाजिक परिस्थितियों ने लिपि को जन्म दिया, उन्हीं के बीच वैयक्तिक भावना का भी उदय हुआ! लिपि ने वैयक्तिकता को प्रभावित किया है, उसकी वांछित उद्भावना के लिए उचित साधन प्रदान किया है। छापे की मशीन के आविष्कृत होने तक लिपि सामूहिक उपयोग का साधन नहीं बन सकी थी। सामूहिक माध्यम के लिए कविता तब भी उपयुक्त थी! भाषा की लिपिबद्धता से शब्द में दो गुण और समाहित हो गये—लिखना और पढ़ना। इसके पहले वह बोला और सुना ही जाता था। लिखे और पढ़े जाने के इस नये गुण से शब्द-शक्ति में एक तात्त्विक परिवर्तन अवश्य हुआ है, कोई मूलभूत विभाजन नहीं। उच्चारित होने वाले शब्दों को लिखा जा सकता है और लिखित शब्दों को उच्चारित किया जा सकता है। पढ़ा और सुना जाने वाला शब्द एक होते हुए भी वह यथार्थ को अपने हिसाब से व्यक्त करता है, अन्यथा लिपिबद्धता के पूर्व साहित्य और उसके उत्तर-साहित्य में कोई फर्क ही नहीं होता। लिपि ने साहित्य को प्रभावित किया है। छापे की मशीन ने साहित्य को अपने तरीके से प्रभावित किया है! साहित्य की रचना यान्त्रिक तो नहीं बन सकती, लेकिन वैज्ञानिक यन्त्रों ने अवश्य लेखक और उसकी लेखन-शैली में भरपूर असर पैदा किया है। लेखक या कवि सोचकर अपनी ही शक्ति से कलाकृति को जन्म देता है, मगर यान्त्रिक साधन-ज्ञात-अज्ञात रूप से अवश्य उसकी चिन्तन और संवेदन-शक्ति को नयी दिशा प्रदान करने में सहायक होते हैं। लेकिन साधनों को प्रकट होना मात्र ही परिवर्तन के लिए पर्याप्त नहीं है। अक्सर देखने में यही आया है कि कला और साहित्य के नये साधनों को शैली के पूर्व तरीकों से ही परोटा जाता है। इसके लिए साधन को समझने की आत्म-चेतना आवश्यक होती है, साधन की जानकारी और अभ्यास की आवश्यकता रहती है।

संग्रह की डिंगल कविताओं को समझने के लिए तत्कालीन समय की समझ अनिवार्य है, जिसको ठीक से समझे बिना इनकी शैली और इनके रूप-तत्त्व को समझना मुश्किल है। इस कविताओं की अपनी ऐतिहासिक मर्यादा है! अपने समय से इनका अविभाज्य सम्बन्ध है...!

आज छापे की मशीन को जिस सहजता से व्यवहार में लिया जाता है, तब इसकी कल्पना भी राजस्थान में सम्भव नहीं थी। पढ़ने के साधन उपलब्ध नहीं होने के कारण भाषा का साहित्यिक पहलू कविता के द्वारा बोलने और सुनने के सम्बन्धों से ही परिपूर्ण होता था। गद्य केवल आपसी व्यवहार तक ही सीमित था। लिपिबद्ध होने पर भी कविता का मुख्य गुण बोलना और सुनना ही था। कविता बनाने, लिखने और याद करने के लिए उसे लिपिबद्ध करने की जरूरत होती थी। लेकिन लिखावट का बाना पहनने पर ही वह सुनने की वस्तु थी। वैयक्तिकता के हाथों पड़कर सामूहिक विषय-वस्तु ने भले ही इन कवियों की चेतना से किनारा कर लिया हो, किन्तु उन्हें अपने कविता-पाठ के लिए समूह की आवश्यकता रहती थी। ओर उस समूह की अपनी मर्यादा तथा अपनी सीमा थी। कवि को उसी के चरित्र पर निर्भर रहना पड़ता था! वह अपने लिए नहीं उस समूह के श्रोताओं की खातिर काव्य-रचना करता था। वह स्वयं उस सामन्ती समूह की रुचि से प्रभावित होता था और अपनी रचना से उसे वापस प्रभावित करता था! समूह की रुचि और कवि दोनों एक-दूसरे से सम्बन्धित थे।

सामूहिक आवश्यकता से उत्पन्न सामूहिक विषय-वस्तु से अलगाव पैदा होने पर कविता और संगीत की संगति टूट गयी थी। परन्तु फिर भी इन राज्याश्रित कवियों के लिए अपने श्रोताओं को मुग्ध करना जरूरी था। इसलिए छन्द, अनुप्रास, अलंकार, वैण-सगाई, मोरांमेळ की संगति लाजिमी थी। ध्वनि-सूचक शब्दों का चुनाव अनविार्य था। युद्ध-वर्णन के लिए युद्ध का वातावरण उपस्थित करने वाले शब्दों का प्रयोग आवश्यक था!

पीठ बड़बड़ात कूरम छटा प्रळै री,
मही खड़खड़ात हैजम मचोळां।
मुनि हड़हड़ात धड़धड़ात तोपां महत,
गयण गड़गड़ात पड़झाट गोळां।

कड़क्कै लुकम्मी नाळां भड़क्कै गिरंद काळा,
सोह सूरां फड़क्कै सांडीस।
पत्रांजे खड़क्कै पंगी धड़क्कै कायरां सीस,
बड़क्कै उरेब छड़ां रड़क्कै भू सीस।

जो श्रोता की रुचि व आवश्यकता थी, वह कवि का नियम ओर साध्य बन गयी! साहित्य मनुष्य की सद्वृत्तियों को परिमार्जित करने की संजीवनी शक्ति है! वह मनुष्य को उन्नत करती है! उसे ऊँचा उठाती है। मनुष्य की उन्नति के साथ-साथ वह स्वयं भी उन्नत होती है। किन्तु जो कविता श्रोता की रंजन-वृत्ति के लिए स्वयं उस स्तर तक नीचे उतर आती है, तब उसकी पाशविक-वृत्तियों को सहलाना और उन्हें थपथपाना आवश्यक हो जाता है! इस से कविता स्वयं नीचे उतरती है, मनुष्य को भी नीचे उतारती है! उसकी विषय-वस्तु रूप को निर्मित नहीं करती, बल्कि उसका रूप-वैभव विषय को अपने साँचे में ढालकर उसे विकृत बना देता है। राज्याश्रित कवि अपनी कविताओं के रूप-विधान का स्वामी नहीं होता उसका मातहत होता है! वह रूप की सृष्टि नहीं करता, स्वतन्त्र वृत्ति से उत्प्रेरित नहीं होता, किन्तु वह रूप का हुक्म बजाता है!

इस ऐतिहासिक दृष्टिकोण के बाद भी इन कविताओं को पढ़ते समय यह बात विशेष रूप से ध्यान रखने की है कि प्रकाशन का सुन्दर आकार प्राप्त करने के बावजूद इन में प्रयुक्त शब्दों की तात्त्विक विशेषता बोलना और सुनना है! आँख के कान लगाकर इन्हें पढ़ते हुए भी सुनने की चेष्टा करनी होगी! क्योंकि इनकी शक्ति अपने खुद के समय से मर्यादित है! ये कविताएँ आज हमारे लिए जीवन्त साहित्य का तो दावा नहीं करती, मगर ऐतिहासिक दस्तावेज के रूप में इनका महत्त्व अवश्य है। जिस प्रकार समाज का इतिहास शासक-वर्ग की नामावली के कार्य-व्यापारों तक सीमित नहीं है, उसी प्रकार साहित्य के इतिहास को भी प्रसिद्धि—प्राप्त बड़े कवियों और उनकी कृतियों तक ही परिसीमित नहीं किया जा सकता। बड़ा कवि कोई सीधे आकाश-मार्ग से नहीं टपकता। अपनी सामाजिक प्रतिभा के बीच उसका उद्भव होता है। अकिंचन से अकिंचन कवि और तुच्छ से तुच्छ कविता का साहित्य के इतिहास में योग रहता है, भाषा, शैली, रूप, विचार, कल्पना और विषय-वस्तु के विकास को जानने के लिए अधिक-से-अधिक साहित्यिक सामग्री आवश्यक है। उसके अभाव में साहित्य का वास्तविक इतिहास तैयार नहीं किया जा सकता है। मनुष्य के विकास-क्रम में इस तरह के ऐतिहासिक पड़ावों का महत्त्व तो इस दृष्टि से और भी बढ़ जाता है।

कुछेक कविताएँ जो परम्परा के रूढ़ विधान से बचकर निकली हैं, उन में आज भी हमारी कल्पना को जगाने की क्षमता शेष है! संवेदन-शक्ति को उद्भासित करने की उन में जीवन्त अनुभूति का कुछ-न-कुछ पुट अवश्य सन्निहित है। उन में रूढ़िबद्ध प्राचीन मान्यता और कवि के बीच उत्पन्न होने वाला संघर्ष लक्षित होता है! कवि के अपने अनुभवों से सम्प्रेरित होने के कारण शब्दों के आत्मपरक रूप का आभास भी प्रतीत होता है इसलिए शब्दों में निहित बात हृदय को छूती है! अपना असर छोड़ती

है। इन कविताओं के अलावा इस संग्रह में चार-पाँच लोकगीत भी है—डिंगल के गीतों से जिनकी तुलना करने पर बहुत सारी मान्यताएँ तो स्वयमेव ही स्पष्ट हो जाती हैं। डिंगल का गीत एक छन्द-विशेष का नाम है, जो युद्ध-वर्णन के लिए अधिक उपयुक्त माना जाता है। गेय न होने पर भी इसके कविता-पाठ की अपनी विशेष पद्धति है, जिसे सीखने के लिए भी काफी अभ्यास की जरूरत होती है। डिंगल के सभी छन्दों के पाठ का अपना-अपना तरीका है। रूढ़ि का नियन्त्रण काव्य की रचना तक ही समाप्त नहीं हो जाता—उसके पाठ पर भी उसका पूरा-पूरा अंकुश रहता है, विभिन्न छन्दों के पाठों की स्वर-लिपि तो शायद सम्भव न हो, किन्तु उनकी पद्धति-विशेष के चन्द नमूनों का टेप-रिकार्ड कर लिया जाए तो साहित्य के इतिहास को समझने में वैज्ञानिक दृष्टि को यथेष्ट सम्बल प्राप्त होगा। कविता से संगीत का नाता टूट जाने पर किन कृत्रिम तरीकों से उसके अभाव को पूरने की चेष्टा की जाती रही है, उसके विकास-क्रम को समझने में कविता-पाठ की ये विभिन्न पद्धतियाँ सहायक हो सकती हैं! आज दिन तक तो कुछ चारण अवश्य मिल सकते हैं, जो कविता-पाठ की परम्परा को अपने गले मे सँजोए हुए हैं। राजस्थान की शोध-संस्थाओं को इस ओर भी सतर्कता के साथ, जितना जल्दी हो सके, कदम उठाना चाहिए।

इन लोकगीतों में संगीत और काव्य का अब भी वैसा ही अविच्छिन्न सम्बन्ध बना हुआ है। इस विशेषता के कारण ही डिंगल गीतों के साथ इनका पृथक् रूप प्रकट होता है। लोकगीतों की विषय-वस्तु से उनके रूप-तत्त्व को जुदा नहीं किया जा सकता। क्योंकि सामूहिक अनुभुति से उद्‌भूत विषय-वस्तु ने स्वयं रूप की खोज की है। रूप के बने-बनाए रूढ़ साँचे में विषय को विकृत करने की कोशिश नहीं की गयी। विषय की कोख से उत्पन्न होने के कारण रूप को अलग से निकालकर पेश नहीं किया जा सकता। भरतपुर, आउवा और डूँगजी-जवारजी से सम्बन्धित डिंगल गीतों की संख्या तो काफी अधिक है, लेकिन इन से सम्बन्धित एक-एक दो-दो लोकगीत भी हैं, जो अपना परिचय अपने खुद के बूते पर अपने-आप देते हैं! इन से पहले न रचयिता का परिचय पाने की आवश्यकता है, न किन्हीं शैलीगत रूढ़ियों की जानकारी ही जरूरी है। सामूहिक-चित्त की सहज अभिव्यक्ति इन में मिलती है। प्रत्येक शब्द अनुभूति की जीवन्त-शक्ति से सम्प्रेरित होने के कारण उसी तीव्रता के साथ हृदय में आवेग उत्पन्न करता है, हर शब्द में भाषा के भ्रामक स्थायित्व को चुनौती देने का सामर्थ्य है! इनके जीवन्त शब्दों में जीवन्त परम्परा का अविरल प्रवाह है। जिन्दगी की विवशता ने इनकी भाषा को कुंठित नहीं किया, बल्कि मानव-हृदय की स्वतन्त्र-भावना ने अपनी आवश्यकता को वाणी में दर्शाया है।

हिन्दुस्तान की बदलती हुई हर स्थिति के अनुरूप अंग्रेजों की बदलती हुई कुटिलता या शैतानियत का वर्णन करने के पश्चात जब हम अपनी तरफ मुँह

मोड़ते हैं तो हमारा अपना चरित्र भी कोई दूध का धोया नजर नहीं आता! शैतान को खुलकर शैतानियत करने का मौका हमने दिया था! अंग्रेजों की कुटिलता या उनका छल हमारी कायरता, स्वार्थपरायणता या आपसी कलह पर पर्दा नहीं डाल सकता! यदि उन्होंने यहाँ फूट डालकर बड़ी क्रूरता के साथ शासन किया है तो निसन्देह फूट की पिटारी वे कोई विलायत से लेकर नहीं आये थे! उन्हें यहाँ बेहद फूट दिखलाई दी और उन्होंने उस फूट व आपसी द्वेष का कसकर फायदा उठाया! माना कि देश की आजादी के पहले विदेशी सत्ता को उखाड़ फेंकने के लिए उनके कारनामों को बढ़ा-चढ़ाकर दर्शाना और अपनी निर्बलताओं को छिपाना एक राष्ट्रीय आवश्यकता थी। सन् सैंतालीस के पहले सावरकर द्वारा लिखी हुई—'सन् 57 का भारतीय स्वातन्त्र्य-युद्ध' की पुस्तक को क्रान्ति की गीता मानकर उसको सम्मान देना और उसका अधिक-से-अधिक प्रचार करना वक्त की जरूरत व माँग थी, क्योंकि देश के कन्धे से किसी भी कीमत पर साम्राज्यवादियों के शोषण का जुआ उतार फेंकना था। उन परिस्थितियों में यही सत्य था! सत्य का कोई चरम और विच्छिन्न रूप नहीं होता! उसकी ऐतिहासिक मर्यादा होती है। लेकिन अब स्थिति बदल गयी है। वैज्ञानिक की वस्तुनिष्ठ दृष्टि से हमें अतीत को समझना है।

दिल्ली की केन्द्रीय सल्तनत नष्ट होने पर, हिन्दुस्तान की अविकसित सामन्ती व्यवस्था के कृत्रिम संघटन को, छिन्न-विच्छिन्न होने में अधिक देर नहीं लगी। दिल्ली की सर्वोच्च सत्ता से जुड़े हुए राजा, महाराजा, सामन्त, सूबेदार व नवाब आदि आजाद हो गये। अपनी ताकत को फैलाने-बढ़ाने की उन्हें चिन्ता होने लगी। राष्ट्रीय-भावना के अभाव में कोई प्रेरणामूलक उद्देश्य सामने न होने के कारण, आपसी युद्ध में उलझ पड़े। केन्द्रीय सत्ता से गठबन्धन करने के पश्चात समान्तों का उठती हुई जन-शक्ति से पहले ही सम्बन्ध टूट चुका था। वे सभी भीतर से खोखले हो गये थे। अपनी शक्ति का उन्हें भरोसा नहीं रहा। जनता के साथ उनका रचनात्मक सम्बन्ध नष्ट हो गया! निरंकुशता, अत्याचार, लूट-खसोट व आपसी लड़ाई के अलावा उनका कोई कार्य नहीं था।

इन सभी ताकतों में मरहठे सबसे ऊपर थे। उनका प्रारम्भिक उत्थान उभरती हुई हिन्दू जातीयता का प्रतीक था। उन में कौमी भावना का दृढ़ संगठन था। उनके संगठन की ताकत केवल इतनी ही थी कि वे मुगल साम्राज्य को क्षत-विक्षत कर सके, लेकिन केन्द्रीय-सत्ता के रूप में वे अपने को स्थापित करने में सर्वथा अक्षम रहे, हालाँकि मुगलों के सूबेदारों से वे ही चौथ वसूल करते थे। लेकिन बाद में अन्तर्विरोधी तत्त्वों के कारण उनकी जातीय एकता भी खंडित हो गयी। संघटन टूट गया। आपसी लड़ाइयाँ होने लगीं। पेशवा, सिन्धिया, होल्कर और भौंसले एक-दूसरे ही से लड़कर अपनी ताकत क्षीण करने लगे। चौथ के नाम पर तो उन्होंने मुगलिया

सामन्तों पर कहर ही ढा दिया। जातीय-उत्थान ने लुटेरों का पेशा अपना लिया! जहाँ कमजोरी देखते उसे धर दबाते! अपनी छापामार लड़ाइयों के लिए वैसे ही प्रसिद्ध थे। वे जितनी जल्दी नजर में चढ़े, उतनी ही जल्दी वापस नजर से गिर भी गये! आश्रित सामन्तों के दिल में उनके लिए कोई प्रतिष्ठा नहीं रही! मरहठों की अनीति व अत्याचार से बचने के लिए बहुत सारे देशी नरेशों को मजबूर होकर कम्पनी की बढ़ती हुई ताकत का सहारा लेना पड़ा! वे किसी भी कीमत पर उनसे मुक्ति पाना चाहते थे। देशी हुकूमतों ने एक-दूसरे को खत्म करने के लिए अंग्रेजों का साथ माँगा और उन्होंने साथ दिया! तत्कालीन शासक-वर्ग की कमजोरी, उनके आपसी द्वेष के फलस्वरूप ही विदेशी-सत्ता को साम्राज्य-विस्तार का मौका मिला! सन् 1805 तक अंग्रेजों का राजस्थान में कोई विशेष दखल नहीं था और 1819 तक वहाँ के सभी राजा आपसी लड़ाइयों से तंग आकर मरहठों के बढ़ते हुए लालच से छुटकारा पाने के लिए बड़ी आसानी से 'कम्पनी बहादुर' की शरण में आ गये! कभी किसी ने विरोध भी किया तो इसी कारण कि तत्कालीन विकट परिस्थितियों में आखिरी रूप से यह तय करना मुश्किल था कि ऊँट किस करवट बैठेगा? कम्पनी और मरहठों में जो भी ताकत राजाओं को भारी लगती, वे उसी के साथ हो जाते...!

मुगलों की अधीनता स्वीकार करने के बाद राजस्थान के राजाओं की अपनी कोई ताकत शेष नहीं रही थी। केन्द्रीय-सत्ता के सहारे बिना उनका जीवन दूभर हो गया था! मुगलों के बाद उन्हें मरहठों की अधीनता स्वीकार करनी पड़ी। मरहठों और अमीरखाँ ने तो उनके पारिवारिक मामलों में भी हस्तक्षेप बढ़ाना आरम्भ कर दिया था! वे जैसे-तैसे उनसे पीछा छुड़ाना चाहते थे। अंग्रेजों से इस बाबत आश्वासन मिलने पर उन्होंने निर्विलम्ब उनकी दासता मंजूर कर ली! आश्रित सेना की नीति ने तो राजाओं को अंग्रेजों की कठपुतली ही बना दिया। अंग्रेज तत्कालीन हिन्दुस्तान की हर नब्ज से वाकिफ थे। हर नयी स्थिति का नये ही दाव-पेंचों से मुकाबला करते थे। और इसके विपरीत यहाँ का शासक-वर्ग अपने में ही खोया था। नयी परिस्थितियों का पुरानी मान्यताओं से ही सामना करना जानता था। शारीरिक ताकत से लड़ने-भिड़ने से अधिक उनकी राजनीति का कोई दायरा नहीं था! लड़ाई के सिवाय सीधा आत्म-समर्पण करना जानते थे! दूसरा मार्ग ही उन्हें अधिक सरल दिखाई दिया! जातीय संघटन या किसी प्रेरणामूलक उद्देश्य के अभाव में आपसी झगड़े तो कभी खत्म नहीं होते थे। राजा और बड़े-बड़े जागीरदारों के बीच हमेशा तलवारें तनी रहती थीं। मारवाड़ के राजा मानसिंह की तो सारी उम्र ही जागीरदारों से युद्ध करने में बीत गयी! जागीरदार ताकतवर थे। उन्होंने राजाओं की नाक में दम कर रखा था! मरहठों के सिवाय इन घरेलू आफतों से बचने के लिए भी राजाओं ने अंग्रेजों की सहायता ली। अंग्रेज तो ऐसे मौकों की तलाश में ही रहते थे! जरूरत पड़ने पर वे

स्वयं भी ऐसी स्थिति पैदा करवा देते थे। चन्द स्वार्थ के लिए देश का बड़ा-से-बड़ा नुकसान कर देने की हिन्दुस्तान में स्थिति थी और अंग्रेजों ने उसका लाभ उठाया...!

सन् 57 के पहले ऐसे एक भी युद्ध की मिसाल नहीं मिलती जिस से मालूम हो कि अंग्रेजों को शत्रु-रूप में पहचानकर किसी भारतीय ताकत ने उनसे युद्ध किया हो या उन्हें आगे बढ़कर ललकारा हो! जब अंग्रेजों ने ही भारतीय ताकतों से, किसी भी शर्मनाक शर्तों पर समझौता नहीं किया और कोई भी बहाना लेकर उन पर चढ़ाई कर दी तो उन्हें मजबूर होकर लड़ने को तैयार होना पड़ा! जिन्होंने अंग्रेजों का साथ दिया, वे भी अपने व्यक्तिगत स्वार्थों में बँधे थे और जिन्होंने विरोध किया, उस विरोध में भी सबसे पहले उनका अपना ही स्वार्थ निहित था! सन्, 57 का विद्रोह भी कोई राष्ट्रीय क्रान्ति नहीं थी! इतिहास में प्रतिशोध नाम की एक चीज होती है—यह वही प्रतिशोध-भावना की प्रक्रिया थी! अंग्रेजी अत्याचारों से त्रस्त जुलाहे, दस्तकार व किसानों का वह विद्रोह नहीं था। बंगाल, जो अंग्रेजों की कुटिलता का सबसे अधिक शिकार था, वह गदर से दूर रहा! अंग्रेजों के साथ उसने अपनी तुक बिठा ली थी। दक्खिन और पश्चिमी हिन्दुस्तान ने भी अंग्रेजों से अपना जोड़ साध लिया था। उत्तरी भारत में ही विद्रोह की आग भड़की थी। मरते हुए सामन्तवाद की वह आखिरी लौ थी! वह एक पराजित-आदर्श का संगठन था जो अपनी ही कमजोरियों के कारण बिखर गया! नये सामन्ती तत्त्व, जो अंग्रेजों के कारण सुरक्षित थे, उन्होंने विद्रोहियों को दबाने में अंग्रेजों का खूब साथ निभाया! गुरखे और सिक्खों ने तो गदर का दमन करने में कमाल ही बहादुरी दिखायी, राजस्थान का जागीरदार वर्ग, जो अंग्रेजों और राजाओं के गठबन्धन के कारण पीड़ित था, उसने विद्रोहियों के खिलाफ सेनाएँ भेजीं—

राजाजी रै भेळौ तौ फिरंगी लड़ियौ ओ काळी टोपी रौ,
राजाजी रा घोड़लिया काळां रै लारै दाड़ै आ...!

राजाओं ने अपने स्वार्थ की खातिर अंग्रेजों को अपनी सेवाएँ अर्पित की! जागीरदारों ने अपने स्वार्थ की खातिर विद्रोह में हिस्सा लिया! परन्तु परोक्ष रूप से अंग्रेजी साम्राज्यवाद को उखाड़ फेंकने में जिस किसी ने, जब कभी भी उस पर प्रहार किया, उसका स्वार्थ भी परिणाम की अच्छाई के कारण सम्मान के योग्य है! देश का विरोध करने वालों से, विदेशी शासन का विरोध करने वाले तो हर हालत में श्रेष्ठ थे, क्योंकि उनके विरोधों से साम्राज्यवादी शोषण को किसी-न-किसी रूप में क्षति अवश्य पहुँची है! और उनके विरोध-प्रदर्शन की भावना से आगे के राष्ट्रीय आन्दोलनों में बल संचित होता रहा है! इसलिए राष्ट्र के स्वातन्त्र्य-संग्राम में उनकी अपनी जगह है।

सन् 57 के बाद अंग्रेजों को अपनी नीति बदलनी पड़ी। जिन ताकतों के जरिये

उन्होंने गदर का दमन किया वही आगे के लिए उनकी नीति का मुख्य आधार बन गया। प्रतिगामी तत्त्वों का संरक्षण करके ही वे हिन्दुस्तान में राज्य कर सकते थे। प्रतिक्रियावादी तत्त्वों ने गदर की असफलता के पश्चात् अच्छी तरह समझ लिया कि अंग्रेजों की छत्रछाया के सिवाय उनका कहीं ठौर-ठिकाना नहीं है! सारे विरोध को भुलाकर वे अंग्रेजी ताकत के साथ एकजुट होकर मिल गये! अंग्रेजों की ही गोदी में उन्हें मीठे फल पाने की आशा दिखाई दी...! और अंग्रेजों ने भी यह भली-भाँति समझ लिया कि प्रगति-विरोधी ताकतों को अपने साथ मिलाकर ही वे हिन्दुस्तान का शोषण कर सकते हैं! शासक-वर्ग की निर्बलता के कारण ही अंग्रेज हिन्दुस्तान को जीत सके थे और बाद में उन्हें प्रश्रय देकर ही वे लम्बे अरसे तक शासन करने में सफल हो सके!

हर ऐतिहासिक सामग्री के साथ भारत में अंग्रेजी साम्राज्य की कुटिल नीतियों का पहलू उघड़ेगा। कई मान्यताएँ बनेंगी। कई मान्यताएँ बिगड़ेंगी। उनकी दृष्टि में तब के जो डाकू लुटेरे देशद्रोही या बदमाश थे, उनके सिर पर दीर्घकालीन घृणित प्रचार के बाद शायद देश-भक्ति का सेहरा बाँधना पड़े या तब के देश-भक्तों या सम्मानित नागरिकों को दीर्घकालीन प्रसिद्धि के बाद देशद्रोहियों के दाग से कलंकित करना पड़े! कुछ भी निश्चयपूर्वक नहीं कहा जा सकता। इसका और समय का ही आखिरी और सही फैसला होगा! प्रस्तुत कविताओं के प्रकाशन की यही सार्थकता है कि उनके द्वारा भारत की आजादी का इतिहास लिखने के लिए चाहे कितनी ही क्यों न हो, अपने हिस्से की आंशिक वृद्धि हुई है!

साम्राज्यवादी चालों को ठीक से समझने के लिए हमें अपनी कमजोरियों को भी भली-भाँति समझना होगा, तभी सच्चाई को पूर्णता मिलेगी! हम अपनी गलतियों से सबक ले सकेंगे! निश्चित है कि साम्राज्यवादी ताकतें आज अपनी मौत मर रही हैं, लेकिन मरते-मरते भी उनकी कुटिलता अपनी मौत जीना चाहती है...! पस्थितियों के साथ अपना वेश बदल रही है! एक समय था जब वे फूट डालकर राज्य करते थे, आज वे फूट डालकर जिन्दा रहना चाहते हैं! यह परिवर्तन उनका अपना गुण नहीं है, जमाने की माँग है...!!

15 अगस्त, 1956

---

† आज का भारत—रजनी पामदत्त

* हिन्दुस्तान में अंग्रेजी शासन का उद्‌भव और विकास—ई. थॉम्पसन एंड जी.टी. गैरट

मौलिकता का प्रश्न

प्रासंगिक स्थलों पर शब्द, भाषा, कविता, सौन्दर्यबोध, ज्ञान, अन्धविश्वास, धर्म, प्रेम, कला, विज्ञान और पुराणकथाओं आदि के उद्‌गम, विकास और उनकी ऐतिहासिक विवेचना पर काफी कुछ मगजमारी करने के बाद, अधिकारपूर्ण स्वर में कुछ निश्चित मान्यताएँ प्रकट करने के बाद अब यह सोचता हूँ कि इन विचारों और इन तथ्यों तक पहुँचने का मेरे अपने मानस में क्या ऐतिहासिक क्रम रहा, मेरे अपने मस्तिष्क में इन विचारों का विकास कैसे हुआ—हलफिया बयान करूँ तो कहना पड़ेगा कि इस विकास-क्रम के ब्योरे का सम्पूर्ण व सही हिसाब अन्तिम रूप से नहीं बतला सकता। अस्पष्ट, बिखरे-बिखरे असम्बद्धित रूप में कहीं-कहीं धुँधला-सा आभास दिखलाई पड़ता है। जहाँ स्वयं अपनी बातों के लिए मुझे सबसे अधिक पुख्ता व सही जानकारी थी, जहाँ अपनी बातों के लिए मैं कुछ अधिकारपूर्ण स्वर में कहने का एकमात्र अधिकारी था, यदि वहीं अस्पष्टता और असम्बद्धता नजर आती है तो फिर अपने अनुभव, अपने काल व अपने स्थान से परे शब्द, भाषा, कविता, लोकगीत, धर्म और प्रेम के आदि-रूप और उनके विकास की चर्चा, उनकी ऐतिहासिक विवेचना एक विडम्बना-सी प्रतीत होती है। व्यक्ति के मानस में चेतना के निर्माण, विचारों की परिपक्वता, मौलिकता व भावना के उदय तथा विकास का पता मनोवैज्ञानिक दृष्टि से एक बहुत ही महत्त्वपूर्ण खोज व मनन का विषय है।

जब मैं स्वयं अबोध बच्चा था तब अपने अनुभव, अपने भाव, अपनी चेतना को समझ सकने की योग्यता का मुझ में सर्वथा अभाव था। और आज जब बड़ा हो गया हूँ, समझने-बूझने की यत्किंचित् योग्यता शिक्षा, अध्ययन व उम्र के साथ हाथ लगी है तो आज की इस अवस्था के लिए ठेठ बचपन का अनुभव एक ऐसी कहानी बन गया है जिसके प्रारम्भिक पहलुओं को न सिलसिलेवार याद किया जा सकता है और न उस अनुभव की पुनरावृत्ति ही अब सम्भव है। दूसरे बच्चों को देखकर उनकी क्रियाओं में अपने अनुभव की समान अभिव्यक्तियों को अपने बुद्धि-कौशल से समझने की चेष्टा भर की जा सकती है।

जन्म के साथ ही ज्ञानेन्द्रियों की ग्राह्य-शक्ति के रूप में प्रत्येक बच्चे के मानसिक

चैतन्य की आधार-भूमि तैयार होती है। वाणी की अभिव्यंजना केवल रोने तक ही सीमित रहती है। भय और प्रसन्नता की अचेतन व्यंजना आँखों व चेहरे के परिवर्तित भावों में लक्षित होती है। अपने शारीरिक अभाव—क्षुधा व तृष्णा और शारीरिक पीड़ा को व्यक्त करने का अचेतन साधन है—रोना। प्रसन्नता को व्यक्त करने का साधन है—मुस्कराना। मानसिक विकास, चेतना व ज्ञान को अजाने ग्रहण करने के लिए प्रमुख इन्द्रियाँ है—आँख और कान। दृष्टि द्वारा निरन्तर अभ्यास के कारण अपने स्वजनों की मुखाकृतियों की अनजानी पहिचान, प्रति दिन सम्पर्क में रहने वाले व्यक्तियों के छोटे-मोटे कार्यों का प्रारम्भिक अनुकरण, कान की श्रवण-शक्ति के जरिये माँ व अन्य सम्बन्धियों की आवाज का सुनना तथा उनमें अभ्यास की वजह से समता और विभेद का अजाना बोध—वाणी और भाषा के पूर्व यही तो है बच्चे की वैयक्तिक चेतना, यही तो है उसका वैयक्तिक ज्ञान! अपनी वैयक्तिकता के भीतर मूल प्रवृत्तियों के मौलिक प्रकाश का विशुद्ध अस्तित्त्व केवल इतना ही है।

अपने पारिवारिक दायरे में उच्चारित वाणी को सुनते रहने का क्रम, सम्बन्धित यथार्थ की अभिज्ञता का बोध-संकेत ग्रहण करने की चेतना प्रदान करता है। शब्द और यथार्थ के सम्बन्ध को कान से सुनने, आँख से देखने, मुँह तथा अँगुलियों द्वारा स्पर्श करने के अनुभवजनित ज्ञान का अचेतन संचय होता रहता है। तब इसके साथ ही जन्मजात मूल प्रवृत्तियों की मौलिकता का विशुद्ध रूप समाप्त हो जाता है। मूल प्रवृत्तियों की स्वभावगत चेतना व मौलिक प्रक्रियाओं के बाद पारिवारिक दायरे में व्यक्ति का सामाजिक जीवन आरम्भ होता है। परम्परागत व सामाजिक ज्ञान के साँचे में व्यक्ति की मूल प्रवृत्तियाँ दीक्षित होती रहती हैं। भाषा की तरह, भाषा में अभिनिहित विचार और भावना का ही सामाजिक व परम्परागत रूप है। भाषा तो केवल विचारों की अभिव्यक्ति का साधन मात्र है। भाषा के हर शब्द में एक विचार निहित है। भाषा और विचार का परस्पर अविभाज्य सम्बन्ध है। इसलिए वाणी द्वारा अभिव्यंजित विचारों की पूर्ण वैयक्तिकता का पूर्ण मौलिकता का प्रश्न नितान्त भ्रान्ति है!

वाणी द्वारा उच्चारित शब्दों के माध्यम से यथार्थ को समझने की अभिज्ञता जहाँ से प्रारम्भ होती है, वहीं से ज्ञान का सामाजिक रूप भी प्रारम्भ हो जाता है। शब्द और यथार्थ के सम्बन्ध को सुनकर समझने के बाद स्वयं अपनी तुतलाती वाणी के जरिये सामाजिक ज्ञान की अभिव्यंजना शुरू होती है।

आरम्भ में कान द्वारा सुनने के निरन्तर अभ्यास का परिमाण (क्वांटिटी) वस्तु और शब्द के सम्बन्ध को समझने की अभिज्ञता के गुण (क्वालिटी) में परिवर्तित होता रहता है। तत्पश्चात् शब्द और वस्तु की अभिज्ञता का निरन्तर अभ्यास अपने परिणाम की एक सीमा तक पहुँचने के बाद तुतलाती वाणी की अभिव्यक्ति के गुण

में परिवर्तित हो जाता है।

कानों से बातों को सुनने तथा मस्तिष्क द्वारा उसे निर्विलम्ब समझने और वाणी के माध्यम से बात को प्रकट करने की अभिज्ञता के बाद (शिक्षा के मर्यादित दायरे में) लिपि की वर्णमाला के सहारे लिखित शब्द को आँख द्वारा उसी रूप में उच्चारित करने की शिक्षा आरम्भ होती है। लिपि के ये साक्षर प्रयोग आँख द्वारा सुनने के लिखित संकेत-चिह्न हैं। कान के जरिये जो कुछ भी सुना जाता है, आँख द्वारा लिपि के माध्यम से जो कुछ भी पढ़ा जाता है, उसका परम्परागत व सामाजिक रूप है। व्यक्ति की चेतना के सर्वथा भिन्न और स्वतन्त्र अस्तित्व है इसका। व्यक्ति के ज्ञान व उसकी चेतना का विकास इन सामाजिक विचारों के माध्यम से ही सम्पन्न होता है।

जिस प्रकार व्यक्ति के लिए सामाजिक परम्पराओं का अपना भिन्न और स्वतन्त्र अस्तित्व है। उसी प्रकार सामाजिक परम्पराओं के लिए व्यक्ति का भी अपना स्वतन्त्र और भिन्न अस्तित्व है। सही है कि भाषा के माध्यम से व्यक्ति को परम्परागत ज्ञान की उपलब्धि होती है। और यह भी सही है कि उस उपलब्धि में निहित विचारों का सामाजिक रूप होता है। किन्तु विचारों का सामाजिक रूप और व्यक्ति की उपलब्धि कभी चरम, शाश्वत और एक-सी नहीं होती, क्योंकि न सामाजिक परम्परा व्यक्ति को निष्क्रिय रूप से प्रभावित करती है और न व्यक्ति की उपलब्धि ही सामाजिक परम्पराओं के प्रति निष्क्रिय होती है। सामाजिक ज्ञान की उपलब्धि के कारण ही व्यक्ति में आत्म-चेतना का निर्माण होता है, किन्तु अपनी निर्मित के पश्चात् व्यक्ति की आत्म-चेतना सामाजिक चेतना को पुनः प्रभावित करती है, उसमें परिवर्तन लाती है, उसका स्वरूप बदलती है। निःसन्देह शब्द का अपना भिन्न व स्वतन्त्र अस्तित्व है, उसका अपना सामाजिक व परम्परागत इतिहास है, किन्तु जब व्यक्ति की भावात्मक अभिव्यंजना में उसका प्रयोग होता है तब उसकी आत्मा का पुट उसमें घुल जाता है—तब वह अभिव्यक्ति आत्मपरक भी बन जाती है। सामाजिक ज्ञान और व्यक्ति के आत्म-चैतन्य की यह पारस्परिक सक्रियता सामाजिक परिवर्तनों की आधारभूमि है। एक ओर जहाँ सामाजिक ज्ञान की उपलब्धि अपनी प्रारम्भिक स्थिति में वैयक्तिक मौलिकता को अपने में निःशेष कर डालती है, वहाँ व्यक्ति की चेतना में घुली हुई यह सामाजिक उपलब्धि परिमाण की एक सीमा तक पहुँचने के बाद व्यक्ति की मौलिकता को पुनः सम्प्रेरित करती है। उसे जगमगाती है! दोनों ही एक-दूसरे के सम्मिश्रण से अधिक प्रकाशवान बनते हैं!

जो व्यक्ति अनुभव और अध्ययन के जरिये सामाजिक ज्ञान को अधिक-से-अधिक संचित करने की चेष्टा करेगा, वही मौलिकता को अधिक-से अधिक व्यंजित करने का सामर्थ्य प्राप्त कर सकेगा। जो सुनेगा नहीं, वह बोलेगा क्या? जो जानेगा नहीं वह जताएगा क्या? जो पढ़ेगा नहीं वह लिखेगा क्या? जिस प्रकार बोलना, सुनने का

ही एक दूसरा रूप है, उसी प्रकार लिखना भी पढ़ने तथा सुनने का ही दूसरा रूप है। किन्तु दोनों का स्वरूप समान और एक-सा नहीं होता। उनमें भिन्नता होती है। दृष्टान्त का सहारा लेकर बात को स्पष्ट करना चाहें (ये दृष्टान्त केवल उदाहरण मात्र हैं, प्रमाण नहीं) तो कहना पड़ेगा कि–खाने से खून बनता है, चारे और बाँटे से गाय के स्तनों में दूध उत्पन्न होता है, किन्तु जिस प्रकार खून और खाना एक नहीं है, चारा और दूध भी एक नहीं है–उसी प्रकार सुनना और बोलना भी एक नहीं है, पढ़ना और लिखना भी एक नहीं है। किन्तु यह बात असन्दिग्ध रूप से सही है कि खाना नहीं तो खून भी नहीं, चारा नहीं तो दूध भी नहीं–उसी प्रकार सुनना नहीं तो बोलना भी नहीं, पढ़ना (ज्ञान का श्रवण और अध्ययन) नहीं तो लिखना भी नहीं। सामाजिक ज्ञान की उपलब्धि नहीं तो वैयक्तिक मौलिकता का प्रकाश भी नहीं!

तो कान द्वारा–माँ, पानी, दूध, रोटी, चाँद, भाई, बहिन आदि शब्दों को सुनकर सम्बन्धित यथार्थ की अभिज्ञता, वाणी द्वारा सुने हुए शब्दों का उच्चारण, तत्पश्चात् लिपि की वर्णमाला से निर्मित शब्दों की पहचान, तथा अ माने अमरूद, क माने कबूतर और ख माने खरगोश की सूझ, न पूर्णतया मेरी अपनी थी और न इन निबन्धों में अभिनिहित–शब्द, भाषा, कविता, धर्म और प्रेम आदि की व्याख्या या विवेचन पूर्णतया मेरे अपने हैं। शब्द, भाषा, धर्म और प्रेम के विवेचन तथा अध्ययन की आवश्यकता, अमरूद, कबूतर और खरगोश की आवश्यकता से अपेक्षाकृत बहुत ही कम है। इनकी आम शिक्षा तथा इनकी उपलब्धि का दायरा सीमित है। इन्हें जानने व समझने की अनिवार्यता मर्यादित है।

अ माने अमरूद आदि की जानकारी तथा उनकी वैयक्तिक उपलब्धि मेरी अपनी थी, उन्हें याद करके दोहराने की लियाकत मेरी अपनी थी, उसी प्रकार इन निबन्धों में अभिनिहित विचारों को प्राप्त करने की लालसा व मेहनत मेरी अपनी है, उन्हें समझने की क्षमता मेरी अपनी है, सामाजिक ज्ञान को अधिक-से-अधिक ग्रहण करने की आवश्यकता मेरी अपनी है, अपनी शैली में उन्हें व्यक्त करने का तरीका मेरा अपना है, मेरी चेतना में सम्मिश्रित उपलब्धियों का परिवर्तित रूप मेरा अपना है, विभिन्न लेखकों व मनीषियों के विचारों से सम्पर्क हासिल करने की अविकल तड़पन मेरी अपनी है और ज्ञान को परम व सर्वोपरि महत्त्व की वस्तु समझने तथा उसे आत्मसात् करने की कोशिश मेरी अपनी है!

भाषा में अभिनिहित सामाजिक विचारों का तो न कोई आरम्भ है और न इनका कोई अन्त ही। किन्तु एक व्यक्ति के लिए अपनी जिन्दगी की शुरुआत में इन सामाजिक विचारों को प्राप्त करने का आरम्भ तो अवश्य है पर इसका कहीं अन्त नहीं है, इसलिए सामाजिक ज्ञान के रूप में व्यक्ति की उपलब्धि कभी अन्तिम नहीं होती। उपलब्धि की बढ़ोतरी के साथ विचार व ज्ञान में परिवर्तन होता रहता

है। प्रत्येक उपलब्धि सही है, प्रत्येक परिवर्तन सही है! हर मत सही है, हर मतभेद भी सही है! सामाजिक ज्ञान के क्षेत्र में व्यक्ति की उपलब्धि न कभी गलत होती है और न कभी अन्तिम होती है! गलत कुछ भी नहीं है, अन्तिम कुछ भी नहीं है। हर व्यक्ति की अपनी समझ, अपने ज्ञान, अपनी अभिज्ञता के अनुरूप उसका सत्य होता है। किन्तु इन वैयक्तिक सत्यों की आधारभूमि सामाजिक होती है—इसी कारण सामाजिक समानता का वृहत् रूप सम्भव बन पाता है।

मनुष्य की चेतना और उसकी अभिज्ञता के परे सत्य का अपना वस्तुनिष्ठ और स्वतन्त्र रूप है। किन्तु स्वयं मनुष्य के लिए सामाजिक अभिज्ञता के अलावा सत्य का कोई भी दूसरा रूप नहीं होता। सामाजिक अभिज्ञता का सत्य और वस्तुनिष्ठ सत्य कभी भी दोनों एक नहीं होंगे। सत्य स्वयं प्रकट नहीं होता, वह मनुष्य की अभिज्ञता के साथ-साथ अपना रूप बदलता रहता है। जो समाज ने जाना है—वह समाज का सत्य है! जो व्यक्ति ने जाना है—वह व्यक्ति का सत्य है!

एकम् सद्विप्राः बहुधा वदन्ति

सत्य को ग्रहण करने की वैयक्तिक उपलब्धियाँ अनेक हैं, उन्हें समझने की क्षमताएँ अनेक हैं, उसकी अनुभूतियाँ अनेक हैं, उसकी अभिव्यक्ति के रूप अनेक हैं। प्रत्येक व्यक्ति की अनुभूति व ग्राह्य-शक्ति भिन्न अवश्य होती है, किन्तु उनके अनुरूप व्यक्तियों के सामाजिक सत्य उतने भिन्न नहीं हुआ करते। जितनी बातें भिन्न हैं, उतने तथ्य भिन्न नहीं हैं! जितने रूप भिन्न हैं, उतने तत्त्व भिन्न नहीं हैं, जितनी आकृतियाँ भिन्न हैं, उतने पदार्थ भिन्न नहीं है, जितनी रुचियाँ भिन्न हैं, उतने मर्म भिन्न नहीं हैं! तर्जे अदाएँ जितनी भिन्न हैं, उतनी भावनाएँ भिन्न नहीं हैं!

ज्ञान की तरह ज्ञान की अभिव्यक्ति के माध्यम कला, शैली और उसके रूप-तत्व का भी अपना सामाजिक स्वरूप है, उनका परम्परागत इतिहास है, फिर भी वैयक्तिक मौलिकता जितनी शैली, रूप, अभिव्यक्ति तथा तर्जेअदा में होती है उतनी विषयवस्तु में नहीं! कहने के तरीके अनेक हैं, कहने के लिए सारवस्तु सीमित है!

व्यक्ति के जीवन में सामाजिक उपलब्धि के दो पहलू हैं। एक—व्यक्ति द्वारा सामाजिक उपलब्धियों को अपने विकास के लिए साधन रूप में बरतना। दूसरा—स्वयं अपने को ही इन सामाजिक उपलब्धियों के निमित्त समझना! एक विकास का जीवन्त पहलू है। दूसरा जड़ता का निष्क्रिय पहलू है। विकास का जीवन्त पहलू अपने अनुभव की मौलिकता से सामाजिक उपलब्धियों को समृद्ध बनाता है, उनका रूप बदलता है। जड़ता का निष्क्रिय पहलू सामाजिक परम्पराओं को पंगु बनाता है, उन्हें उसी रूप में कायम रखने की हठीली चेष्टा करता है। जो अबोध शिशु अपनी

तुतलाती वाणी में अपने भावों की यत्किंचित् व्यंजना सहज ही कर लेता था, वही बड़ा होने पर अपने ही प्रयत्न से सामाजिक परम्परा में स्वयं को निःशेष कर सकता है। परम्परा के फन्दे को अपने गले में लटका कर कठपुतली की तरह रूढ़ियों के धागों में स्वयं को लटका रख सकता है।

मनुष्य जितने बातचीत में मौलिक होते हैं उतने लिखने में नहीं! एक बच्चा जो अपनी छोटी उम्र में टूटे-फूटे शब्दों के तुतलाते उच्चारण तथा शरीर की भाव-भंगिमाओं द्वारा मौलिक उद्‌गारों को अनजाने ही प्रकट कर लेता था वही बड़ा होने पर कलम के जरिये वाक्यों के प्रयोग में अपनी मौलिकता को आरम्भ में खो बैठता है। बातचीत करना अथवा बोलना एक सामाजिक आवश्यकता है जो व्यक्ति को सामाजिक वरदान के रूप में अपने आप ही प्राप्त हो जाती है। किन्तु लिखना वैयक्तिक प्रयास है, एक वैयक्तिक आवश्यकता है।

एक कवि, कहानी लेखक, चित्रकार, नृत्यकार और एक संगीतज्ञ आदि कलाकारों के लिए सम्बन्धित कलाओं की अभिज्ञता, परम्परागत शैलियों का अनुकरण, उनका निरन्तर अभ्यास वैयक्तिक मौलिकता की बुनियादी शर्त है। अभ्यास की आरम्भिक अवस्था में मौलिकता का अपना कोई अस्तित्व नहीं होता, किन्तु अध्ययन और अभ्यास के दौरान एक स्थिति स्वयमेव ऐसी बन जाती है कि जिसमें मौलिकता के गुण का उद्‌भव होने लगता है। लेकिन कलाकार को चाहिए कि वह परम्परागत विरासत को साध्य रूप में नहीं, बल्कि साधन रूप में बरते। परम्पराओं को अपनी वैयक्तिक अनुभूति से समृद्ध करने की चेष्टा करे। व्यक्ति की चेतना में प्रवेश करने पर वांछित समय के बाद सामाजिक उपलब्धियों का स्वरूप अवश्य बदलना चाहिए। क्योंकि व्यक्ति का जो अपना अनुभव है—वह उसी का अनुभव है, किसी दूसरे व्यक्ति का नहीं। परम्परा में उसका अनुभव अवश्य जुड़ना चाहिए। मनुष्य तोता नहीं है। वह चाहे तो तोता बन सकता है। तोते से भी बदतर हो सकता है!

अ माने अमरूद से लेकर इन निबन्धों की रचना तक मैंने जो कुछ भी पढ़ा, सुना और समझा है, उस सबका निष्कर्ष या सार इन निबन्धों में है—यह कहना भी गलत होगा और यह कहना कि उसके अतिरिक्त भी कुछ नहीं है—यह भी गलत है। अतिरिक्त वाले हिस्से में थोड़ा-बहुत 'मैं' भी हूँ, बहुत ही अकिचंन रूप में। फिर भी यह सब अब तक के अध्ययन व मनन की वजह से ही है, कोई इसके बावजूद नहीं।

इन निबन्धों की रचना में जाने-अजाने न मालूम कितने लेखकों का प्रभाव, न मालूम कितने बुरे लेखकों के प्रति अरुचि का प्रभाव, उनकी बुराइयों से बचते रहने का प्रभाव, न जाने कितने मित्रों के प्रेम व उनके व्यक्तित्व का प्रभाव, उनके प्रेम से सम्प्रेरित निर्बन्ध उत्साह का प्रभाव—न जाने कितने प्रभावों के मेल से इन निबन्धों

की सृष्टि हुई है—उसकी सम्पूर्ण वैज्ञानिक जानकारी मुझे भी नहीं है। लेकिन ऐसा है जरूर, इतना अवश्य जानता हूँ।

कुछेक लेखकों व मित्रों का प्रभाव तो मेरी जानकारी में है—बिल्कुल स्पष्ट और तयशुदा। किन्तु उनके नामों की केवल चर्चा मात्र करके रह जाना काफी नहीं, युक्तिसंगत भी नहीं है। यह मेरे जानने व समझने की बात है, प्रकट करने की नहीं। लेकिन आलोचना के क्षेत्र में जिस लेखक का प्रभाव मुझ पर सबसे अधिक पड़ा है, उसका जिक्र न करूँ तो कृतघ्नता होगी। और उसके बाद दूसरा नाम शुरू करने पर तो कई लेखक हैं, फिर कहाँ खत्म करूँ, समझ नहीं पड़ता। इसलिए केवल एक नाम लेकर ही सब्र करना चाहूँगा। वह लेखक है—क्रिस्टॉफर कॉडवेल! उसकी शैली, उसके विचार और उसका जीवन, इन तीनों ने मुझे समान रूप से प्रभावित किया है। अपनी बात के लिए वक्त पड़ने पर एक लेखक को अपनी जान तक देने में हिचकिचाहट नहीं होनी चाहिए, यह बात जितनी आसानी के साथ मुझे कॉडवेल के जीवन से समझ में आयी, उतनी और कहीं से नहीं आयी। न जाने कितनी बार कितनी तन्मयता से मैंने उसकी रचनाओं को पढ़ा है और कितना उन पर लट्टू हुआ हूँ, उसे केवल मैं ही जानता हूँ!

और उस तन्मयता का आज परिणाम यह हुआ कि साहित्य व कला के प्रति कॉडवेल के काफी कुछ विचारों से मैं सहमत नहीं हूँ। किन्तु यह समझ बहुत कुछ उसी की दी हुई है, इससे इनकार नहीं करूँगा। उसकी मौत ने मुझे रह-रह कर जीवन दिया है! उसका यह सबक हमेशा याद रखूँगा कि मनुष्य न कुत्ते की तरह जीए और न कुत्ते की तरह मरे!

एक लेखक के नाते मेरी सबसे पहली और आखिरी तमन्ना यही है कि मेरा मगज मेरे पेट की खुराक न बने! शरीर का राजा मस्तिष्क मेरे पेट का गुलाम न बने! जरूरत पड़ने पर शरीर का गोश्त नोच-नोच कर पेट की अँतड़ियों के हवाले कर दूँ, पर किसी भी कीमत पर अपने अक्षरों व अपनी कलम को गिरवी न रखूँ! मेरी कमर झुक जाए पर मेरी कलम नहीं झुके। मेरे अक्षरों को धन की लालसा न हो, मेरे शब्दों को सत्ता का भय नहीं हो, मेरी रचना में यश की बू नहीं हो—एक लेखक का सबसे बड़ा श्रेय यही है। बात बहुत बड़ी है—मेरा हौसला बहुत छोटा है। मेरी क्षमता बहुत नगण्य है। अपने सुने हुए और पढ़े हुए हर शब्द से यह आशीर्वाद चाहता हूँ कि वे मेरी यह टेक निभाएँ। बड़ा लेखक न बन सकूँ, न सही। अच्छा नहीं लिख सकूँ, न सही। ज्यादा नहीं लिख सकूँ न सही! लेकिन लेखक की मर्यादा को न तोड़ूँ, शब्दों के गौरव को लांछित न करूँ, बस इतनी भर ख्वाहिश है। आज की तमन्ना तो यही है—कल का कोई भरोसा नहीं! किन्तु जिस दिन भी मेरा यह भरोसा टूटे तो मेरे अक्षरों तुम उसी क्षण मेरा गला घोंट देना! यदि इस में ढील हो गयी तो मेरी बदली हुई हैवानियत तुम्हारा ही गला घोंट डालेगी! तुम्हारे गौरव को बेचकर मैं

अपना गुजारा नहीं करना चाहता, तुम्हारी हत्या करके मैं अपनी जिन्दगी बसर नहीं करना चाहता! मुझे लेखक नहीं बनना है, लेखक की मर्यादा की पालना करना है!

मेरे गाए गाएगा तो खत्ता घणेरा खाएगा।
मेरे खोजे, खोजेगा तो तीन लोक को सोजेगा॥

कवि की इस अमर वाणी के साथ मैं अपनी भूमिका समाप्त करता हूँ और कवि की इस एकमात्र सीख को गाँठ बाँधकर साहित्यकार के जीवन का आरम्भ करता हूँ! अब तक तो उसकी तैयारी में लगा था!

11 मार्च, 1960

शब्द और यथार्थ

इस बात की जानकारी—कि शब्दों का अपना स्वतन्त्र इतिहास है, उनका अपना स्वतन्त्र अस्तित्व है और उनका परम्परागत स्वरूप है—विज्ञान के क्षेत्र में एक बहुत ही महत्त्वपूर्ण खोज थी। आज दिन भी बहुत सारे लोग सोचते हैं कि शब्द स्वयं यथार्थ है। जिस किसी रूप में वस्तु का सम्बोधन प्रचलित है, उसके अलावा उसका कोई दूसरा सम्बोधन हो ही नहीं सकता और जो वस्तु है उसे किसी अन्य शब्द के द्वारा व्यक्त किया ही नहीं जा सकता। शब्द और वस्तु में एक अलौकिक तादात्म्य निहित है। वे परस्पर किसी दैविक सम्बन्ध से आबद्ध हैं। भाषा के परम्परागत विकास-क्रम से शब्दों का कोई सम्बन्ध नहीं है—इस प्रकार की मिथ्या धारणाएँ आज दिन भी प्रचलित हैं।

किन्तु आज हम जिस वैज्ञानिक आधार पर इस धारणा को मिथ्या कह सकने की क्षमता रखते हैं, यही धारणा प्राचीन युग में हमारे पूर्वजों का विज्ञान थी! वे प्रकृति और बाह्य-जगत् को अपनी चेतना का ही अंश समझते थे। चेतना वाणी द्वारा प्रकट होती थी, इसलिए वे वाणी को ही चेतना मानते थे। वाणी को एक दैविक या पारलौकिक वस्तु समझते थे। उनका विश्वास था कि वाणी द्वारा प्रकृति को नियन्त्रित किया जा सकता है। शब्दों की अलौकिक शक्ति पर उन्हें पूरी आस्था थी। शब्द ही उनके लिए यथार्थ था और इस शाब्दिक यथार्थ को अपने अनुकूल बरतने के लिए वे उसकी पूजा-अर्चना करते थे। प्रकृति से सामना करने के लिए यह दैविक शब्द ही उनका औजार था। उनकी कला, उनका विज्ञान, उनका धर्म सभी कुछ शब्द ही में निहित था। शब्द की शक्ति उनके लिए सबसे बड़ी शक्ति थी। वैदिक ऋचाओं में वर्णित इन्द्र, पर्जन्य, वरुण, वायु, मारुत, सूर्य, सन्ध्या, उषा, सोम, अग्नि आदि ये शब्द उनके लिए अर्थ-संकेत मात्र ही नहीं थे। ये उनके देवता थे। इन्हीं देवताओं में उनका प्राकृतिक यथार्थ सन्निहित था। उस यथार्थ को अपने हित में बरतने के लिए, अपनी तात्कालिक आवश्यकताओं को पूरा करने के लिए वे ऋचाओं द्वारा उनकी स्तुति करते थे। शब्दों की मन्त्र-शक्ति का तब यही तात्पर्य था।

मानवीय भाषा का उच्चारण और उसका प्रयोग कोई प्राकृतिक देन नहीं, बल्कि मनुष्य का अपना स्वनिर्मित सामाजिक गुण है। परन्तु भाषा का निर्माण उसकी

सजग चेतना का परिणाम नहीं—उसकी चेतन क्रिया का अगोचर प्रयास है। भाषा का वैयक्तिक नहीं, सामाजिक रूप है। यह किसी समय विशेष की उपज नहीं, बल्कि युगों से चले आ रहे अविरल काल की सृष्टि है, जिसका सृष्टा एकाकी मनुष्य नहीं, समूची मानव जाति है! किन्तु जिसका निमित्त बन सकने का श्रेय केवल मनुष्य को ही है!

मनुष्य ने नियम-कायदों के अनुसार अपने सजग ज्ञान द्वारा भाषा की सृष्टि नहीं की, और न उसके निर्माण की उसे आत्म-चेतना ही थी। मनुष्य की चेतना के परे ही प्रकृति, परम्परा, वातावरण, अभ्यास व अनुकरण आदि के पारस्परिक संयोग से भाषा का प्रारम्भ और उसका विकास होता रहा। किन्तु भाषा निश्चित रूप से मनुष्य की भौतिक आवश्यकताओं का भौतिक परिणाम थी, कोई अलौकिक या दैविक वस्तु नहीं। इसके विकास या निर्माण का अपना इतिहास है। विकास की एक स्थिति-विशेष पर पहुँचने के बाद ही मनुष्य ने भाषा के नियमों का निर्माण किया। व्याकरण ने भाषा को जन्म नहीं दिया, बल्कि भाषा ने व्याकरण को जन्म दिया है। व्याकरण—भाषा के इतिहास में बहुत बाद की विकास-स्थिति है। इसलिए भाषा व शब्द की भाँति व्याकरण का भी अपना इतिहास है, उसका अपना परम्परागत स्वरूप है, और अपने नियम-कायदों का स्वतन्त्र विज्ञान है।

मनुष्य के मानस में भौतिक जगत की प्रभाव-प्रक्रिया का नाम ही विचार है। या यों कहिए कि वस्तु-जगत का मानवीय विचारों में अनुवाद होता है। विचारों का साधन है—शब्द। इस प्रभाव-क्रिया के भी अपने नियम-विधान हैं, अपने सिद्धान्त हैं, जो स्वतन्त्र रूप से संचालित होते हैं।

भाषा, व्याकरण और शब्द का एक निश्चित परम्परागत स्वरूप होने पर भी शब्द द्वारा जिस अर्थ-संकेत का बोध होता है, उस अर्थ-संकेत का कोई निश्चित परम्परागत रूप नहीं है। शब्द स्वयं यथार्थ नहीं होता, इसीलिए तो संसार की विभिन्न भाषाओं में एक ही यथार्थ का बोध कराने वाले विभिन्न शब्द हैं। समय के दौरान एक ही भाषा के अधिकांश शब्द भी विभिन्न अर्थ-संकेत ग्रहण करते रहते हैं। आवश्यकताओं का तकाजा पुराने शब्दों को शनैः शनैः नये अर्थ प्रदान कर देता है। यथार्थ के प्रति मनुष्य की जानकारी बदलती रहती है। या दूसरे शब्दों में वह विकसित होती रहती है। तब उस यथार्थ-विशेष का बोध कराने वाले शब्द का अर्थ भी बदलता रहता है। किसी यथार्थ के मिट जाने पर यह आवश्यक नहीं है कि उससे सम्बन्धित शब्द भी मिट जाए। उस मृत यथार्थ का बोध कराने वाला शब्द किसी दूसरे यथार्थ का बोधक बन जाता है। हर नयी पीढ़ी अपने पुरखों से वसीयत के रूप में 'शब्द-ज्ञान' का भंडार प्राप्त करती है और अपने नये अनुभवों द्वारा आवश्यकता पड़ने पर उन परम्परागत शब्दों को नये अर्थों का नया बाना पहनाती रहती है। इसका यह तात्पर्य कदापि नहीं कि पुराने शब्दों के केवल अर्थ ही बदलते रहते हैं और नये शब्दों का निर्माण कतई नहीं होता। सर्वथा नये यथार्थ

और नये अनुभवों को व्यंजित करने के लिए नये शब्दों की सृष्टि भी होती है, किन्तु उसमें पुराने शब्दों का धातुरूप, शब्द-संयोग, उनके रूप-परिवर्तन का आधार उस नयी शब्द-सृष्टि में काफी दखल रखता है। दरअसल सच्चाई यही है कि सर्वथा नये शब्दों की सृष्टि नहीं हुआ करती। पुराने शब्दों के आंशिक परिवर्तन द्वारा नये तथ्यों की नयी जानकारी होती है, यथार्थ की नयी व्याख्या प्रस्तुत होती है, विभिन्न भाषाओं के शब्द-ज्ञान का आपसी आदान-प्रदान होता है, नयी अनुभूतियों को नयी व्यंजना मिलती है, शब्दों का प्रयोग बदलता है, भाषा का परिमार्जन होता है, किन्तु मूल शब्द भंडार में अधिक वृद्धि नहीं होती।

प्राचीन ग्रन्थों को समझने के लिए यह आवश्यक है कि शब्द और यथार्थ के तात्कालिक सम्बन्ध को ऐतिहासिक दृष्टि से समझा जाए। क्योंकि यथार्थ का बोध कराने वाले शब्दों का अर्थ-संकेत समय और परिस्थितियों के दौरान काफी कुछ बदलता रहता है। इसलिए बदले हुए अर्थ-संकेत से हम तात्कालिक सम्बन्धों को ठीक से समझने में असमर्थ रहेंगे। शब्द की भाँति शब्द के अर्थ-संकेत को अपरिवर्तित समझने से प्राचीन ग्रन्थों की न्याय-संगत विवेचना नहीं हो सकती, चाहे वह परिवर्तन आंशिक हो चाहे अधिक, उसको मद्देनजर रखकर ही हमें उनका ऐतिहासिक मूल्यांकन करना होगा।

शब्दों का अपना स्वतन्त्र अस्तित्व होने पर भी वाक्य या भाषा में प्रयोग किये जाने के बाद ही उनमें निश्चित बोध-ग्राह्यता की सक्रिय शक्ति का संचरण होता है। इसलिए भिन्न प्रसंग भिन्न स्थिति तथा भिन्न समय में प्रयुक्त होने पर एक ही शब्द अपने विभिन्न प्रयोगों के कारण विभिन्न अर्थों का बोधक होता है। बोल-चाल की भाषा के प्रचलित शब्द अपने 'विज्ञान-विशेष' में प्रयुक्त होने पर विशेष यथार्थ का बोध कराते हैं। प्रसंग, प्रयोग और स्थिति विशेष से विच्छिन्न शब्द की बोध-ग्राह्यता स्पष्ट नहीं होती। अभिव्यक्ति ही शब्द को अर्थ की सार्थकता प्रदान करती है!

पशुओं का भी वस्तु-जगत से निकट सम्पर्क रहता है और इस सम्पर्क की भी एक वंशानुगत स्वाभाविक प्रभाव-प्रक्रिया है। पशुओं का भी यथार्थ के साथ एक जीवन्त क्रियाशील सम्बन्ध होता है। वे भी विशिष्ट परिस्थितियों में विशिष्ट व्यवहार करते हैं और उस व्यवहार की प्रक्रिया भी काफी निश्चित होती है। परन्तु पशु का—यथार्थ, वस्तु और स्थिति के साथ सहज और सीधा सम्बन्ध रहता है। वह यथार्थ को अपनी ऐन्द्रिक प्रक्रिया से विच्छिन्न करके नहीं देख सकता। उसके अर्थ-संकेत यथार्थ के साथ ही सन्निहित रहते हैं। यथार्थ की मूर्त सत्ता से भिन्न उसकी बोध-ग्राह्यता का अपना अमूर्त, निरपेक्ष और स्वतन्त्र रूप नहीं है। यथार्थ ही उसके लिए शब्द-शक्ति का काम करता है। परन्तु मनुष्य की वाणी वस्तु-पदार्थ से विलग होकर स्वतन्त्र रूप से अमूर्त-प्रतीकों का निर्देशन करती है। इन अमूर्त-प्रतीकों के आधार पर ही मनुष्य का मानसिक विकास सम्भव हुआ है। यथार्थ और प्रभाव-प्रक्रिया के अविभाज्य

सम्बन्ध के कारण पशु सामान्य में भी विशिष्ट का अनुभव करता है, सामान्य के प्रति उसका विशेष ही सम्बन्ध रहता है, किन्तु मनुष्य की—शब्दों के माध्यम से विशेष में भी सामान्य की अनुभूति मौजूद रहती है। शब्दों के सम्बल से मनुष्य के सीमित-विशेष ही में विश्व का असीम-सामान्य समाहित रहता है, और पशुओं में शब्द के अभाव की वजह से वस्तु-जगत का असीम-सामान्य उनके सीमित-विशेष में समाया रहता है। इसी कारण पशुओं के प्राकृतिक ऐन्द्रिय-बोध में अधिक परिवर्तन और विकास नहीं हो पाता और मनुष्यों में ऐन्द्रिय बोध की ग्राह्य-शक्ति उत्तरोत्तर समृद्ध व उन्नत होती रहती है। शब्दों के मार्फत मनुष्य के मानस में निर्मित होने वाली चेतना का महत्त्व उसके ऐन्द्रिय-ज्ञान से बहुत अधिक है। हालाँकि उस चेतना का निर्माण ऐन्द्रिय-ज्ञान के माध्यम से ही होता है। किन्तु साथ में यह भी सही है कि इस चेतना के सम्बल से मनुष्य ने ऐन्द्रिय-ज्ञान की प्राकृतिक शक्ति को कई हजार गुना बढ़ा लिया है। इसलिए किसी मनुष्य के शब्दों की सीमा ही उसके यथार्थ व उसके ज्ञान की सीमा है—क्योंकि शब्द व भाषा के अनुपात में ही उसकी चेतना-शक्ति का विकास होता है।

अगस्त, 1958

विषय-वस्तु और भाषा

भौतिक-जगत के विभिन्न स्वरूप—चाहे वनस्पति के रूप में हो, चाहे पशु-पक्षी के रूप में, चाहे किसी पदार्थ के रूप में हों—आज जितने विभिन्न दिखलाई पड़ते हैं, अपने अस्तित्व की प्रारम्भिक अवस्था में सभी का उद्गम-स्रोत एक ही था। एक ही अनेक का जन्मदाता है! विज्ञान की मान्यताओं ने इस सिद्धान्त को पूर्णतया प्रतिपादित कर दिया है कि निर्जीव ही से जीव की सृष्टि हुई है! वस्तु-जगत की असंख्य विभिन्नताओं का बीज-रूप एक ही था। किन्तु बीज-रूप की अभिन्नता के सिद्धान्त पर हम आज की अनेकानेक विभिन्नताओं को अस्वीकार नहीं कर सकते। इन विभिन्नताओं की गतिमयता और विकास के अपने सिद्धान्त हैं, अपनी निजी क्रियाएँ हैं। आज इन विभिन्नताओं को जादू की छड़ी से न एक किया जा सकता है और न इन्हें एक ही समझा जा सकता है। यह विभिन्नता ही आज हमारी एकमात्र वास्तविकता है। इसी की आधार-भूमि पर हमें अपनी प्रगति और अपना विकास करना है। उद्भव की एकता और विकासजन्य विभिन्नता—दोनों की सम्यक दृष्टि से सम्यक विवेचना करने पर ही विज्ञान-सम्मत निर्णयों पर पहुँचा जा सकता है।

वस्तु-जगत की तरह मानवीय जगत में भी—क्या भाषा, क्या कला, क्या विज्ञान, क्या उत्पादन के साधन, क्या धर्म, क्या वेश-भूषा, क्या अस्त्र-शस्त्र—इन सभी क्षेत्रों में आज जो अगणित विभिन्नताएँ दृष्टिगोचर हो रही हैं, वे भी विकास-क्रम के ही परिणाम हैं। मानवीय-जगत का आदि-रूप भी एक ही था। संसार भर की भाषाओं के जो मौजूदा विभिन्न रूप प्रचलित हैं—उनका उद्गम भी एक था। लेकिन आज सभी भाषाओं का अपना साहित्य है, अपनी भिन्न व्याकरण है, अपना विभिन्न शब्द-भंडार है, और उच्चारण के अपने भिन्न तरीके हैं। विभिन्न देशों की बात तो दूर, एक ही समुदाय विशेष की एक ही भाषा के अर्थ-संकेत, अभिव्यक्तियों के विभिन्न प्रयोगों की वजह से विभिन्न अर्थ-शक्ति का परिचय देते हैं। बोलचाल की भाषा, साहित्य की भाषा, कविता की भाषा, नाटक की भाषा, विज्ञान की भाषा, धर्म की भाषा—इन सभी उपांगों का मूल शब्द-भंडार एक होने पर भी वे अपने प्रासंगिक स्थलों में भिन्न व्यंजना-शक्ति का आभास देते हैं। एक ही शब्द का—प्रासंगिक उपयोग के कारण अनेक व्यंजना-शक्तियों में तद्नुरूप परिवर्तन हो जाता है।

व्यंजना-शक्ति के इन विविध रूपों का सद्याश्रित कारण मानवीय आवश्यकताओं का वैविध्य है। मानव जाति की प्रारम्भिक अवस्था में अवैविध्य जीवन के कारण उसके रहन-सहन व उसके कार्य-व्यापारों में व्यंजित विषय-वस्तु व अभिव्यक्ति के साधनों में भी विविधता नहीं थी। सभी प्रकारों की अभिव्यक्तियों का स्वरूप काव्यमय था। कविता नाम की स्वतन्त्र कला के अस्तित्व की तब कल्पना भी सम्भव नहीं थी। लिपि की प्रारम्भिक अवस्था में चित्र और शब्द में कोई अन्तर नहीं था। चित्र ही शब्द का लिपिबद्ध रूप था। मानव जाति के विकास-क्रम में एक स्थिति ऐसी भी थी जब उसके सामूहिक गान में कविता, नृत्य, संगीत तीनों सम्मिश्रित थे। संगीत और वाणी का अभिन्न स्वरूप था। संगीत ही मनुष्य की वाणी थी। धर्म, कला, विज्ञान और साहित्य इन सबका एक ही रूप था।

भाषा के माध्यम से मनुष्य पशुओं की अपेक्षा बाह्य-जगत के साथ सम्पर्क स्थापित करने में अधिक समर्थ होता है। यह अतिरिक्त सामर्थ्य मनुष्य को और भी अधिक समर्थ बनाता है। भाषा, समाज और परम्परा के जरिये मनुष्य के ज्ञान में विकास होता है, उस नये ज्ञान से भौतिक जगत के नये तत्त्वों का अनुसन्धान होता है। नये तत्त्वों का सम्पर्क फिर मनुष्य के मानस में नये ज्ञान का सृजन करता है। और वह नया ज्ञान नये तत्त्वों की खोज के लिए नयी शक्ति प्रदान करता है। समय के दौरान मनुष्य को ज्यों-ज्यों बाह्य-जगत की तात्त्विक जानकारी अधिक होती गयी—वह स्वयं आन्तरिक रूप से अधिक विकसित और शक्तिशाली होता गया और अधिक शक्तिशाली होने पर उसे भौतिक-जगत की अभिज्ञता के लिए अधिक क्षमता प्राप्त होती गयी। इस पारस्परिक निर्भरता का क्रम न कभी सम्पूर्ण हुआ है न कभी सम्पूर्ण होगा। ज्यों-ज्यों बाह्य-जगत के नये तत्त्वों की अधिकतम जानकारी होगी—त्यों-त्यों मनुष्य के अन्तर्जगत में नयी क्षमता, नये तत्त्व और नये रहस्यों का उद्घाटन होता रहेगा। बाह्य-जगत का अधिकतम सम्पर्क ही मनुष्य की आन्तरिक सम्पदा है। न उसके बाह्य-जगत की जानकारी कभी समाप्त होगी और न उसके आन्तरिक जगत का वैभव ही कभी निःशेष होगा!

बाह्य-जगत की अभिज्ञता का वैभव—विज्ञान का वैभव है। आन्तरिक जगत के रहस्य का वैभव—कला का वैभव है! मनुष्य अपनी आनतरिक शक्ति के जरिये बाह्य-जगत का जो भी नया परिचय प्राप्त करता है, उसे एक वैज्ञानिक-शैली में व्यवस्थित ढंग से सँजोकर उसे नये विषय का रूप प्रदान करता है ताकि उसकी सामाजिक उपयोगिता सुगम और सुलभ हो सके। इस तरह विज्ञान के विषयों की संख्या बढ़ती रहती है। विज्ञान के उस नये यथार्थ का बोध कराने वाले शब्दों का चयन उसी के अनुरूप हो जाता है।

विज्ञान और कला में प्रयुक्त होने वाले शब्दों की कोई भिन्न तालिका नहीं होती। कोई भी शब्द किसी भी क्षेत्र में काम दे सकता है। विज्ञान और कला के गद्य

की न व्याकरण ही जुदा होती है और न उसकी वाक्य-रचना ही। प्रासंगिक प्रयोग के बीच ही शब्द अपनी व्यंजना-शक्ति का परिचय देता है!

जहाँ तक कर्ता (सब्जेक्ट) और वस्तु (ऑब्जेक्ट) का प्रश्न है, सभी व्यंजित विषयों में ये दोनों ही समान रूप में उपलब्ध हैं। कला और विज्ञान के दायरे में जो कुछ भी सृजित होता है उस सबका सृष्टा केवल मनुष्य ही है। और वस्तु के रूप में बाह्म-जगत भी एक ही है। फिर इन विभिन्न शैलियों में विभिन्नता का प्रवेश कैसे सम्भव होता है? इन विभिन्नताओं का कारण है—कर्ता और विषय का सम्बन्ध। इसके पारस्परिक सम्बन्धों की विभिन्नता ही अभिव्यक्तियों की विभिन्नता का मुख्य आधार है।

मनुष्य का वस्तु-जगत से जो सम्बन्ध है उसकी अभिव्यक्ति होती है—विज्ञान में। और वस्तु-जगत का मुनष्य से जो सम्बन्ध है उसकी अभिव्यक्ति होती है—कला में। यों तो बाह्म-जगत का सम्यक रूप एक ही है, किन्तु उसके तत्त्व भिन्न हैं। भौतिक जगत की यह तात्त्विक भिन्नता विज्ञान के विषय की भिन्नता है। विषयों के अनुरूप उस 'यथार्थ-विशेष' का सम्यक बोध कराने वाले शब्दों का सम्यक प्रयोग तो भिन्न अवश्य होता है, किन्तु उसकी व्यंजना में कोई भाषागत व रूपगत विभिन्नता नहीं होती। मनुष्य का विज्ञान के तत्त्वों से सम्बन्ध रहता है—वस्तुपरक। इसलिए मानवीय विभिन्नता विज्ञान में लक्षित नहीं होती। विज्ञान का स्रष्टा स्वयं मनुष्य होने पर भी मनुष्य की आत्मा उसमें नहीं रमती। उसका मूर्त रूप उसमें नहीं होता। लेकिन मनुष्य के हृदय पर वस्तु-जगत की प्रतिक्रिया नाना रूपों में उद्वेलित होती है, इसलिए कलात्मक अभिव्यक्तियों में—भाषागत और रूपगत—इतनी विभिन्नताएँ सम्भव बनती हैं। क्योंकि वस्तु-जगत की प्रतिक्रिया का केन्द्रस्थल कोई अमूर्त मानव, अमूर्त काल या अमूर्त स्थान नहीं होता। सभी प्रतिक्रियाओं का स्थान समय, समाज और वातावरण के बीच एक मूर्त स्वरूप होता है। और इसी मूर्त भिन्नता पर यथार्थ की सदैव भिन्न प्रतिक्रिया होती है। मनुष्य के अन्तर्जगत की ये विभिन्न प्रतिक्रियाएँ समय के दौरान कई कलात्मक शैलियों के माध्यम से नाना रूपों में प्रकट होती हैं।

भौतिक जगत की उत्तरोत्तर अधिक जानकारी के कारण अन्तर्जगत की कई गुप्त निधियाँ प्रकट होती हैं। उन निधियों की प्रभाव-प्रक्रिया भी भिन्न होती है। वस्तु-जगत से उसका सम्बन्ध भी नया होता है—फलस्वरूप एक नयी कला का उद्गम होता है। नयी कला अपने नये सम्बन्धों के अनुरूप नयी व्यंजना, नये प्रतीक, नयी शैली और नयी भाषा को जन्म देती है।

अगस्त, 1958

शिल्प की भाषा

दृश्य-जगत की प्रत्येक वस्तु का कुछ-न-कुछ आकार-प्रकार है और उसका कुछ-न-कुछ रंग है। किसी भी वस्तु से उसकी आकृति व उसके रंग को तत्त्वतः भिन्न नहीं किया जा सकता। वस्तु या पदार्थ को अन्यथा करके रंग और आकृति का कोई अमूर्त रूप नहीं होता। शिल्प-कला में आकृति मुख्य है और रंग गौण। वस्तु की निसर्ग-आकृति को परिवर्तित करके मानवीय भावना या कल्पना द्वारा उसमें नयी आकृति (सार्थक) उत्पन्न करना, शिल्प कला के अनतर्गत आता है। आजकल 'शिल्प' एक भ्रामक शब्द बन गया है कई अर्थों में उसका प्रयोग होता है। यह कला का भी पर्यायवाची है। शिल्पी और कलाकार एक ही तथ्य के बोधक हैं। किन्तु विशेष प्रासंगिक स्थलों में इसका विशेष अर्थ ग्रहण करना चाहिए। हमने कुछ व्यापक अर्थ में इसका प्रयोग किया है। किसी भी वस्तु या पदार्थ को मानवीय कौशल द्वारा नयी आकृति प्रदान करने वाली सभी कलाओं को इसके अन्तर्गत माना है—क्या वास्तु कला, क्या मूर्ति कला, क्या स्थापत्य कला।

वस्तु को नयी आकृति प्रदान करने की क्रिया में दो बातें मुख्य रूप से अभिनिहित हैं। एक—स्वयं वस्तु की जानकारी, दो—औजारों की सहायता से वस्तु को प्रयोग में लाने की विधि। वस्तु के गुणों की प्रारम्भिक जानकारी औजारों के निर्माण की आधार-भूमि है और औजारों के प्रयोग से वस्तु के नये गुण निरन्तर प्रकाश में आते रहते हैं। अग्नि का आविष्कार होने से पहले धातुओं का इस कदर सफल प्रयोग सम्भव नहीं था। अग्नि का एक विशेष गुण है—किसी गीली या नम वस्तु को पकाकर उसे ठोस व मजबूत बना देना और ठोस या कठोर धातु को पिघला कर उसे तरल बना देना। अग्नि के पहले से ही मनुष्य मिट्टी को अपने हित में बरतने लग गया था, किन्तु उसका पूर्ण उपयोग अग्नि के बाद ही सम्भव हुआ। अग्नि ने मिट्टी की काया बदल दी। धातुओं की उपयोगिता भी सहस्र गुना बढ़ गयी। अग्नि की सहायता से उन्हें भिन्न आवश्यकताओं की खातिर भिन्न रूपों में बरता जाने लगा। कहने का आशय यह है कि समय के दौरान इनसान को विभिन्न वस्तुओं की जानकारी होती गयी—और औजारों की सहायता से वह उनको विभिन्न प्रयोगों में बरतना सीखता गया। पत्थर, मिट्टी, लकड़ी, अस्थि, हाथी-दाँत, सींग, शंख, सीप, लोहा, पीतल,

सोना, चाँदी, काँसी, अष्टधातु, कथीर, शीशा, बीड़, कागज का कूटा, मोम, लाख, काँच, रत्न, उपरान्त, गन्धक आदि कई प्राकृतिक तथा कृत्रिम पदार्थ—शिल्प कला के वस्तु साधन हैं। वस्तुओं के विभिन्न गुणों की वजह से उन्हें खोदकर, उभारकर, कोरकर, गढ़कर, डोलियाकर, ढालकर, कूटकर या उन पर ठप्पा या छापा करके विभिन्न कलात्मक आकृतियों का रूप प्रदान किया जाता है। शिल्पकला में विषय-वस्तु रूप और प्रतीक-शैली की समवेत व्यंजना में स्वयं वस्तु का भी जबरदस्त महत्त्व है। वस्तु की अपनी भावात्मक अभिव्यक्ति है जो रसिक के मन को प्रभावित करने में कला के अलावा भी अपना असर रखती है। इसलिए शिल्पकला में संवेदनानुभूति के लिए वस्तु स्वयं भी भाषा का काम करती है। वस्तु की अपनी प्रभाव-शक्ति होती है। दूसरी कलाओं से शिल्प का अपना यह अतिरिक्त चरित्र है।

प्राकृतिक वस्तुएँ मानवीय उपयोगिता के लिए प्राचीनतम उपकरण हैं। उनका अस्तित्व मनुष्य से भी पहले का है। पत्थर, लकड़ी, हड्डी, पहाड़ की चट्टानें इत्यादि के निर्माण में मनुष्य के श्रम का कोई दखल नहीं है। उनको अपने हित में बरतने की समझ उसकी अपनी है। अपनी आत्मरक्षा के लिए हथियार और निर्मित औजारों के रूप में उसने इनका प्रयोग सबसे पहले किया था। यह प्रयोग ही उसकी प्राथमिक सभ्यता थी, विज्ञान की आदि वर्णमाला थी। आरम्भ में बिल्कुल सीधा और सहज प्रयोग और तत्पश्चात् विकास के दौरान प्राकृतिक वस्तुओं की सहायता से तराशना, घिसना, अथवा काट-छाँटकर तीखा बनाना यही उसकी कला थी, यही उसकी जीवन समस्या थी। अतएव शिल्प कला मनुष्य की प्राचीनतम कला है, प्राचीनतम संस्कृति और प्राचीनतम विज्ञान है। जिसकी सहायता से ही स्वयं मनुष्य का अपना निर्माण हुआ है। प्राकृतिक वस्तुओं के प्रयोग ने मनुष्य के हाथ का कार्य ही बदल दिया, उसकी शक्ति ही मोड़ दी। अँगुलियों की पकड़, लचक, नये सिरे से उनका हिलना-डुलना, वस्तु को थामने की शक्ति, रोक, उठाना, फेंकना इत्यादि क्रियाओं ने मनुष्य के जीवन को ही परिवर्तित कर दिया। चलने-फिरने की क्रिया से स्वतन्त्र, हाथों के नये कौशल ने ही मनुष्य को मनुष्य बनाया है। प्रारम्भ के पत्थर, लकड़ी आदि प्राकृतिक वस्तुओं के प्रयोग ने मनुष्य के हाथ की शक्ति बदली तो उसके बाद उस बदली हुई शक्ति ने प्राकृतिक वस्तुओं की काया ही बदल दी। हाथ के कौशल द्वारा मानवीय भावना को व्यंजित करके मनुष्य ने जड़-वस्तुओं को सजीव बना दिया। हाथों के जादू भरे श्रम ने जड़-वस्तुओं में प्राण फूँक दिए। शिल्पकला में प्रकृति के गौरव और मानवीय कला का अद्भुत समन्वय है।

तो स्पष्ट है कि शिल्पकला का उद्भव प्रस्तर-युग के हथियारों व औजारों से ही हुआ है। भाषा के प्रारम्भिक अर्थ-संकेत भी इन प्राकृतिक वस्तुओं से बने थे। चित्रकला का उद्भव भी इन प्राकृतिक वस्तुओं के प्रयोग से हुआ है। इसलिए प्रारम्भिक अवस्था में शिल्पकला और चित्रकला को जुदा भी नहीं किया जा सकता।

कागज जैसी वस्तु के अभाव में प्राकृतिक वस्तुओं पर ही चित्र अंत किये जाते थे। वस्तुओं की कुराई, खुदाई और अंकन आदि क्रियाओं से ही चित्रकला का विकास हुआ है। प्रारम्भ में उन शिल्प-कृतियों के स्वयं अपने प्रतीक नहीं होते थे। उपयोगिता की अनगढ़ कारीगरी ही तब की कला थी। उन शिल्प-कृतियों का अस्तित्व किसी आवश्यकता का सहज और अविच्छिन्न परिणाम होता था—भले ही तब की उन आवश्यकताओं ने आज हमारे लिए कला का रूप धारण कर लिया हो। मनुष्य की अचेतन क्रिया की यन्त्रवत कारीगरी और यान्त्रिक साधन ही आगे चलकर स्वतन्त्र कलाओं में परिणत होते गये। अनुकरण, पुनरावृत्ति, परम्परा और अभ्यास ने उन प्राकृतिक वस्तुओं पर अंकित कुराई, खुदाई को कला के भावनात्मक प्रतीकों का रूप प्रदान किया है।

भाषा व गणित के प्रतीकों को कान या आँख द्वारा सुना या पढ़ा जाने पर भी इनका सीधा सम्बन्ध इन्द्रियों से नहीं है। इसकी बोधग्राह्यता के लिए इन्द्रियाँ तो साधन-मात्र हैं। कला के प्रतीकों का इन्द्रियों से सीधा सम्बन्ध है। बोधग्राह्यता के साथ-साथ इन्द्रियों का अपना आनन्द भी है। अन्धे या बहरे व्यक्ति को भाषा, विज्ञान व गणित के प्रतीकों से स्पर्श-शक्ति द्वारा अवगत कराया जा सकता है, किन्तु शिल्प, चित्र व संगीत का आभास सम्बन्धित इन्द्रियों के अभाव में नहीं हो सकता। गणित व भाषा के प्रतीकों का विषय-वस्तु के अलावा भी अपना स्वतन्त्र अस्तित्व है। विषय-वस्तु से परे उनकी शिक्षा दी जा सकती है, किन्तु शिल्प इत्यादि कलाओं के प्रतीकों को विषय से जुदा नहीं किया जा सकता। विषय-वस्तु से विच्छिन्न प्रतीकों का अपना अस्तित्व नहीं है। गणित व भाषा के प्रतीक पहले हैं और विषय-वस्तु बाद में, किन्तु शिल्प या चित्र आदि कलाओं में कला पहले है और प्रतीक बाद में। कलात्मक व्यंजना के साथ-साथ ही प्रतीकों का निर्माण होता है। भाषा के इतने सारे शब्द-कोश उपलब्ध हैं, गणित के शब्द-कोश की तो आवश्यकता ही नहीं, किन्तु शिल्प या चित्र के शब्दकोश की कल्पना भी असम्भव है। भाषा के शब्दों का अपना स्वतन्त्र अस्तित्व होने के कारण दूसरी भाषा में उनका अनुवाद हो सकता है, गणित के उल्थे में तो कोई दिक्कत ही नहीं, किन्तु कला में विषय-वस्तु और प्रतीकों का अविभाज्य सम्बन्ध होने के कारण उनके अनुवाद का प्रश्न ही नहीं उठता। कलाकृतियों की नकल हो सकती है, प्रतिकृति या अनुकृति हो सकती है। कला के प्रतीकों का अपना स्वतन्त्र और स्पष्ट रूप नहीं होने के कारण कलाकृति का प्रभाव रसिक के मन पर कभी एक-सा नहीं पड़ता। समझ, संस्कार, शिक्षा, मानसिक अवस्था, अभ्यास व मर्मज्ञता के विभिन्न स्तरों के कारण एक ही कलाकृति विभिन्न दृष्टाओं के लिए विभिन्न रूपों में प्रकट होती है। गणित और वाणी के प्रतीकों की शक्ति जहाँ समाप्त होती है—वहीं से कला के प्रतीकों का अन्तहीन प्रारम्भ होता है कला के प्रतीक अपूर्ण हैं, इसीलिए इनकी व्यंजना शक्ति असीम है। मनुष्य के अन्तर्मन

की सीमा हो तो कला के प्रतीकों की सीमा हो! मनुष्य के अन्तर्मन का अगूढ़ रहस्य पूर्ण और स्पष्ट हो तो कला के प्रतीक भी पूर्ण एवं स्पष्ट हों।

कुराई, खुदाई, गहराई, उभार, अंकन आदि ये शिल्प-कला के प्रतीक हैं, किन्तु कला-कृति से इन्हें विलग नहीं किया जा सकता। शिल्पकला के प्रतीकों का प्रभाव सदैव त्रिविभावात्मक होता है। गहराई और उभार की वास्तविकता के कारण शिल्प-कला चित्र-कला के बनिस्बत सच्चाई व यथार्थता के अधिक निकट है, फिर भी चित्र के रंग व रेखाओं जितना उनका व्यापक क्षेत्र नहीं है। चित्र-कला से अपेक्षाकृत अधिक मूर्त होने के कारण अमूर्त भावनाओं को व्यक्त करने में शिल्प-कला अपनी सीमाओं में बँध जाती है। चित्र की भाँति समुद्र, पहाड़, हरियाली, वृक्ष, नदी, नाले, धोरे, बादल इत्यादि शिल्प-कला के अपेक्षाकृत मूर्त प्रतीकों में नहीं ढाले जा सकते। गहराई और उभार की वास्तविकता व्यंजना को सीमित बना देती है। फिर भी शिल्प-कला का अपना महत्त्व है जो किसी भी अंश में चित्रकला द्वारा पूरा नहीं किया जा सकता। किसी भी कला का मूलभूत कार्य दूसरी कला से नहीं सारा जा सकता।

अगस्त, 1958

सौन्दर्यबोध की समस्या

प्रकृति तथा मानव-जीवन में समाहित निसर्ग सौन्दर्य के प्रति सहज आकर्षण की ललक पशुओं की तरह मनुष्य में भी एक स्वाभाविक प्रक्रिया है। पर्वत, नदी, बादल, समुद्र, वनस्पति, रंग, नक्षत्र, चाँद, ध्वनि आदि इन प्राकृतिक उपकरणों के प्रति सहज अनुराग तथा मानवीय जगत में पुरुष की नारी के प्रति एवं नारी की पुरुष के प्रति आसक्ति, यौवन, शैशव एवं समवयस्कता के प्रति प्रेमभाव इत्यादि ये सांवेगिक भावनाएँ जन्मजात प्रवृत्तियाँ हैं। यह आकर्षण अथवा सौन्दर्य, वस्तु में है या व्यक्ति में, या दोनों का परस्पर अद्वैत सम्बन्ध है—यह दर्शन-शास्त्र का विषय है। और शारीरिक धर्म की इन मूलभूत प्रक्रियाओं की वैज्ञानिक जाँच-पड़ताल जीवशास्त्र का विषय है। हालाँकि मनुष्य के इन प्रकृतिगत रागात्मक सम्बन्धों का शिक्षा, संस्कार, संस्कृति, दर्शन, तथा परम्परा के समवेत प्रभाव द्वारा आंशिक परिवर्द्धन और उनका यत्किंचित् सामाजीकरण होता है, फिर भी इनके मूलभूत स्वरूप में विशेष परिवर्तन की सम्भावना नहीं बन पाती। इसलिए आज दिन भी मनुष्य की इन स्वाभाविक सौन्दर्यानुभूति का जवाब जीव-विज्ञान ही के पास है। सौन्दर्य-शास्त्र इस रहस्य को उद्घाटित करने में काफी-कुछ असमर्थ है। सभी विज्ञान एक दूसरे के पूरक होते हुए भी अपनी कुछ भिन्न विशेषता रखते हैं। इसलिए सौन्दर्य-शास्त्र प्रकृति तथा मानव जीवन में निहित सौन्दर्य का विज्ञान नहीं, बल्कि कला में निहित सौन्दर्य का विज्ञान है। वह सुन्दरता के नहीं—कला के सिद्धान्तों का प्रतिपादन करता है।

इसका यह तात्पर्य कदापि नहीं—कला के सिद्धान्तों का प्रतिपादन करने वाले सौन्दर्य-शास्त्र का जीव-विज्ञान, दर्शन-शास्त्र या मनोविज्ञान आदि अन्य विज्ञानों से कोई वास्ता नहीं। वास्ता है—और बहुत करीब का वास्ता है। कला के सिद्धान्तों की वैज्ञानिक व्याख्या के लिए मनुष्य से सम्बन्धित जितना भी आवश्यक है—वह हमें विस्तारपूर्वक जानना पड़ेगा। क्योंकि वह मनुष्य ही है जो कला की सृष्टि करता है, कला से रस ग्रहण करता है! जिस प्रकार स्वयं मनुष्य की देह और उसकी चेतना को टुकड़ों में नहीं बाँटा जा सकता, उसी प्रकार मनुष्य से सम्बद्ध विज्ञान व कलाओं को भी परस्पर विच्छिन्न नहीं किया जा सकता। तात्विक प्रमुखता की वजह से सभी विज्ञान एक-दूसरे से भिन्न भी हैं और मानवीय समानता की वजह से परस्पर

समान भी। अपना स्वतन्त्र अस्तित्व रखते हुए भी ये एक-दूसरे से विच्छिन्न नहीं है। इसलिए सौन्दर्य-शास्त्र को केवल अपने ही में सम्पूर्ण रूप से नहीं जाना जा सकता।

जिस प्रकार हर रंग और रेखा चित्र नहीं है, हर ध्वनि संगीत नहीं है, शरीर की हर भाव-भंगिमा नृत्य नहीं है, वस्तु की हर आकृति शिल्प नहीं है, हर शब्द साहित्य नहीं है—उसी प्रकार हर ध्वनि, हर मुद्रा, हर रंग व रेखा और हर आकृति से प्राप्त होने वाला आनन्द कला का आनन्द नहीं है। कला के आनन्द के लिए तत्सम्बन्धी ज्ञानेन्द्रियों का माध्यम आवश्यक है, किन्तु इन्द्रियों के माध्यम से प्राप्त होने वाला प्रत्येक आनन्द कला नहीं है। इसलिए सौन्दर्य-शास्त्र इन्द्रियों से प्राप्त होने वाले प्रत्येक आनन्द, प्रत्येक रस, प्रत्येक सौन्दर्यानुभूति की व्याख्या नहीं करता।

भाषा पहले है और व्याकरण बाद में। भाषा से आगे व्याकरण की न सीमा है और न गति। व्याकरण कोई भी ऐसे सिद्धान्त का प्रतिपादन नहीं कर सकता—जिसका भाषा के आम-प्रचलन में स्वयं अपना अस्तित्व न हो। इसलिए स्वयं भाषा ही व्याकरण की निश्चित सीमा है। इसी प्रकार कला पहले है और सौन्दर्य-शास्त्र बाद में। कला से आगे सौन्दर्य-शास्त्र की भी सीमा नहीं है। इसलिए सौन्दर्य-शास्त्र कोई भी ऐसे सिद्धान्त का प्रतिपादन नहीं कर सकता, जिसका कलाओं के आम-प्रचलन में स्वयं अपना अस्तित्व न हो। अतएव स्वयं कला ही सौन्दर्य-शास्त्र की निश्चित सीमा है। इतना सब-कुछ होते हुए भी भाषा के व्याकरण और कला के सौन्दर्य-शास्त्र दोनों में एक मूलभूत फर्क है। कला के प्रतीकों से भाषा के प्रतीक अर्थात् शब्द अधिक पूर्ण और स्पष्ट हैं—इसलिए व्याकरण भी सौन्दर्य-शास्त्र से अधिक पूर्ण और स्पष्ट है। भाषा का दायरा कलाओं से बहुत अधिक व्यापक है। उसके बिना तो मनुष्य और समाज का जीवन ही असम्भव है—किन्तु कला एक विशेष आनन्द है। उसका क्षेत्र अपेक्षाकृत सीमित है। उसकी अनिवार्यता केन्द्रित है। व्याकरण विज्ञान-सम्मत और पूर्ण है, इसलिए अपेक्षाकृत रूढ़ और परिवर्तन-शून्य है। सौन्दर्य-शास्त्र असम्पूर्ण और अस्पष्ट है—फिर भी गतिशील और विकासजन्य है। उसके सिद्धान्तों में परिवर्तन होता रहता है।

प्राकृतिक इन्द्रियों से जो प्रतीति होती है यदि वही ज्ञान है तो फिर ज्ञान के विकास का प्रश्न ही व्यर्थ है। इन्द्रियों का यह प्रत्यक्ष बोध तो आदिम-मानव में भी ऐसा ही था—पशुओं में भी वही है। शारीरिक विकास को पूर्णतया हासिल करने के बाद ही मनुष्य के मानसिक जीवन की कहानी प्रारम्भ होती है। केवल मात्र ज्ञानेन्द्रियों के जरिये जब तक आदिम मनुष्य वस्तु-जगत से सम्पर्क स्थापित करता रहा, तब तक उसका जीवन पशुवत् ही रहा होगा। ठीक पशुओं ही की तरह ज्ञानेन्द्रियों के द्वारा जैसा जो-कुछ भी प्रतीत होता था, वही उसका ज्ञान था। इन्द्रियों का प्रत्यक्ष-बोध ही उसकी वास्तविकता थी। इन्द्रियानुभूति और उसकी अन्तश्चेतना में कोई अन्तर नहीं था। किन्तु भाषा के रूप में उस सामाजिक अर्थ-संकेतों से

आदिम-मानव के इन्द्रिय-बोध में एक गुणात्मक परिवर्तन आया। पहले उसे जैसा जो कुछ भी प्रतीत होता था—वही उसका ज्ञान था, वही उसकी चेतना थी। लेकिन तत्पश्चात् इन सामाजिक प्रतीकों की सृष्टि के कारण उसके अन्तर्मन में अतिरिक्त चेतना का निर्माण हुआ। तब वह सामाजिक चेतना के द्वारा इन्द्रियों के माध्यम से अनुभूति ग्रहण करने लगा। उसकी इन्द्रियों का मानवीकरण हो गया। चेतना और ज्ञान के प्रकाश से उसे प्रतीति होने लगी। चेतना के नियन्त्रण से ज्ञानेन्द्रियों की शक्ति बढ़ी—ज्ञानेन्द्रियों की विकसित शक्ति से चेतना व ज्ञान का और अधिक विकास हुआ। ज्ञान के विकास ने ज्ञानेन्द्रियों की शक्ति को पुनः प्रभावित किया। यह अविच्छिन्न क्रम निरन्तर चलता रहा। इस क्रम की मूल प्रेरक-शक्ति थी—मनुष्य की वाणी जो स्वयं भी निरन्तर विकसित होती रहती थी। वाणी के विकास ने मनुष्य के सम्यक जीवन को प्रभावित किया। उसका मध्यवित्ति-स्नायु-केन्द्र विकसित हुआ, मस्तिष्क विकसित हुआ, ज्ञानेन्द्रियों की शक्ति विकसित हुई। ये सभी शक्तियाँ परस्पर शक्ति ग्रहण करती रहीं—परस्पर शक्ति प्रदान करती रहीं, परिणामस्वरूप समाज व मनुष्य का विकास होता रहा।

सही है कि बिना इन्द्रियों के ज्ञान प्राप्त नहीं किया जा सकता, किन्तु साथ ही यह भी सही है कि बिना ज्ञान के इन्द्रियों की शक्ति का प्रकाश, सर्वथा नगण्य है। परस्पर अविच्छिन्न सम्बन्ध होते हुए भी आज मनुष्य की वास्तविक शक्ति उसका समाज और श्रम है, न कि इन्द्रियाँ! जिस प्रकार इन्द्रियों का प्राकृतिक बोध—ज्ञान नहीं—बल्कि एक भ्रान्त प्रतीति है—उसी प्रकार इन्द्रियों द्वारा अनुभूत प्रत्येक आनन्द वास्तविक और सच्चा आनन्द नहीं है। जिस प्रकार ज्ञानात्मक चेतना द्वारा अनुशासित इन्द्रियों की प्रतीति वास्तविकता के अधिक सन्निकट है—उसी प्रकार कलात्मक चेतना द्वारा अनुशासित इन्द्रियों का आनन्द वास्तविकता के अधिक समीप है। कलात्मक चेतना का अपना कोई स्वतन्त्र या नैसर्गिक रूप नहीं है। वह ज्ञानात्मक चेतना की आधार-भूमि पर ही विकसित होती है। किन्तु ज्ञानात्मक चेतना पर आश्रित होते हुए भी सत्य को व्यंजित करने की शक्ति कलाओं में अधिक गहन और तीक्ष्ण है, क्योंकि कला का सीधा सम्बन्ध इन्द्रियों से रहता है।

ज्ञान प्राप्ति के साधन—ये सामाजिक प्रतीक—मनुष्य को दैविक वरदान के रूप में एक साथ ही कहीं से अकस्मात् मिल नहीं गये थे। विकास क्रम में उसने इन प्रतीकों को निर्मित किया है—चाहे उस निर्माण का क्रम उसकी अचेतन अवस्था में ही क्यों न सम्पन्न हुआ हो। इन अर्थ-संकेतों का क्रम उसकी अवस्था में ही क्यों न सम्पन्न हुआ हो। इन अर्थ-संकेतों के क्रमिक विकास का सही ब्यौरा आज बता सकना मुश्किल है, किन्तु यह निश्चित् है कि नृत्य, संगीत और चित्रकला के रूप में आज जो स्वतन्त्र कलाएँ विद्यमान हैं—उनका आदिम-युग में कोई स्वतन्त्र अस्तित्व नहीं था। ये कलाएँ ही तब की भाषा थीं। इन्हीं कलाओं से वाणी का उद्‌भव और

विकास हुआ है। किन्तु वाणी के रूप में शब्द-संकेतों का स्वतन्त्र रूप से निर्माण होने पर इन आदिम बीज-संकेतों अर्थात् भाव-भंगिमा, ध्वनि, और चित्रों का लोप नहीं हो गया। वाणी के साथ-साथ वे प्राचीन भावाभिव्यंजनाएँ स्वयं अलग से भी विकसित होती गयीं। एक विशेष आवश्यकता के परिणामस्वरूप उत्पन्न होने पर भी एक बार जब उसका अस्तित्व निर्धरित हो गया तो वे स्वयं में ही एक आवश्यकता बन गयीं—सत्य को व्यंजित करने की एक नयी आवश्यकता। विभिन्न समयों की तत्कालीन आवश्यकताओं ने ही आगे चलकर स्वतन्त्र कलाओं का रूप धारण किया है।

विभिन्न कलाओं के द्वारा वास्तविकता को विभिन्न रूपों में व्यक्त करने वाले ये कलात्मक प्रतीक भाषा से भिन्न होने पर भी सौन्दर्यग्राह्यता के लिए स्वयं में पूर्ण और पर्याप्त नहीं हैं। भाषा में व्यक्त ज्ञान के द्वारा परिमार्जित मस्तिष्क ही कला के सौन्दर्य को वास्तविक रूप में ग्रहण करने के लिए समर्थ होता है। कला में निहित सौन्दर्य को ज्ञान और अभ्यास की मर्मज्ञता से ग्रहण करना पड़ता है—इन्द्रियों की स्वस्थता ही इसके लिए पर्याप्त नहीं है। भाषा के द्वारा अर्जित ज्ञान पर आश्रित होते हुए भी—कला का सौन्दर्य सत्य को व्यंजित करने का उससे भी श्रेष्ठ और सशक्त साधन है!

अगस्त, 1958

वायु बरसात और बादल

प्रकृति के माध्यम से मानव-समाज ने जितना ज्ञान और जितनी शिक्षा हासिल की है, उसकी तो कोई सीमा ही नहीं है, उसका तो कोई विराम और अन्त ही नहीं है। प्रकृति, मनुष्य की सबसे बड़ी यूनिवर्सिटी है। इस यूनिवर्सिटी से मनुष्य ने कितना सीखा है, कितना सीखता चला जा रहा है। और कितना सीखेगा—इसका न तो कोई पार है और इसकी कोई सीमान्त रेखा ही। सूरज, चाँद, तारे, नक्षत्र, वायु, बरसात, बादल, बिजली, पहाड़, नदी, नाले, समुद्र, वृक्ष, हरियाली, पशु-पक्षी, सर्दी, गर्मी, ऊषा, सन्ध्या, तूफान, आँधी और गर्जन आदि ने मनुष्य को कदम-कदम पर वे पाठ पढ़ाए हैं, जिन्हें कभी भुलाया नहीं जा सकेगा। इन्हीं पाठों को सीखते-दोहराते ही मनुष्य आज मनुष्य बन सका है। प्रकृति के साथ मानव-समाज का बड़ा घनिष्ठ सम्बन्ध है।

आदिम मानव की यह एक स्वाभाविक वृत्ति है कि वह बाह्य वस्तु-जगत को अपनी कल्पना के द्वारा, अपनी आकांक्षाओं के अनुरूप चित्रित करता है। प्रकृति के सभी उपकरण उसके लिए चेतनाशील हैं, सक्रिय हैं, और वह समझता है कि, यह प्राकृतिक सक्रियता उसकी चेतना ही का एक अंश है। अपनी मानवीय भावनाओं का पुट देकर वह प्रकृति को ठीक अपने ही समान समझने लगता है। वह प्रकृति में अपनी आत्मा की झाँकी देखता है। अपने स्वरूप का दर्शन कर पाता है। वह धरती को केवल धरती कहकर ही सन्तुष्ट नहीं होता, 'धरती-माता' कहे बिना उसके आन्तरिक शिशु-मन को ठीक से सान्त्वना नहीं मिलती।

आदिम मानव प्रकृति को अपने प्रत्यक्ष व्यवहार में बरतता है। सीधे और सहज रूप में उससे काम लेता है। वह सोचता है कि प्रकृति उसकी कामनाओं को, उसकी आवश्यकताओं को पूरा करती है। उसके मन की बात को समझती है। उसका कहा मानती है। इसलिए वह उसकी प्रार्थना करता है, स्तुति करता है। उसकी प्रशंसा में मन्त्र उच्चारित करता है। वेदों में प्राकृतिक उपकरणों ही को—'देव' माना गया है और उनकी स्तुति की गयी है। अन्तरिक्ष, सूर्य, चन्द्र, सन्ध्या, इन्द्र, वरुण, मारुत, वायु, वात, पर्जन्य, अग्नि आदि ये प्रकृति के उपकरण ही वैदिक 'देव' हैं। इन देवों में सबसे बड़ा देव है—इन्द्र—विस्तृत नीले अन्तरिक्ष का देवता, सारी दुनिया का

पालनहार। उसके हाथ में वज्र है। वह बरसात देने वाला है। उसका आदेश पाकर ही बादल एकत्रित होते हैं। वह अन्धकार का विजेता है। प्रकाश फैलाने वाला है। वह सारी दुनिया में, सारी प्रकृति में, जीवन का संचार करता है। वैदिक इन्द्र, केवल वर्षा ही का देव नहीं है उसका कार्यक्षेत्र बादल और बरसात से अधिक है। वह दुश्मनों का संहार करने वाला है। आर्यों का रक्षक है। लेकिन कालान्तर में इन्द्र, बरसात और बादल ही का पर्यायवाची बनकर रह गया। वैदिक काल में बादल और वर्षा का देव था—पर्जन्य। इसी सम्बन्ध को लेकर ही वेदों में इसकी ऋचाएँ हैं। बरसात के लिए बार-बार पर्जन्य की कामना की जाती थी। पर्याप्त वर्षा होने पर, उससे थमने के लिए भी विनती की जाती थी—'अब शान्त हो जाओ पर्जन्य! खूब बरस चुके तुम! देखो, तुम्हारे प्रसाद से निर्जन मरु भी यात्रा के योग्य हो गये हैं। अन्न-दान के लिए वनस्पतियाँ अंकुरित हो रही हैं। प्रजाजन सर्वत्र तुम्हारी प्रशंसा के गीत गा रहे हैं।' वात, वायु और मारुत—वैदिक-काल में हवा, तूफान और अंधड़ के देवता थे और आज दिन भी वे बहुत-कुछ रूप में इन्हीं अर्थों के लिए प्रयुक्त होते हैं। राजस्थानी लोक-गीतों से पर्जन्य लुप्त हो गया। बरसात का पूरा कार्य-क्षेत्र इन्द्र के अधिकार में आ गया। बादलों की गर्जन को सुनकर कहा जाता है—'इन्दरियौ घररावै है।' बरसाती बादलों को उमड़ते देखकर कहा जाता है—'इन्द्रजी ओलर-ओलर आवै जी।' 'इन्दर राजा ने पानी की झड़ लगा दी है।' 'इन्दर राजा कुपित हो गये हैं—ठंडी हवा चल रही है।' जब बिजलियों पर बिजलियाँ चमकती हैं, पानी मगन होकर बरसने लगता है, मोर खुशी के मारे बोलने लगते हैं, दादुर अपनी ही राग अलापते हैं, तब कहा जाता है—'बरसात के सारे बाजे लेकर इन्दर राजा आ गया।' राजस्थानी लोक-गीतों में इन्द्र केवल वर्षा का देव है।

किसान का, प्रकृति के साथ 'सौन्दर्य-प्रेम' का ही सम्बन्ध नहीं है। प्रकृति उसके जीवन की सर्वोपरि आवश्यकता है। लोक-रुचि, प्रकृति को रंजन-सामग्री ही में निःशेष नहीं कर डालती। लोक-जीवन और प्रकृति का घनिष्ठ रिश्ता है। प्रकृति का प्रत्येक उपकरण अपने-अपने तरीकों से किसान की जिन्दगी को प्रभावित करता है। जेठ के महीने में यदि भरपूर गर्मी पड़े तो शहर के वासी घबरा उठेंगे। गरमी न पड़ने की कामना करेंगे। हाय-हाय करने लगेंगे। लेकिन गाँव के किसान का मन इस 'आड़ंग' (गरमी) से नाच-नाच उठेगा। 'जेठ मास की गरमी किसान को वर्षा का सन्देश देती है।' वह इस गरमी से घबराता नहीं, खुश होता है। 'काती महीने की बरसात' से शहरी जीव शायद आनन्द प्राप्त कर सकता है, लेकिन किसान का मन भय से काँप उठेगा, क्योंकि वह बरसात उसकी 'फसल के लिए बहुत हानिकारक' है। 'मघा नक्षत्र बरसता है तो पृथ्वी अघा जाती है।' जब 'उत्तरा नक्षत्र बरस जाय' तो किसान की खुशी का पार नहीं रहता, क्योंकि वह जानता है, यह बरसा हुआ पानी, उसकी फसल के लिए बहुत ही लाभप्रद होगा। 'भरणी नक्षत्र' बरसने पर परणी

(स्त्री) तक छोड़ना पड़ेगा। यह बरसात फसल को सर्वथा नष्ट कर देती है, जिससे किसान की विपदा का पार नहीं रहता। 'असलेखा नक्षत्र' की बरसात किसान को रोगों की सूचना देती है। 'आर्द्रा नक्षत्र' की हवा उसे अकाल की सूचना देती है। जेठ की पुरवाई में किसान को अकाल के आसार नजर आते हैं। 'दक्खिनी हवा' उसे बरसात की खुश-खबरी सुनाती है। 'उत्तर और पश्चिम दिशा में चमकने वाली बिजली' को वह केवल बिजली मात्र ही नहीं समझता—जोर से पानी बरसने की सन्देशवाहिका समझता है। किसान का विश्वास है कि 'ईशान-कोण की बिजली' जरूर पानी बरसाएगी। बादल भी हों और गर्मी भी पड़े तो निश्चित पानी बरसता है।' 'शाम को इन्द्रधनुष दिखलाई पड़े और सवेरे मोर बोलें' तो किसान को वर्षा की आशा बँधती है। जब किसान को यह मालूम हो जाए कि 'गरमी से मिट्टी की हंडिया में घी पिघल गया है, वह देखता है कि चीटियाँ अंडे लेकर बाहर आ गयी हैं और चिड़िया बालू रेत में नहा रही है तो उसे सोलह आने विश्वास हो जाता है कि इतना पानी बरसेगा कि उसे धरती भी न झेल सकेगी।' 'सवेरे की गर्जन खाली नहीं जाती, पानी बरसा कर ही रहती है।' किसान का प्रकृति के साथ ऐसा ही वैज्ञानिक सम्बन्ध है। प्रकृति उसकी मौत और जिन्दगी की एक समस्या है। प्रकृति के साथ उसका केवल व्यर्थ लगाव नहीं होता। प्रकृति उसे जिन्दा रखती है, प्यार करती है, दुलारती है, उस पर खीझती है उसे नुकसान पहुँचाती है। वह प्रकृति के आसरे ही जीता और मरता है।

लोक-जीवन का प्रकृति के प्रति वैयक्तिक नहीं, सामूहिक सम्बन्ध रहता है। इसलिए लोक-गीतों में प्रकृति का चित्रण सामूहिक भावना का ही प्रतीक होता है। व्यक्ति की इच्छा, आकांक्षा और रुचि का प्रवेश वहाँ सम्भव नहीं। यही कारण है कि लोक-गीतों में वैयक्तिक विकृतियों के लिए कोई मौका ही नहीं रहता। वैयक्तिक विकृति काले-घने बादलों में केवल अपनी प्रेयसी की अलकों को निहारती है, चन्द्रमा में केवल अपनी प्रियतमा का मुख खोजा करती है, ऊषा की लालिमा का अपनी प्रेयसी के अरुण नयनों से मिलाप करती है, बरसात को वियोगी के अश्रु-बिन्दु समझती है, गरमी की ऊष्णता को वियोगिनी की आहों का परिणाम बतलाती है। लेकिन सामूहिक अनुभवों द्वारा व्यंजित लोक-गीतों में प्रकृति के प्रति ऐसा वैयक्तिक मखौल कहीं नहीं मिलता। उनमें समूह की औसत भावनाओं का सहज चित्रण होता है। समाज से विच्छिन्न व्यक्ति की कुंठित मनोवृत्तियाँ, प्राकृतिक उपकरणों को भी अपनी कुंठित विकृतियों से कलुषित कर देती हैं। लेकिन गाँव-वासियों के लिए प्रकृति उनकी सामूहिक अनुभूतियों को उभारती है। काम करने के लिए उन्हें सामूहिक रूप से प्रेरणा और उत्साह देती है। बरसाती बादलों को देखकर लोक-जीवन में समान ही सामूहिक प्रतिक्रिया होती है। क्योंकि बादल का पानी उनके खेतों को सींचता है, धान उगाता है। खेती ही उनके जीवन का आधार है। बादल उनकी कल्पना का

साथी नहीं, बल्कि उनकी जिन्दगी का पोषण करने वाला है। इसलिए बादल की गर्जना, उन्हें खेती की तैयारी के खातिर, सामूहिक आह्वान सुनाती है। बादल की इस जीवनदायिनी गर्जना को सुनकर वे खुशी और उत्साह के साथ नाचते हैं, गाते हैं—'आया, आया, जेठ-असाढ़ आया। आयी, बरसात की भली ऋतु आयी। इन्दर राजा अपनी गर्जना के बहाने चेतावनी दे रहे हैं। हल के साज तैयार करो! जेई के सींग बँधाओ! कस्सी गंडासी के धार दिलवाओ! खोड़ियों के डाँडे दिलवाओ! चऊ बनवाओ! हलवाणी तैयार करवाओ! बाजरी के लिए बीकानेर से बीज मँगवाओ! सौ बीघों में अरड़ बाजरी बोओ और सौ बीघों में कोड़याली ज्वार। खूब मोठ-बाजरा पैदा हो और खूब ज्वार पैदा हो। बरसात की भली ऋतु आयी है। इन्दर राजा गरज रहे हैं। अपने खेत तैयार करो! अपने हल तैयार करो! अपने बैल तैयार करो! गाँव के वासी बरसात का ऐसा ही मतलब लेते हैं। उनके लिए बरसात का यही अर्थ हुआ करता है।

बरसात आती है तो वे खेती के लिए अपने को तैयार करते हैं। काम में उत्साह और जोश दिखलाते हैं। नहीं आती है तो उसके लिए 'इन्दर राजा' की प्रार्थना करते हैं। विनती करते हैं। 'मेघासिन रानी' से पानी के लिए कामना करते हैं—आज हमारे देश पर मेहर करो, इन्दर राजा! बरसो, जल्दी बरसो! चन्दन की चौकी बैठने को दूँगी, तुम्हें। पवित्र मन और पवित्र दूध से तुम्हारे पाँव पखारूँगी। ताँबे की कटोरी में घी गरम करूँगी। पापड़ सेकूँगी। तुम भोजन करोगे और मैं तुम्हारी अँगुलियों को निरखूँगी। तुम चलोगे तो मैं तुम्हारी मधरी चाल निहारूँगी। पोढ़ने के लिए पचरंग पलंग दूँगी। झालदार गलीचा दूँगी। नरम-नरम बिछौना दूँगी। आज हमारे देश पर मेहर करो, इन्दर राजा! पवित्र दूध से तुम्हारे पाँव पखारूँगी।' आदिम मानव प्रकृति को अपनी कल्पना के अनुसार देखता है। प्रकृति को वह अपनी मानवीय सौन्दर्य-भावना में ढाल देता है। प्रकृति में वह अपनी आत्मा के प्रकाश को निखारता है। वह प्रकृति को अपनी चेतना के रूप में ग्रहण करता है। इन्दर राजा जैसे उसी के बीच का एक साधारण मनुष्य हो। ठीक मनुष्य के समान ही उसका आकार है। वह मनुष्य के समान ही खाता-पीता है। रंग, रूप, व्यवहार, आहार, निद्रा, तृष्णा—सब मनुष्य के समान ही है। राजस्थान में अतिथि का जैसा प्रत्यक्ष स्वागत होता है—इन्दर राजा के लिए भी वही स्वागत और सम्मान-भावना पेश की गयी। मूँगों की दाल, उजले चावल, पापड़ आदि से उसे भोजन कराया जाएगा। सोने के लिए उसे सुन्दर बिछौना दिया जाएगा। दूध से पाँव पखारने की भावना में अतिशय सम्मान, श्रद्धा, प्यार और आत्मीयता का बोध होता है। प्रकृति के उपकरण (इन्दर) को मनुष्य रूप में दीक्षित कर लिया गया है। प्रकृति को अपनी चेतना ही का अंश मानने के कारण, आदिम मानव का यह विश्वास है कि वह उससे अपनी चाहना के अनुरूप कार्य सम्पन्न करवा लेगा।

इन्दर राजा को तो मेहर करने की केवल प्रार्थना-भर है। किन्तु 'मेघासिन रानी' के स्त्रियोचित कोमल मन को द्रवित करने के लिए, उसके प्रति और भी आत्मीयता सहजता प्रकट की गयी है। 'मेघासिन रानी'! तुम कहाँ गयी? तुम्हारे बिना तो हमारे सब हाल ही बेहाल हो गये हैं। आओ, खूब जमकर गहरी वर्षा करो! बैठने के लिए, ऊँचे चौक पर तुम्हारा आसन है। निर्मल स्वच्छ दूध से तुम्हारे पाँव पखारूँगी। देखो तो, तुम्हारे कारण भाई ने अपनी प्यारी बहिन तक को छोड़ दिया। बैलों के कन्धों पर से जूआ उतार दिया। नारियों ने अपने पतियों को ही छोड़ दिया। गायों ने बछड़ों का त्याग कर दिया। भैंसियों के थन में दूध ही सूख गया। देखो तो जरा तुम, इन सबको। तुम्हारे बिना तो हमारे देश का हाल ही बिगड़ गया। आओ, मेघासिन रानी! जल्दी आओ। जमकर गहरी वर्षा करो! उजले दूध से तुम्हारे पाँव पखारूँगी।' राजस्थान की सुखी धरती पर वास करने वाले किसान की सामूहिक वेदना का उत्कट उदाहरण इसके अन्यथा और क्या हो सकता है? सामूहिक अभाव, सामूहिक वेदना तो जैसे गीत के प्रत्येक आखर में सजीव हो उठी हो। वर्षा के अभाव में समस्त कृषक जाति की आन्तरिक अनुभूति ही मानो इन पंक्तियों में अपनी मानवीय चेतना लेकर घुल-मिल गयी हो।

साँस लेने के लिए, जितनी हवा जरूरी है—राजस्थान के गाँवों में बरसात भी उतनी ही जरूरी है। वर्षा के बिना गाँवों की सामूहिक जिन्दगी तो जैसे चल ही नहीं सकती। लेकिन बादल यहाँ के गाँवों को अकसर धोखा दे जाते हैं। काल पड़ता है। सूखा पड़ता है। जमीन का वासी किसान, आकाश की ओर टकटकी लगाए देखा करता है—कोई छोटी-सी बदली आये। कोई 'भुरजाळा' बादल दिखलाई पड़े। उसकी जिन्दगी तो बादलों में अटकी पड़ी है। राजस्थानी किसान के लिए बादलों से केवल पानी ही नहीं बरसता, उसकी जिन्दगी बरसती है। पशुओं के लिए चारा बरसता है। खाने के लिए धान बरसता है। बच्चों के लिए दूध बरसता है। बरसाती हवाएँ उनकी जिन्दगी का सन्देश लेकर आती है। 'पुरवा' उसकी बहिन है। 'सूरिया' उसका भाई है।

पुरवा बहिन

छिणएक चलौ पुरवा भांण!
मेहां री म्हारै लग रही चाव,
छिणएक चलौ पुरवा भांण!
दोय घड़ी जे रळकौ देद्यै—तौ
ताली भर ज्याय आंगण मांय,
छिणएक चालौ पुरवा भांण!
दोय घड़ी जे रळकौ देद्यै—तौ

बंधिया पाडा पीवै ठांण,
छिणअेक चालौ पुरवा भांण!
दोय घड़ी जे रळकौ देद्यै—तौ
छिल-छिल भर ज्याय सरवर ताल,
छिणअेक चालौ पुरवा भांण!
दोय घड़ी जे रलकौ देद्यै—तौ
बोदी दुनियां फिर जी ज्याय,
छिणअेक चालौ पुरवा भांण!

सूरिया भाई

सूरिया वीर बदली ल्याई रे!
झाला दै-दै तोय बुलावूँ
थूं म्हारै देस आई रे,
सूरिया वीर बदली ल्याई रे!
जेठ न आवै, साढ़ न आवै
सांवण अलबत आई रे! सूरिया वीर—
पग पांणी पालर कर दै
तौ सिर बादलिया छाई रे। सूरिया वीर...
पिणियार्‌यां खुसियाली करदै
घर में ताल भराई रे। सूरिया वीर...
पिणियार्‌यां तोय घरां उडीकै
हाली खेतां मांई रे। सूरिया वीर...
बूढ़ा-ठेरा पून पिछांणै
थूं दोय झोला दै ज्याई रे,
सूरिया वीर, बदली ल्याई रे!

आदिम मानव, प्रकृति के उपकरणों को कभी मानव रूप में ग्रहण करता है, कभी उन्हें अपने पारिवारिक सम्बन्धी समझता है। धरती उसकी माँ है। आकाश उसका पिता है। पुरवा उसकी बहिन है। सूरिया उसका भाई है। जैसे—भाई, बहिन, माता-पिता उसका कहा नहीं टालते—उसी प्रकार वह प्रकृति से भी यही आशा करता है कि रिश्ते की आत्मीयता प्रकट करने पर वह भी उसका कहा नहीं टालेगी। जिस प्रकार कोई मनुष्य किसी को हाथ के इशारे से अपनी ओर बुलाता है, उसी प्रकार

किसान की स्त्री, बादल को सम्बोधित करते हुए कहती है—'मेरे मारूजी तुझे झाला देकर बुला रहे हैं—खेतों पर बरसने के लिए आओ बदली! बायाँ मत जाना! दाहिने मत जाना! सीधे हमारे खेतों पर आना! खाली मत आना! सूरिया के साथ आना! भरी हुई आना! धीरे मत बरसना! दूध की झड़ी लगाकर, बड़े जोर से बरसना! मेरे मारूजी (प्रियतम) हाथ का झाला (संकेत) देकर तुझे बुला रहे हैं। जल्दी से दौड़ी चली आओ, बदली!' एक दूसरे गीत में है—'मारूजी के खेतों पर जाकर बरसो, बदली! धोरों पर बरसो! मैदानों पर बरसो! मगरों पर बरसो! इतना बरसो कि सारी नाड़ियाँ छिल जाएँ! सारे तालाब छिल जाएँ। जेठ बीत गया। आषाढ़ बीत गया। सावन भी सूखा जा रहा है। हर पल और हर घड़ी, हम तुम्हारे सुगन (शकुन) मनाते हैं। तुम्हारी बाट निहारते हैं! भागी चली आओ! दौड़ी चली आओ! समुद्रों से खूब पानी भरती लाओ! बादलों का दल भी अपने साथ लेती आओ! दो-दो गेड़े करना। (दो-दो बार बरसना)। जाओ बदली! मारूजी के खेतों पर जाकर बरसो! खूब बरसो!' गाँवों के जीवन को, बरसाती बादलों की सामूहिक आवश्यकता ही इन गीतों के विषय सँवारती है—उनके रूप-तत्त्व का निर्माण करती है। सामूहिक जिन्दगी ही इन गीतों की निर्माता हैं। इसलिए वैयक्तिक आलोचना कभी भी अपनी व्यक्तिवादी कसौटी पर इन गीतों को परख नहीं सकती। यह कसौटी स्वयं ही खोटी है। खरे और वास्तविक गीतों की परख के लिए कतई काबिल नहीं है। यदि मानव की अपनी जिन्दगी सुन्दर है तो ये गीत भी निहायत सुन्दर हैं, क्योंकि इन गीतों के हर शब्द में मनुष्य की जिन्दगी वास करती है।

'झिरमिर-झिरमिर मेहूड़ौ बरसै, बादलियौ घररावै अे'। और 'मेरे जेठजी सूड़ कर रहे हैं। कँटीली झाड़ियाँ काट रहे हैं। पति मेरा हल चला रहा है। देवर खेत साफ कर रहा है, जेठाणी सबके लिए रोटी ला रही है। नन्हा भतीजा मेरा रेवड़ चरा रहा है। नणदल गायों को घेर रही है। ग्वालों को घी का चूरमा खिलाऊँगी। हालियों को खीर और लापसी जीमाऊँगी। झिरमिर-झिरमिर मेहूड़ौ बरसै, बादलियौ घररावै अे।' यह गाँवों की जिन्दगी है। गाँवों के गीतों में व्यक्त हुई है।

एक पत्नी अपने पति से गहनों की माँग करती है। पति उत्तर देता है—'गहनों के लिए इतनी क्या बिलख रही हो! तुम्हें तो अपने गहनों की ही लगी है और धरती सारी मेह के बिना तरस रही है! बस धरती पर बरसात होने दो, तुम्हें गहनों-ही-गहनों से लाद दूँगा। जरा पानी बरस जाने दे—फूँदों वाले बाजूबन्द बनवा दूँगा, तेरे लिए। जगमगाता कीमती सालू खरीद दूँगा। हाथीदाँत का चुड़ला चिरवा दूँगा। पनड़ी वाला तेवटिया घड़वा दूँगा। मखमल की जूतियाँ ला दूँगा। गहनों के लिए क्या इतना बिलख रही है। जरा बरसात होने दे। तेरी सुन्दर देह को गहनों से लाद दूँगा!' राजस्थान की सूखी धरती और बरसात का कितना गहरा सम्बन्ध है! राजस्थान के लोग-जीवन में बरसात की जितनी महत्ता है, उससे कम महत्ता लोक-गीतों में भी चित्रित नहीं

है। बरसात है तो गहने हैं, बाजूबन्द है, सालू है, हाथीदाँत का चुड़ला है, पनड़ी वाला सोने का तेवटिया है, मखमल की जूतियाँ हैं। और बरसात नहीं तो कुछ भी नहीं। जब बरसात ने अपने हाथों से धरती को शृंगार नहीं करवाया तो फिर भला किसान-स्त्री भी अपने देह को कैसे सँवारे? किस तरह सँवारे?

'बारहमासा' गीत में साल के बारह महीनों का वर्णन है। शहर के बारह महीने नहीं, गाँव के बारह महीने। हर महीने में 'सांई' की किसी कुदरत का बखान किया गया है। साल का आरम्भ भी बरसात के मौसम को माना गया है। 'आषाढ़ का महीना—बिरखा लगी। बाजरियाँ बोने का समय आ गया। माँ, खेत पर भाता (खाना) ला रही है। वाह रे सांई वाह! क्या ही उम्दा मौसम है। सावन का महीना—बाजरी उग आयी। खेत में निदाँण हो रहा है। काचर-मतीरों की बेलों को चतुराई के साथ टाला जा रहा है। वाह रे सांई वाह! भादों का महीना—मीठे मतीरे। मीठी ककड़ियाँ। बाजरी के मीठे सोगरे। वाह के सांई वाह! आसोज का महीना—धान पकने आया। आशा लगी। खेतों की रखवाली की जा रही है। हक्कालों का शोर सुनाई दे रहा है। रात को खेत में ही रहना होगा। वाह रे सांई वाह! काती का महीना—सिट्टों की भरमार। बेशुमार फूँक। जितना भाए उतना खाओ। धान मोती के दानों की तरह पक गया। वाह रे सांई वाह! मिगसर का महीना—लटाई के दिन। महाजन अपने बही-खाते लेकर हिसाब चुकता कर जाएगा। ले-देकर कर्जे से फारिक हो जाएँगे। वाह रे सांई वाह! पोष का महीना—चमड़ी को कँपाने वाली भयंकर सर्दी। माघ का महीना। पाला पड़ने लगा। पानी तक जम कर पत्थर हो गया। वाह रे सांई वाह! फागुन—गोपियों के साथ किसन भगवान् फाग खेल रहे हैं। महूड़े के मद की चुस्कियाँ उड़ रही हैं। सर्वत्र उत्साह। वाह रे सांई वाह! चैत्र—चम्पा महक उठा है। मोर चंचल हो रहे हैं। बरसात नहीं और वृक्षों से हरियाली फूट पड़ रही है। वाह रे सांई वाह! वैसाख—कड़ाके की गरमी। चमचमाती धूप। पड़वों में सोचे रहेंगे। छाया में आराम करेंगे। वाह रे सांई वाह! जेठ की गरमी। और भी कड़ाके की धूप पड़ेगी। सारा शरीर तावड़े से झुलस उठेगा। खेजड़ी पर चढ़कर खोखे खाएँगे। मीठे और स्वादिष्ट खोखे। वाह रे सांई वाह!' यह राजस्थान के किसानों का 'बारहमासा' है। साल समाप्त हुआ—फिर यही बारहमासा। दूसरा साल समाप्त हुआ—फिर वही बारहमासा। लोकजीवन प्रकृति से कुछ दूर रहकर उसे देखने की कोशिश नहीं करता। प्रकृति स्वयं उसकी दिनचर्या के ही अन्तर्गत आती है। लोक-गीतों में सामूहिक दिनचर्या के ही बोल मुखरित होते हैं। गीतों के इस सामूहिक तत्त्व को समझे बिना, इनके मर्म को समझा ही नहीं जा सकता।

गाँवों में नन्हें-नन्हें बच्चे भी बरसात के समय नंग-धड़ंग होकर नाचते, उछलते और गाते हैं—'मेह बाबा आ' जा, घी नै रोटी खा'जा। आयौ बाबौ परदेसी, खेली-कोठा भर देसी।'

वायु, बरसात, बादल, बिजली और गर्जन आदि के साथ 'जीवन-आवश्यकता' के अन्यथा लोक-गीतों में कुछ रागात्मक सम्बन्ध भी व्यक्त हुए हैं, जिनमें मानवीय प्रेम की विभिन्न अवस्थाओं को दर्शाया गया है। सावन के महीने में तीज के अवसर पर, सद्य-विवाहिता को अपने पीहर की याद आती है। भाई की याद आती है। बरसात के उपमान उसकी स्मृति को उत्तेजित करते हैं। सावन की झड़ देखकर, भाई को अपनी बहिन की याद आती है। लेकिन लोक-गीतों के दाम्पत्य-प्रेम की विभिन्न अवस्थाओं का चित्रण अन्य रागात्मक सम्बन्धों की अपेक्षा अधिक हुआ है। बरसात के उपमान–बादल, काली कल्याण, कांठळ, बिजली आदि को देखने से कालिदास की अमर कल्पना 'मेघदूत'–सभी मानव-हृदयों में साकार हो उठती है। पुरुष के भीतर सोया हुआ यक्ष अपनी प्रियतमा की याद में विकल हो उठता है। और नारी के भीतर सोई हुई यक्षिणी, अपने प्रियतम की याद में अकुला उठती है। ये उपमान, प्रेम-भावना को सहज ही उद्दीप्त कर देते हैं। फिर भी लोक-गीतों में, व्यक्ति के विकृति मनोविकारों को तनिक भी प्रश्रय नहीं मिला है। उनमें सामूहिक प्रेम-भावना के औसत उद्वेगों को ही स्वाभाविक व्यंजना मिली है।

पति परदेश गया हुआ है। सामने पर्वत पर बिजलियाँ एक के बाद एक चमक रही हैं। काली घटाओं के भीतर, झलमलाती हुई बिजलियों ने पत्नी की आँखों से उसके अन्तर्मन में प्रवेश करके, प्रियतम की याद को जगा दिया। इस विवश अवस्था में भी प्यार की मधुर आशा, एक समाधान खोजती है–'प्रियतम! मैं इस डूँगर पर ही अपना घर बना लूँ। बादल इस घर के किवाड़ होंगे। बिजली के झरोखों से मैं तुम्हारे आने की राह देखूँगी।' व्यक्ति से समूह अधिक ताकतवार है। इसलिए सामूहिक उद्भावना में वैयक्तिक कल्पना से बहुत अधिक शक्ति होती है। सामूहिक उद्गारों की सहज व्यंजना भी जिस काव्यात्मक ऊँचाई तक पहुँच जाती है–उस तक पहुँच पाना, व्यक्ति की कल्पना के वश का रोग नहीं है।

दाम्पत्य-जीवन का अतुलनीय संवाद देखिए–पत्नी, नौकरी के लिए परदेश जाते हुए पति को कहती है–'न रुकना चाहते हो तो न रुको। खुशी-खुशी जाओ, किन्तु एक काम तो मेरा भी कर दो। गगन में चमकती हुई इन बिजलियों को जरा समझा दो कि वियोग की अवधि में ये न चमकें। पति उत्तर देता है कि यह उसके वश की बात नहीं। सावन-भादों में चमकना तो बिजलियों का स्वभाव है! वे तो जरूर चमकेंगी। पत्नी कहती है–तो फिर वन के इन दुष्ट मोरों को मना करते जाओ कि तुम्हारे जाने पर वे मुझे बोल-बोलकर न सताएँ। पति फिर विवशता प्रकट करता है कि बोलने की ऋतु आने पर ये तो बोलेंगे। इन पर किसी का हुक्म नहीं चल सकता। ऋतु आने पर कोयल बोलेगी। मोर बोलेगा। पत्नी और हठ करती है–भले आदमी! पड़ौसिन को तो मना कर दो कि वह अपनी मैड़ी में दिया न सँजोये। पति इस बात के लिए भी लाचार है। उसका कहना है कि पड़ौसिन का पति घर

पर है—वह तो दिया जलाएगी ही। अन्त में पत्नी अपने हृदयहीन पति से अन्तिम प्रार्थना करती है कि दूर जाने से पहले वह उसे जहर का एक प्याला ही देता जाए, बस! पति इसका भी जवाब देता है कि जहर तो दुश्मन को दिया जाता है। तुम मेरी प्रियतमा हो, तुम्हें तो कच्चे दूध का प्याला भरकर दूँगा।' मानव-जीवन का समूचा यथार्थ, जैसे इन पंक्तियों में आकर सिमट गया हो। जिन्दगी के संघर्ष को, जहर पीकर समाप्त नहीं करना। ताजे दूध के प्याले पीकर, उसका सामना करने की शक्ति एकत्रित करनी है। पति नौकरी (कर्तव्य) पर जाएगा। काली घटाएँ उमड़ेंगी। बिजलियाँ चमकेंगी। मोर बोलेंगे। कोयल कुहकेगी। और पत्नी को इन सबके बीच अपने पति के बिछोह का सामना करते हुए जिन्दगी का यथार्थ ग्रहण करना होगा। मानव-समाज से लोक-गीतों का यही सन्देह है कि प्रेम का अन्त मौत नहीं, जिन्दगी है। जीवन से बढ़कर इस दुनिया में और कुछ भी सुन्दर नहीं है!

अप्रैल, 1956

सूरज चाँद और तारे

सूर्य वेदों का एक विशेष देव है। सारी दुनिया को प्रकाश देता है। वह अन्धकार का नाशक है। वह व्याधियों को हरने वाला और दुस्वप्नों को भंग करने वाला है। राजस्थानी लोक-गीतों में भी वह इतनी ही महत्ता के साथ स्वीकार किया गया है। यह कोई कम आश्चर्य की बात नहीं है कि सूर्य रोज अपने समय पर उदित होता है! और रोज अपने समय पर अस्त होता है! इस क्रम में कभी नागा नहीं होती। कभी ढील नहीं होती। लोक-जीवन रोज अपनी खुली आँखों से देखता है कि अन्धकार के अपरिसीम विशाल काले पर्दे को सूरज अपनी किरणों से एक क्षण भर में चीर डालता है, सर्वथा विच्छिन्न कर देता है—जैसे पलक उठते-गिरते ही कोई जादू घटित हो गया हो! अनगिनत तारे, देखते-देखते लुप्त हो जाते हैं। अन्धकार इस हिसाब से अदृश्य होता है कि दिखलाई तक नहीं पड़ता। काम से हारी-थकी दुनिया, फिर से नया जीवन लेकर जाग उठती है। पशु जागते हैं। पक्षी जागते हैं। सारी प्रकृति में नयी चेतना उभर आती है। सूरज के प्रकाश की मानो कोई सीमा नहीं है। काई गिनती नहीं है। हर मनुष्य अपने काम में उलझ पड़ता है। सूर्य के उदय होने पर, सारी दुनिया में, अगणित कामों की हलचल मच जाती है। कामों का एक अनन्त तूफान खड़ा हो जाता है। मनुष्य की मेहनत का भी सूर्य के समान तेज है। सूरज के समान ही वह भी प्रकाशवान है।

किसान के लिए, सूरज केवल उसे काम करने की चेतना मात्र ही प्रदान नहीं करता, बल्कि उसकी जिन्दगी से उसका अधिक घनिष्ठ सम्बन्ध है। सूरज के प्रकाश में वह अपने खेत पर काम करता है। उसकी गरमी से उसकी खेती बढ़ती है। उसका धान पकता है। पशुओं के लिए चारा उगता है। सूरज की गरमी किसान के मन में बादलों की आशा जगाती है। बादलों का निर्माण करती है। वर्षा की बौछार करती है। प्रकाश की अपेक्षा सूरज की गरमी, किसान की जिन्दगी के लिए अधिक उपयोगी है। अधिक सार्थक है। राजस्थानी लोक-गीतों में अपनी महत्ता के अनुरूप, सूर्य नारायण का वैसा ही सुन्दर चित्रण हुआ है—

धौळा-धौळा कांई करौ अे, धौळा वन में कपास
धौळौ सूरजी रौ घोड़लौ अे, धौळा बहू रैणादे रा दांत

ऊगतौ उजास वरणौ, आथमतौ सिंदूर वरणौ
गऊ ऐ चरण चाली, पंछीड़ा मारग चाल्या
नेम-धरम सब साथ
सहेल्यां, बाबल घर बाज्या ढोल
सहेल्यां, सुसरैजी रै घर आंणंद-उछाव

रातौ-रातौ कांई करौ ऐ, राती चुड़लै री मजीठ
रातौ सूरजी रौ घोड़लौ ऐ, राता बहू रैणादे रा नैण
ऊगतौ उजास वरणौ, आथमतौ सिंदूर वरणौ
गऊ ऐ चरण चाली, पंछीड़ा मारग चाल्या
नेम-धरम सब साथ
सहेल्यां बाबल घर बाज्या ढोल
सहेल्यां, सुसरैजी रै घर आंणंद—उछाव
काळौ-काळौ कांई करौ ऐ काळा वन रा तौ काग

काळौ सूरजी रौ घोड़लौ ऐ, काळा बहू रैणादे रा केस
ऊगतौ उजास वरणौ, आथमतौ सिंदूर-वरणौ
गऊ ऐ चरण चाली, पंछीड़ा मारग चाल्या
नेम-धरम सब साथ
सहेल्यां, बाबल घर बाज्या ढोल
सहेल्यां, सुसरैजी रै घर आंणंद-उछाव

पीळौ-पीळौ कांई करौ ऐ, पीली ओ चिणां केरी दाळ
पीलौ सूरजी रौ घोड़लौ ऐ, पीलौ बहू रैणादे रौ चीर
ऊगतौ उजास-वरणौ, आथमतौ सिंदूर वरणौ
गऊ ऐ चरण चाली, पंछीड़ा मारग चाल्या
नेम-धरम सब साथ
सहेल्यां, बाबल घर बाज्या ढोल
सहेल्यां सुसरैजी रै घर आंणंद-उछाव

हरियौ-हरियौ कांईं करौ ऐ, हरी ऐ वन में तौ दूब
हरियौ सूरजी रौ घोड़लौ ऐ, हरी बहू रैणादे री कूख
ऊगतौ उजास वरणौ आथमतौ सिंदूर वरणौ
गऊ ऐ चरण चाली, पंछीड़ा मारग चाल्या

नेम-धरम सब साथ
सहेल्यां, बाबल पर बाज्या ढोल
सहेल्यां सुसरैजी रै घर आंणंद-उछाव।

वेदों में सूर्य के पास सात घोड़ों से सुसज्जित एक रथ माना गया है। ये सातों घोड़े विभिन्न रंग के हैं और वे सूर्य की किरणों ही का प्रतिनिधित्व करते हैं। प्रमुख रंग भी यों सात ही हैं। सूर्य की किरणों में ये सातों रंग सन्निहित हैं। इन सात रंगों के सम्मिश्रण ही से अन्य सभी प्रकार के रंग बनते हैं। इन प्राकृतिक रंगों से ही प्राणी-मात्र का जीवन सम्भव है। ज्ञात-अज्ञात रूप से प्राणी-जगत इन रंगों के बीच बँधा हुआ है। यदि पृथ्वी पर हरियाली न हो तो प्राण ही सम्भव नहीं हैं। इस गीत में सूर्य के उगने का ऐसा सहज वर्णन है कि रात के समय भी पढ़ने पर लगता है, मानो सूरज, बस अभी-अभी उगने ही वाला हो। 'गायें चरने के लिए निकल पड़ीं। पंछी अपनी राह उड़ने लगे। अपना धरम अपने साथ है। अपना नेम अपने साथ है।' गीत में एक विशेष बात और भी है कि पृथ्वी की सारी रंगीनियों का आधार-स्थल सूर्य ही को माना गया है। इस दुनिया में हरा, काला, पीला, नीला, सफेद, लाल जो कुछ भी है, वह सूरज की वजह से ही है। सूरज के साथ-साथ उसकी पत्नी 'रैणादे' की भी महिमा बखानी गयी है। वेदों की कुछ-एक ऋचाओं में ऊषा को सूर्य की पत्नी माना गया है। राजस्थानी गीतों में अधिकांशतया सूर्य की पत्नी के रूप में 'रैणादे' शब्द ही का प्रयोग हुआ है। कहीं-कहीं रजनीदेवी भी प्रयुक्त हुआ है।

कालान्तर में वेदों का 'सोम' और साधरण बोली में प्रयुक्त चाँद शब्द परस्पर पर्यायवाची हो गये हैं। लेकिन वेदों में कुछ-एक स्थलों को छोड़कर 'सोम' एक बूटी के रूप में ही वर्णित हुआ है, जिसके 'रस' या 'मधु' की शायद वैदिक काल में बड़ी जबरदस्त उपयोगिता रही होगी। चन्द्रमा से अमृत बरसने का विश्वास तो आज दिन भी बना हुआ है। राजस्थानी लोक-गीतों में चन्द्रमा का अपना सौन्दर्य है, अपना उजास है, अपनी निर्मलता है और अपनी ही छवि है। उसे सौन्दर्य और निर्मलता का उपमान माना गया है। सूर्य की भाँति, लोक-गीतों में चाँद भी कुँवारा नहीं है। सूर्य की पत्नी है—रैणादे। चन्द्रमा की पत्नी है—रोहिणदे। केवल पत्नियों की कल्पना-मात्र से ही लोक-जीवन सन्तुष्ट नहीं हुआ। वह तो चाँद और सूरज को अपने बीच, अपने ही समान अनुभव करता है। उनके कार्य-व्यापार भी कोई लोक-जीवन से भिन्न नहीं है। —'वनखंड में हिंडोला लगा है—रेशम की पट-डोरियों से बँधा। रानी रैणादे उस पर झूलने के लिए बैठी है। भला धरती इतना भार कैसे सँभाले? सूरज ने झोंटा दिया। झूला गिगनार तक ऊँचा चढ़ गया। वनखंड में हिंडोला लगा है—रेशम की पट-डोरियों से बँधा हुआ। रानी रोहणदे उस पर हींडने के लिए बैठी है। 'धरती न झेलै भार, ओ जी चन्द्रमाजी, अे ललकारौ दियौ, औ हींडौ गियौ गिगनार।' लोक-जीवन से सूरज, चाँद और तारे कोई उसको पहुँच के परे नहीं हैं।

ये तो उसके पास ही हैं। उसकी मुट्ठी में उसके साथ-साथ ये सभी खेलते हैं। उसका कहा मानते हैं। बेटी की विदाई पर माँ सूरज को सीधे भाव से कहती है—

सूरज, ओ सूरज राजा, मोड़ौ रो उग ज्याय
हां, ओ राजा, मोड़ौ सो उग ज्याय
चढ़ती बाई नै होसी साम्ही तावड़ौ!

पृथ्वी में सर्वत्र चेतना और प्राण-शक्ति का संचरण करने वाले सूर्यनारायण को प्रजनन का देव भी माना गया है। राजस्थानी लोक-गीतों में पुत्र-प्राप्ति के लिए सूर्य भगवान की अर्चना भी है—बेटी, अपनी माँ को पुत्र न होने के कारण, दुख प्रकट करते हुए कहती है कि 'इस जिन्दगी से तो मर जाना ही बेहतर है।' माँ ढाढ़स देती है—बेटी तू नोज मरे! सूरज भगवान तेरी विनती अवश्य सुनेंगे।' और सूरज-नारायण उसकी विनती सुनते भी हैं। यह आदिम-विश्वास, जिन्दगी के प्रति आस्था बनाए रखता है। कर्म-संघर्ष से लोक-जीवन को विमुख नहीं होने देता।

राजस्थानी गीतों में, सूर्य को तेज, शौर्य, शक्ति और प्रकाश का प्रतीक माना गया है। और चन्द्रमा को सुकोमलता और सौन्दर्य का। तारे, किरत्यां और हिरणियां आदि को भी सुन्दरता के प्रतीक-रूपों में ग्रहण किया गया है।

दल-बादल बीच चमक्कै जी तारा
सांझ समै पिव लागै जी प्यारा

और 'वींदणी' को उसके सौन्दर्य की सराहना करते समय, उसे 'चन्दा वदनी घर नार' कहने के सिवाय कोई चारा ही नहीं है। दूल्हे के पौरुष का तेज बखानने के लिए उसे 'सूरजमल' कहकर सम्बोधित किया जाता है। सभी माता-पिताओं को, अपनी पुत्री के लिए 'शरद् पूनम के चाँद' जैसा और 'उगते सूरज के तेज' जैसा वर खोजने की कामना बनी रहती है। 'वींदणी' की सखियाँ उसके घूँघट में छिपे हुए मुख की सुन्दरता व उसके तेज का बखान और क्या करें कि आकाश में तो एक सूरज है—पर 'बनड़ी' के 'घूँघट' में तो एक साथ सोलह सूरज उगे हैं। बेचारा अकेला सूरज बनड़ी के मुख पर जड़े सोलह सूरजों का क्या मुकाबला करे? कैसे मुकाबला करे?

चाँद की शीतलता, विरहिणी के हृदय को जलाती है। तारों की झिलमिलाहट, चिनगारियों का काम करती है—

चांदड़लौ गियौ भंवरजी गढ़ गिगनार ओ रसीला
कोई किरत्यां तौ झुक आई रे गढ़ रै कांगरै

विरहिणी चाँद को सह नहीं सकती। एक आँख भी सह नहीं सकती। खीझ भरी निगाह से उसकी ओर देखकर कहती है—'पापी कहीं का! खुद जल रहा है और

मुझे भी जला रहा है। बता तो रे दुष्ट, मैंने तेरा क्या बिगाड़ा है? अपनी आग को लेकर, बादली की ओट में छिप क्यों नहीं जाता? मैं तो अपनी ही आँच में सिकी चली जा रही हूँ। उस पर तेरी यह चाँदनी! तेरा यह उजास! प्रियतम की याद ही मेरे लिए काफी है। यदि तू अपनी आँच से मुझे और दझाएगा तो तुझे राम-दुहाई है। तू बादली की ओट में जितना जल्दी छिप सके, छिप जा।'

चाँद का निरन्तर घटना-बढ़ना भी गीतों का एक खास विषय रहा है। एक विधवा, खंडित चन्द्रमा से अपने जीवन की तुलना करते हुए कहती है—'मेरे भाग्य को तो 'करतार' ने खंडित किया, पर ओ रे अभागे चन्दा! तुम्हें किसने खंडित किया? पर कुछ भी हो मैं तुमसे भी अधिक बदनसीब हूँ! तुमको तो पूनम के दिन फिर पूरा आकार मिल जाएगा। पर मेरे खंडित भाग्य के लिए तो अब कोई चारा ही नहीं है। अगले जन्म में भाग्य अनुकूल हो तो हो!

चंदा तौ किम खंडई, मो खंडी किरतार।
पूनम पूरौ ऊगसी, आवंतै अवतार॥

'तारां छाई रात' और 'किरित्यों के ढलने' का प्रयोग तो गीतों में कई-कई बार हुआ है। और जब भी हुआ—मानो गीतों के शब्दों में चमकते मोती ही जड़ दिये गये हों!

लोक-जीवन ने सूरज, चाँद, चाँदनी, तारे, किरत्यों को प्रेम के दौरान निर्मल उन्माद और प्यार-भरी निगाहों से देखा है। चाँद के उजास में प्रियतमा की स्मृतियों को बाँचा है। इनको अपने जीवन में उतारा है। इनके साथ खेल-कूद किया है, हँसी-दिल्लगी की है। विरह के क्षणों में इन उपमानों के प्रति रोष भी प्रकट किया है। खीज प्रकट की है। जी भरकर इन्हें कोसा भी है। लेकिन यह सब-कुछ होते हुए भी सूरज, चाँद और किरत्यों के साथ लोक-जीवन का यही सम्पूर्ण परिचय नहीं है। जरूरत पड़ने पर जिन्दगी के आवश्यक क्षणों में उसने सूरज को सूरज से अधिक नहीं समझा। चाँद को चाँद से भिन्न कुछ भी नहीं समझा। तारों को तारों के अन्यथा और किसी भी रूप में मंजूर नहीं किया। स्वच्छ भावुकता का पर्दा हटाकर, उसने उन्हें एक वैज्ञानिक की तरह अपने जीवन में अपनाया है। उसी रूप में उनका उपयोग भी किया है। 'सावन के महीने में टकटकी लगाकर गाँव का किसान इसलिए असंख्य तारों के बीच केवल 'शुक्र तारे' को खोजने की चेष्टा करता है कि यदि वह दिखलाई न दिया तो प्रान्त में 'अकाल' पड़ेगा। 'अगस्त्य तारे का उगना, उसके लिए वर्षा की समाप्ति का सूचक है।' सावन और आषाढ़ की द्वितीया को चन्द्रमा के दर्शन करने को वह इसलिए उत्सुक होता है कि सावन में उसे सोता हुआ और आषाढ़ में खड़ा चन्द्रमा दिखलाई पड़े, क्योंकि वह इसे अच्छी बरसात का सूचक मानता है। मघा नक्षत्र में, सब-कुछ भुलाकर उसे केवल यही जानने की जिज्ञासा बनी रहती है कि सूर्य मघा के पीछे रहता है या आगे? क्योंकि वह पीढ़ियों से अनुभव करता आ रहा है कि—आगै

मग्घा पाछै भांण, बरखा होवै ओस समान! प्रकृति के इन उपमानों के साथ, किसान का बोध केवल आँखों तक ही सीमित नहीं है। इनके साथ उसके सम्पूर्ण जीवन की गहरी मित्रता है। सूरज, चाँद और तारे उसके जीवन से बिल्कुल दूर नहीं हैं, वह सूरज को छू सकता है। चाँद को हाथ लगा सकता है। तारों को अपनी मुट्ठियों में बीनकर इकट्ठा कर सकता है!

अप्रैल, 1956

खेत वृक्ष और हरियाली

रस्किन का एक कथन है—'वह विचार भी ईश्वर का कितना महान् था, जब उसने वृक्ष की कल्पना की।' बिल्कुल ठीक। कोई अतिशयोक्ति नहीं। लेकिन स्वयं रस्किन का यह विचार भी इससे कोई कम महान् नहीं था, जिस समय उसने इस वाक्य की रचना की। परन्तु हम शहर के बाबू लोग, कुछ इधर-उधर की पढ़ाई-लिखाई करने के बाद, इन वृक्षों और हरियाली को देखकर, उपेक्षा के साथ कह देते हैं... हुँ, ये जीते नहीं, पनपते हैं। अपने-आप उगते रहते हैं और नष्ट होते रहते हैं।' अज्ञानी और मूर्ख बने रहने की विद्या में उन्मत्त बावले—यह हम लोगों का कहना है जो अपने प्रयत्न से 'खाते-पीते हैं, सोते हैं, आलस के साथ काम करते हैं, समय बिताने के लिए पढ़ते हैं और अजाने में बूढ़े होते रहते हैं। जिनको अपनी नाक के परे कुछ भी नहीं दिखता।' किन्तु दरअसल सच्चाई यह है कि 'छोटे-से-छोटा हरा पान भी, इस दुनिया की सबसे महत्त्वपूर्ण और एक रहस्यात्मक रसायनशाला है। हर घड़ी और हर पल, सूरज की वह किरण, जो हरे पत्ते को छूती है—उसके स्पर्श से रसायन-शास्त्री का एक बड़ा जबरदस्त सपना, अपने वास्तविक रूप में घटित हो जाता है। वह सपना है—जीव का एक निर्जीव पदार्थ से निर्माण! केवल हरे पौधे के लिए ही यह सम्भव है कि वह निर्जीव पदार्थ से जीव की सृष्टि कर सके!' सूर्य की अपार जीवन-शक्ति, हरियाली के माध्यम से ही इस पृथ्वी पर प्रवेश करती है। पृथ्वी पर प्राण का संचरण, सूर्य की शक्ति से ही होता है। यदि पृथ्वी पर हरियाली नहीं होती तो यह दुनिया ही नहीं बसती, कोई जीव ही पैदा नहीं होता। केवल इतना ही नहीं, हरे जगत् के इस अद्‌भुत और विशाल रसोई-घर से ही हम सभी प्राणियों को भोजन मिलता है। साँस के लिए ताजी हवा मिलती है।

मनुष्य की उस आदिम असहाय अवस्था में, हरियाली ने ठीक माँ के समान उसका पालन-पोषण किया था। मानव-समाज का वह आदिम-शैशव, पूर्ण रूप से अपनी 'धरती माँ' पर ही निर्भर था। माँ हरियाली उसे खाने को फल-फूल देती थी। खराब मौसम से उसे बचाती थी। आदिम मानव को खाने योग्य पशुओं का शिकार, इस हरे जंगल ही से मिलता था। बचपन के दिनों में पाल पोसकर, माँ हरियाली ने मनुष्य को योग्य बनाया। उसे अपनी मेहनत द्वारा जीना सिखाया। यही कोई

दस हजार साल पहले, आदिम मानव ने माँ धरती की गोदी छोड़कर, अपने बूते पर जीना आरम्भ किया था। प्रकृति के द्वारा उगी हरियाली के आसरे से ऊपर उठकर, उसने अपने हाथों से, अपनी जरूरत के मुताबिक हरियाली निपजाना सीख लिया था। यह कोई बहुत पुरानी कहानी नहीं है। सिर्फ दस हजार वर्ष पहले ही की बात है। मनुष्य की अपनी मेहनत द्वारा निर्मित हरियाली के उस पहले पौधे से बढ़कर कोई दूसरी कला नहीं है। कोई दूसरा विज्ञान नहीं है। आश्रित का दर्जा त्यागकर, वह पहले-पहले स्वयं सृष्टिकर्ता बना था!

लोक-जीवन आज दिन भी माँ की ममता के स्नेह और प्यार को भूला नहीं है। वह अब भी उसी का पूत है। माँ की ममता को पहचानता है। पुत्र के कर्तव्य को पहचानता है। गुठली की जगह हरे पौधे का उगता अंकुर देखकर वह उसे दूध-मलाई से सींचने की लालसा प्रकट करता है। लोक-जीवन थोथे आडम्बर में सुख खोजने की व्यर्थ चेष्टा नहीं करता। हरियाली से बढ़कर अन्य कोई भी भौतिक तत्त्व उसे सुख प्रदान नहीं कर सकता। उसके लिए, न अपार धन सुख का प्रतीक है और न कोई ऊँचा पद ही उसे सुख पहुँचाने की क्षमता रखता है। वह तो निशंक भाव से कहता है—मेरे आँगन में आम और पिछवाड़े मरवा है। इससे अधिक मुझे सुख और क्या चाहिए? इस हरियाली के कारण मेरा घर सदा सुहाना है—

म्हारै आंगण आंम, पिछोकड़ै मरवौ
और घर सदा अे सुहावणौ!

आँगन में केवड़े की हरियाली है। इसी से घर की शोभा है। इसी से घर में सुख शान्ति है। सौन्दर्य है। हरे केवड़े के अस्तित्व से घर का चौक शुभ हो गया है। घर की बारियाँ शुभ हो गयी हैं। घर के दरवाजे शुभ हो गये हैं। उस केवड़े के पास बाल-गोपाल खेल रहा है। पृथ्वी के वैभव को देखने के लिए केवल दो ही तो आँखें हैं। एक आँख में बाल-गोपाल समा गया है। दूसरी आँख में केवड़े की हरियाली समा गयी है। इनके अलावा कुछ और देखने लिए न कोई तीसरी चीज है और न कोई तीसरी आँख ही है!

म्हारै चानंण चौक सुहावणौ
ज्यां में खेलै अे भतीजौ नन्दलाल
आंगण ऊभौ केवड़ो
म्हारै बाबोजी री पोळ सुपोळ
आंगण ऊभौ केवड़ौ

जिस प्रकार पानी में हरियाली और हरियाली में पानी है, उसी प्रकार अबोध शिशु में हरियाली के दर्शन होते हैं और हरियाली में शिशु की पवित्रता साफ दिखलाई

पड़ती है। माँ की कोख में ही सारा मानव-परिवार बसता है, उसी से उसकी सृष्टि है। प्रकृति की कोख में हरियाली बसती है और हरियाली ही सब प्रकार के जीवों की सृष्टि है। इस मर्म को लोक-जीवन ने ही सबसे अधिक समझा है। कोख की उपमा के लिए उसे हरियाली के अतिरिक्त कोई दूसरा उपमान सूझता ही नहीं। कोई जँचता ही नहीं–

हरी बहू रैणादै री कूख

हरियाली में कोख अन्तर्निहित है और कोख में हरियाली। हरियाली सृजन का सर्वश्रेष्ठ प्रतीक है। लेकिन लोक-रुचि इससे भी दो कदम आगे बढ़ गयी। उसने सृजन के प्रतीक रूप में ही हरियाली को मान्यता नहीं दी, बल्कि उसने सृजन सम्बन्धी अधिकांश भावनाओं को हरियाली ही का रूप दे दिया। यह केवल हरियाली की बात करता है–और उससे सृजन की समूची व्यापकता स्पष्ट हो जाती है। वह केवल वृक्षों की बात करता है–और उससे परिवार की सारी बातें स्पष्ट हो जाती हैं। वह परिवार के स्थान पर आम, अमली, नींबू, नीम, पीपल, बरगद, बबूल के ही फलने-फूलने और पसरने की बात करता है और इन वृक्षों में परिवार के सभी सगे-सम्बन्धी–माँ, बाप, भाई, भौजाई, देवर, बहू, जेठ, ननद इत्यादि–साकार हो उठते हैं। वह परिवार की बात करता है तो उसमें वृक्षों की हरियाली स्वयमेव चित्रित हो जाती है।

मधुवन रौ अे आंबौ मोरियौ
औ तौ पसर्‌यौ अे सारी मारवाड़
*
आज म्हांरी अमली फळ रही जी
ऊगी नीमड़ली गहर-घुमेर, मारूजी
फैली सौ कोसां में, जी म्हांरा राज
*
ऊग्यौ नीबूं पांन-दुपांन, वारी घण वारी ओ हंजा
ऊगतड़ै जुग मोयौ ओ गोरी रा सायबा, जी राज
*
मरवै री जड़ ऊंडी पाताळ में अे
हे भोली, बारां रै कोसां में मरवौ झुक ग्यौ अे
*
नीबूडै री जड़ गयी रे पाताळ, ओ थां पर वारी रे सैयां
सौवां ने कोसां नीबू फैलियौ, ओ राज
*
बांवळिया, कितना बीघा में थारौ पेड़?

बांवळिया, कितना बीघा में थारी छांवळी?

*

गोरी अे, बारै बीघा में म्हारौ पेड़
सोळै बीघा में म्हारी छांवळी

उधर मधुवन का आम बौरा गया है। हरा-भरा। फला-फूला। और वह फैला तो इतना फैला कि सारे मारवाड़ में पसर गया। इधर अमली फल रही है। फैल रही है। उधर गहर-घुमेर नीमड़ी झूम रही है। सौ-सौ कोसों में फैल गयी है। इधर नन्हा-सा नींबू उग आया है। अभी तक सिर्फ पान-दो-पान ही अंकुरित हुए हैं। फिर भी उसने उगते ही सारे जग को मोह डाला। देखते-देखते उसकी जड़ें पाताल तक गहरी चली गयीं। वह सौ-सौ कोसों में फैल गया। उधर मरवे का छोटा-सा पौधा भी पाताल में ऊँडी अपनी जड़ें फैला रहा है। बारह-बारह कोसों तक उसकी डालियाँ झुक गयी हैं। उधर बबूल का पेड़ भी बारह बीघों में छाया हुआ है। और छाया उसकी सोलह बीघों तक फैली हुई है। सब तरफ हरियाली-ही-हरियाली। सब तरफ जीवन-ही-जीवन। सब तरफ फलना-ही-फलना। फूलना-ही-फूलना। सर्वत्र उत्साह और आशा। लगता है, मानव-समाज के समस्त परिवार ही, वृक्षों की हरियाली में समाहित हो गये हैं। वृक्ष परिवार का प्रतीक न रहकर, स्वयं परिवार ही वृक्ष का प्रतीक बन गया है।

हे म्हारै उत्तर-दिखण री अे, जच्चा पींपळी
हे म्हारै पूरब नमी-नमी डाल रे
हे म्हानै घणी अे सुहावै, जच्चा पींपळी!

हे थारै गीगौ अे जलमियौ आधी रात अे
हे थारै गुळ वेंच्यौ परभात
हे म्हानै घणी अे सुहावै जच्चा पींपली

'जच्चा', और 'पींपळी' इन दो के पारस्परिक संयोग ने, वस्तु-तथ्य में इस सीमा तक गुणात्मक-परिवर्तन ला दिया है कि बस उसका अनुमान ही नहीं लगाया जा सकता। 'पींपळी' के पहले 'जच्चा' शब्द आने से ऐसा लगता है कि जैसे स्वयं पीपल के वृक्ष ही ने 'जच्चा-रानी' का रूप धारण कर लिया हो। और 'जच्चा' के बाद 'पींपळी' शब्द के जुड़ने में ऐसा लगता है कि मानो 'जच्चा-रानी' एकदम से पींपळी के वृक्ष ही में बदल गयी हो! 'आधी रात के समय गीगे को जन्म देने वाली 'जच्चा-पींपळी' हमें बहुत सुहाती है। परभात के समय गुड़ बँटेगा। बधाइयाँ मनाई जाएँगी।' क्योंकि 'जच्चा-पींपली' ने नये इनसान को जन्म दिया है!

बांवळिया, कुण रे लगायौ थारौ पेड़?

बांवळिया, कुण रे सपूती थांनै सींचियौ?
गोरी ओ, सुसरैजी लगायौ म्हारौ पेड़!
सासू सपूती म्हानै सींचियौ, गोरी अे!

बांवळिया, गुण रे बैठेलौ थारी छांव?
बांवळिया, कुण रे सपूती कातै कातणौ?
गोरी अे, सुसरौजी बैठेला म्हारी छांव!
सासू सपूती कातै कातणौ, गोरी अे!

बांवळिया, कुण रे सरीसा थारा फूल?
बांवळिया, कुण रे सरीसी थारी पापड़ी?
गोरी अे, सोनै सरीसा म्हांरा फूल!
रूपै सरीसी म्हारी पापड़ी, गौरी अे!

बांवळिया, कठै रे मेलूंली थारा फूल?
बांवळिया, कठै रे मेलूंली थारी पापड़ी?
गोरी अे, पेयां में मेलौ म्हारा फूल!
डाबां में मेलौ म्हारी पापड़ी, गोरी अे!

बबूल के पीले फूल, रेत में पड़े रहकर बिखर जाने के लिए नहीं हैं। उसकी हिलारियाँ (पपड़ियाँ) पाँवों के नीचे कुचली जाकर टूटने के लिए नहीं हैं। सोने सरीसे फूलों को घर में हिफाजत से सँजोकर उन्हें पेटियों में सुरक्षित रखो। रूपै सरीसी हिलारियों को घर में हिफाजत से सँजोकर डिब्बों में सुरक्षित रखो। यदि इनकी उपेक्षा की गयी तो समाज का विकास ही रुक जाएगा। समाज़ की प्रगति में अवरोध पैदा हो जाएगा। परिवार की कमजोरी सारे समाज को कमजोर बना डालेगी। लोक-दृष्टि, परिवार को बहुत ही पवित्र व सम्मानित रूप में ग्रहण करती है। यह परिवार के वृक्ष को दूध-मलाई से सींचने की कामना रखती है। और—

माखणिया री पाल बंधावौ मारूजी
नीमड़ली सिंचावौ काचा दूध सूं
गुळ-घी बंधावौ नींबूड़ा री पाळ
दूधां सिंचावौ हरिये रूंख नै
मत कोई तोड़ै, नींबूड़ा रा पांन
कोई मत ना सतावौ हरिये रूंख नै

जो कोई नींबू के पान तोड़ेगा, वह सजा पाएगा। इस हरे रूंख को यदि कोई भी सताएगा, उसे किसी भी प्रकार क्षमा नहीं मिलेगी। जो कोई उसकी कच्ची डाल

तोड़ेगा, वह अवश्य दंड पाएगा। 'ननदल बाई पान तोड़ती है तो उसे भी सजा मिलेगी। ससुराल भेज दी जाएँगी वह। नटखट देवर इसकी हरी कामड़ी (छड़ी) तोड़ता है तो उसे भी सजा मिलेगी। राजा की नौकरी पर बाहर भेज दिया जाएगा वह। समाज का भवन, परिवार की ईंटों से निर्मित होता है। यदि उसमें कच्चाई रह जाएगी तो सारे मकान में ही कच्चाई रह जाएगी। परिवार के वृक्ष नींबू, बबूल, आम, मरवा, नीम—ये सब तो, सभी के सहयोग से, हमेशा फलते रहने चाहिए। यदि इनके पान और इनकी डालियाँ तोड़नी शुरू कर दीं तो फिर कैसे काम सरेगा?

लोक-जीवन के लिए हरियाली से बढ़कर कोई अन्य सुख नहीं है। इसलिए किसी भी समय, किसी को भी आशीर्वाद देते समय, हरियाली के बाहर उसे कुछ और लक्षित ही नहीं होता। बहिन, भाई को आशीर्वाद देती है तो कहती है—मेरे लाडले भैया तुम कड़वे नीम की तरह बढ़ना। हरी दूब की तरह फूलना। बेलड़ियों की तरह फैलना।

बधज्यौ रे वीरा, बड़-पीपळ ज्यूं
फळज्यौ रे वीरा, कड़वा नीम ज्यूं
बधज्यौ रे वीरा कड़वा नीम ज्यूं
बधज्यौ ओ हरियल दूब ज्यूं
बधियौ रे वीरा, बेलां ज्यूं
फळज्ये ए भावज फळ-फूलां ज्यूं
बधज्ये ए भावज, मांयली दूब ज्यूं
वीरा, फूळज्यौ रे फळज्यौ आंम री डाळ ज्यूं

जिस व्यक्ति की जिन्दगी हरियाली के बीच सम्पन्न होती है, जो हरियाली के बीच खाता-पीता है, उठता-बैठता है, वह इन आशीर्वादों की सत्यता ठीक तरह अनुभव कर सकता है कि सिवाय इन उपमानों के, किसी भी और वस्तु से भाई या भावज को आशिष नहीं दी जा सकती। चारों ओर की हरियाली को देखकर लोक-जीवन तो प्रसन्न होता ही है, साथ-ही-साथ वह चाहता है कि समस्त प्राणी-जगत भी उसके साथ आनन्दित हो, उल्लसित हो! मोर से भी आशा करता है कि चौमासे में हरियाली की छवि निहारकर, वह भी बार-बार बोले। वह कोयल से भी आशा करता है कि वह हरियाली का, अपने मीठे स्वरों से अभिवन्दन करे। वह पपीहे से फरमाइश करना चाहता है कि इस सुहानी ऋतु में वह हरदम बोलता ही रहे—कभी रुके ही नहीं।

मोठ-बाजरी सूं खेत लहरकै, वन-वन हरियाळी छाई
रुत आई रे पपइया, थारै बोलण री, रुत आई!

हरिये हरियालै डाळै काली कोयल बोलै राज
बोलै, बोलावै सैयां सबद सुणावै राज
मीठा सबद सुणावै राज!

लोक-जीवन के चारों ओर छाई हरियाली के प्रतिबिम्ब का आभास, उसे अपनी हर वस्तु में दिखलाई पड़ता है। उसे स्वयं अपना जीवन भी हरा-भरा ही दिखता है। अपने जीवन से सम्बन्धित प्रत्येक चीज़ में भी हरी प्रतिच्छवि उसे दिखलाई दे जाती है। सारा वातावरण ही हरियाली से मानो प्रतिबिम्बित हो उठता है। जब दूल्हा घोड़े पर चढ़कर तोरण की तरफ आता है तब खुशी के उस वातावरण में दूल्हा केवल दूल्हा ही नहीं दिखता, वह 'हरियाला बनड़ा' दिखता है। 'जद हरियाळौ बनड़ौ तोरण आयौ अे।' 'जद हरियालौ बनड़ौ तोरण आयौ अे।' लोक-गीतों में, लोक-जीवन की विशिष्ट स्थितियाँ, अपने इसी सम्पूर्ण रूप के साथ चित्रित होती हैं। एक-एक शब्द सार्थक और अर्थ-पूर्ण होता है। उसमें जीवन की यथार्थ चेतना घुली-मिली रहती है। यही कारण है कि जिन्दगी की श्रेष्ठता, लोक-गीतों में प्रयुक्त शब्दों को अपने संस्पर्श से, अपने ही समान श्रेष्ठ बना देती है। इसलिए लोक-गीतों के शब्दों का अपना शाब्दिक अर्थ गौण हो जाता है और जीवन की अर्थ-पूर्ण व्यंजना प्रमुख हो जाती है। लोक-जीवन को समझे बिना, इन गीतों का वास्तविक और पूरा परिचय पाया ही नहीं जा सकता।

परोपकार की भावना को स्पष्ट करने के लिए वृक्षों के अलावा कोई दूसरी उपमा ही नहीं सूझती। उनका अस्तित्व ही दूसरों की भलाई के लिए है। पत्थर मारो और वे मीठे फल खाने को देते हैं। हारे-थके राही को अपनी छाया में आश्रय देते हैं। सुख-शान्ति देते हैं। आदिम-मानव, छोटे-से बीज से इतने बड़े वृक्ष के फलने, फैलने और बढ़ने को देखकर आश्चर्यचकित रह जाता है। और अपनी ही चेतना के अनुकूल बाह्य वातावरण को देखने की स्वाभाविक वृत्ति के कारण वह वृक्षों में आत्मा का अनुभव करता है। हरे वृक्षों को काटना उसके लिए पाप है। वृक्ष की आत्मा को सताना है। आदिम-मानव खेत, वृक्ष और हरियाली में अपनी कल्पना के अनुसार तरह-तरह की प्रेतात्माओं का विश्वास करता है। विश्वास के अनुकूल, वैसा ही उनके प्रति व्यवहार करता है। प्रकृति और अपने बाहय वस्तु-जगत के साथ उसका व्यवहार ही उसका धर्म है। आदिम-समाज में धर्म एक सामूहिक कर्तव्य है, एक सामूहिक आवश्यकता है। वैयक्तिक दखल को वहाँ प्रश्रय नहीं मिलता। आखातीज के दिन, खेत और हल की पूजा व अन्य विधि-कर्म, कोई वैयक्तिक अधिकार तथा वैयक्तिक स्वतन्त्रता तक कतई मर्यादित नहीं है। वह एक सामूहिक जिम्मेदारी है। कुछ वृक्ष—जैसे पीपल, तुलसी और बरगद आदि को पवित्र मानना और उनकी पूजा करना कोई वैयक्तिक-भावना का उद्रेक मात्र नहीं है। वे परम्परा और सामूहिक विश्वास और सामूहिक भावना के द्वारा ही दैनन्दिन जिन्दगी के प्रत्यक्ष व्यवहार

के आवश्यक तत्त्व हैं। बबूल, आक और थोर आदि कुछ वृक्ष अशुभ समझे जाते हैं। इन्हें घर में नहीं बोया जाता। आदिम-मानव का यह विश्वास है कि इनमें दुष्ट प्रेतात्माएँ निवास करती हैं। इनको वश में करने के लिए विभिन्न विधि-कर्म भी हैं। जैसे—बबूल के पेड़ को लगातार तेरह दिन तक सींचने से उसकी प्रेतात्मा को वश में किया जा सकता है। प्रकृति के प्रत्येक वस्तु-पदार्थ में अपनी चेतना का अनुभव करना—उनके प्रति वैसा ही बरताव करना—यही आदिम-मानव का व्यावहारिक जीवन है—यही उसका धर्म और यही उसका विज्ञान है!

अप्रैल, 1956

पशु और पक्षी

वनस्पति और पशु-जगत इन दोनों में, आदिम-मानव के लिए किसका महत्त्व अधिक है, उसे जिन्दा रखने के लिए कौन अधिक उपयोगी है—दावे के साथ, अन्तिम बात कुछ भी नहीं कही जा सकती। आदिम-मानव-शिशु की उस असहाय अवस्था में, वनस्पति और पशु—माँ धरती के दो स्तन समान थे, जिनसे उसे अपना जीवन मिलता रहा। इन दोनों पर पूर्णतया निर्भर रहकर स्वावलम्बी बन सका था। अपने पाँवों पर आप खड़ा रह सकने की क्षमता हासिल कर सका था। वनस्पति-जगत से उसे फल, फूल, कन्द-मूल, पत्ते ओर बीज खाने को मिलते थे और पशु-जगत से उसे खाने का पौष्टिक, स्वास्थ्य वर्धक मांस मिलता था। पशुओं ने अपने प्राण गँवाकर, मनुष्य की प्राण-रक्षा की थी। अपना रक्त, माँस और अपनी मज्जा देकर, मनुष्य की देह को पुष्ट बनाया था। आदिम-शिकारी ने अपनी भूख मिटाने के लिए पशुओं से प्राण माँगा तो उन्होंने अपने प्राण देकर उसकी भूख को शान्त किया। आदिम चरवाहे ने उन्हें जिन्दा रखकर अपनी भूख मिटानी चाही तो उन्होंने जिन्दा रहकर उसकी मनचाही की। उसकी आवश्यकताओं को पूरा किया। स्वयं घास खाकर उसे दूध पिलाया। आदिम-किसान ने उन्हें हल में जोतकर धान उगाना चाहा तो उन्होंने उसकी आज्ञा का वैसा ही पालन किया। आदिम-मानव के लिए जिस प्रकार धरती जरूरी है, उसी प्रकार पशु भी जरूरी हैं। इनके बिना, उसके लिए जीवन बिताना बड़ा मुश्किल है। मनुष्य ने कुछ गिने-चुने पशुओं का ही पालन किया। सम्पूर्ण पशु-जगत से उसने अपना वास्ता नहीं रखा। गाय, बैल, भौंस, बकरी, भेड़, हाथी, ऊँट-घोड़े आदि कुछ पशुओं को तो पालकर उसने सर्वथा अपने योग्य बना लिया। अपने हिसाब से उनको दीक्षित कर लिया। उनके प्राकृतिक स्वभाव ही को अपनी इच्छानुसार ढालकर परिवर्तित कर दिया। उन्हें जंगली से पालतू बना लिया। आदिम-मानव के लिए सीधे रूप से प्रकृति ही उसका सामूहिक रसोईघर है। उसी से उन्हें मांस और भोजन खाने को मिलता है। आदिम-मानव की सबसे बड़ी विशेषता यह है कि वह स्वभाव से कृतघ्न बिल्कुल नहीं है। कृतज्ञता कैसे प्रकट की जाती है, यह उसी की अपनी चीज है। वनस्पति और पशु-जगत के प्रति अपनी कृतज्ञता ही को उसने अपनी कला, अपने साहित्य और अपने विज्ञान में सर्वत्र दरसाया है। जब कभी, जैसा भी

उसे मौका मिला, उसने प्रकृति के प्रति अपनी कृतज्ञ-भावना को प्रकट करने की अजाने भी भूल नहीं की। पशुओं को उसने अपने पिता तुल्य माना है। पशुओं के प्रति उसकी यह कृतज्ञ-भावना, उसका व्यावहारिक धर्म है। पशु व प्रकृति की पूजा ही उसका आदिम विज्ञान है, उसकी कला है। प्रकृति, वातावरण और वस्तु-जगत के प्रति व्यवहारों की भिन्नता ही विकास-क्रम के विभिन्न दौर हैं। आधुनिक सभ्य-मानव और आदिम-मानव, प्रकृति तथा वातावरण के प्रति अपनी विभिन्न चिन्तना और विभिन्न व्यवहार के कारण ही अपनी विभिन्न विकास-अवस्था को लक्षित करता है। आदिम-मानव, पशु-जगत में अपनी चेतना का सबसे अधिक साम्य देखता है। पशु उसके समान चलते-फिरते हैं, खाते हैं, पीते हैं, आवाज करते हैं, विभिन्न मनोदशाएँ प्रकट करते हैं। कुछ अर्थों में अपने से अधिक प्राकृतिक शक्ति व सामर्थ्य महसूस करने के कारण वह पशु और पक्षियों के प्रति विस्मय भी प्रकट करता है। पक्षियों की तरह वह नीले खुले आकाश में उड़ नहीं सकता। मछलियों की तरह पानी में तैर नहीं सकता। हरिणों के समान तेज दौड़ नहीं सकता। ये प्रकृति-गत विवशताएँ, आदिम-मानव के अकृत्रिम मन में आश्चर्य के भावों का संचरण करती हैं। और अपनी इस आश्चर्य-भावना को वह अपनी कला में व्यंजित करता है।

प्रकृति के जड़-पदार्थों—पहाड़, नदी, बादल आदि में भी जब आदिम-मानव अपनी मानवीय चेतना का अनुभव करता है तो फिर जीव-धारी पशु-पक्षियों को ठीक अपने ही समान अनुभव करना, उसकी आदिम-वृत्ति के लिए सर्वथा स्वाभाविक है। सत्य है। वह मनुष्य के समान, पशु-पक्षियों से भी वैसी ही आशा रखता है। अपने हृदय का कुशल-क्षेम उनसे प्रकट करता है। वह उनकी व्यथा को पहचानता है और उनके सामने अपनी व्यथा को खोलकर रखता है।

पक्षियों की तीव्रगामी उड़ान ने, आदिम-मानव के मन में, हमेशा अपनी मनोदशाओं के अनुकूल सन्देश-वाहन के इस योग्य समाधान को बार-बार उकसाने की सदियों से चेष्टा की है। अन्त में सन्देश-वाहन का कार्य उसने पक्षियों के जिम्मे छोड़ दिया और वे आज दिन तक अपने इस उत्तरदायित्व को भली प्रकार निबाहते चले जा रहे हैं। राजस्थानी लोक-जीवन के सन्देश-वाहन का काम कुरजाँ, काग, कोयल, सूआ, पपैया, हंस, सारस, सोन-चिड़कली के जिम्मे रहा है। पत्नी को अपने पति के पास सन्देश भिजवाना हुआ तो उसने जो भी पक्षी सामने देखा, उसे अपने समाचार बतला दिये। फिर भी उसने कुरज, काग और सूआ पर सबसे अधिक भरोसा किया है। घर की मैड़ी पर बैठे काग की बोली ने, लोक-जीवन में आज दिन तक कितना मिठास संचित कर दिया है, उसका न तो कोई पार ही है और न कोई लेखा-जोखा ही। मैंड़ी पर बैठे हुए कौए को उड़ जाने के लिए कितनी बार विनय की गयी है, कितनी बार उसे हाथ जोड़े गये हैं, इसका भी न तो कहीं कोई हिसाब है और न कोई उसकी गणना ही। मनोदशा के सन्देश-वाहक इन पक्षियों को, बदले

में कितनी बार गुड़, घी, खाँड का थाल परोसकर भोजन कराया है, कितनी बार और कितनी तरह के घुँघुरू इनके पैरों में बाँधे गये हैं, कितनी बार मिसरी की डलियाँ इन्हें प्यार के साथ खिलाई गयी हैं, कितनी बार इनकी चोंचें हींगलू से लाल रंगी गयी हैं, कितनी बार और कितनी तरह से इनके सुन्दर पिंजरे बनवाए गये हैं कभी सोने के, कभी मोतियों के कभी हीरों के। कितनी बार कीमती रत्नों से सोने के इन पिंजरों को जड़ा गया है और कितनी बार दूध, दही, मक्खन का कलेवा इन्हें करवाया है, इसका जमा-खर्च भी किसी बही-खाते में नहीं हुआ। इस हिसाब को रख सकने के लिए न तो इतनी बड़ी कोई बही है और न ऐसा कोई कुशल मुनीम ही। लोक-जीवन की उदारता, ऐसा छोटा-मोटा हिसाब आँकना नहीं जानती। लोक-जीवन, सदियों से बेगार करता आ रहा है। ठाकुर, महाजन का काम मुफ्त करता आ रहा है। बेगार की व्यथा का दुखदाई अनुभव उसे है। इसलिए वह स्वयं किसी से भी बेगार लेना नहीं चाहता। इन सन्देश-वाहक पक्षियों से भी उसने मुफ्त सेवाएँ नहीं ली। बदले में अपने सामर्थ्य मुजब, सब-कुछ देने की चेष्टा की है। कहीं कंजूसी नहीं बरती। कहीं संकीर्ण हिचकिचाहट को उभरने नहीं दिया। उसके काम करवाने के तरीके में भी हुक्म और आदेश का स्वर नहीं प्रार्थना, प्यार और भाईचारे की स्नेह-भरी विनय है। आपसी समता है। मानवीय संवेदना है!

पति परदेश में है। पत्नी उसके आने की प्रतीक्षा में है। वह चाहती है कि उसका पति बस अभी आ जाए, अभी-अभी आ जाए! अपनी इस सुखद लालसा का समर्थन भर करने के लिए छज्जे पर बैठा काग, सिर्फ एक बार वहाँ से उड़ जाए। इसके लिए वह प्यार के साथ कहती है—'मेरे प्रियतम यदि आज शाम ही को घर आ जाएँ तो—उड़ज्या रे म्हारा काळा काग। मैं तुझे खीर और शक्कर का थाल परोसूँगी। सोने से तेरी चोंच मढ़वा दूँगी। तेरे पैरों में छोटे-छोटे घुंघुरू बाँध दूँगी। गले में मोतियों का कंठा पहनाऊँगी। यह तेरा एहसान मैं कभी नहीं बिसारूँगी। जब तक जीऊँगी, तेरा गुण मानूँगी। तेरा यश बखानूँगी। और उधर किसी एक विरहणी को उड़ती हुई कुरज दीख पड़ी। हृदय आनन्द से उल्लसित हो गया। कहने लगी—टलकर न जाओ प्यारी बहिन। जरा बाई की खोज-खबर तो कभी-कभी ले लिया करो। मैं तुम्हारी बहिन हूँ। तुम मेरी बहिन हो, तुम से क्या दुराव? तुम्हारे बहनोई के दुःख में बेचैन हूँ। उनके पास, बहिन का एक सन्देश तो लेती जाओ।' तो इधर कौआ उड़ता हुआ, घर के चौक की दीवार पर आकर बैठ गया। उसने किसी को पुकारते हुआ सुना था। दीवार पर बैठते ही, निर्विलम्ब काम सौंप दिया गया—

उड़ज्या रे काग, गिगन का वासी
खबर तौ ल्याव म्हारै राजन की
नांव नंह जांणूं, म्हैं तौ गांव नहीं जांणूं
सूरत नंह जांणूं थारै राजन की

नांव बतास्यां, गांव बतास्यां
सूरत बतास्यां, म्हारै राजन की
तीखी-तीखी नाक, फिरंगी को नौकर
चाल चलै अमरावां की!

नाम-धाम, पूरा पता-ठिकना, सब बताया जाएगा। सूरत-शक्ल का सही-सही हुलिया बताया जाएगा। ओहदा बताया जाएगा। चाल की गति बतलाई जाएगी। पत्नी को सन्देश भिजवाना है, वह कौए को छोटी-से-छोटी बात तक बताना नहीं भूलेगी। आदिम-वृत्ति, प्रकृति के बीच किसी भी तरह का व्यवधान मंजूर नहीं करती। वह प्रकृति में अपने ही समान चेतना अनुभव करती है। चेतना और अवचेतना का अन्तर उसकी दृष्टि में सर्वथा नगण्य है। सावन की तीज पर एक बहिन, अपने ससुराल से भाई को, कौए के द्वारा कोरा-मोरा सन्देश ही नहीं भिजवाती, बल्कि अपने प्रत्येक सम्बन्धी को अलग-अलग से निमन्त्रण भिजवाती है। वह कौए को पूरा-पूरा सावधान करती है कि सबसे पहले किसे निमन्त्रण दे, उसके बाद किसे आमन्त्रित करे? गफलत में किसी को भूल न जाए इसके लिए भी वह उसे पूरा-पूरा सबक सिखाती है। कौए के साथ इस तरह का बरताव दिखाती है, जैसे वह किसी जीते-जागते प्रत्यक्ष मनुष्य के साथ व्यवहार कर रही हो। कहती है 'यहाँ से उड़कर सीधे मेरे पीहर जाओ। पीहर के भातवियों को, मेरी ओर से शीघ्र निमन्त्रण दो। न कहीं रुकना और न कहीं देरी करना। सबसे पहले, सम्मानपूर्वक मेरे पूज्य पिताजी को निमन्त्रित करना। माँ के चरणों में प्रणाम करके, उसे आमन्त्रित करना। 'कान्हकँवर' से मेरे प्यारे भाई को निमन्त्रित करना। कहना, बहिन बहुत याद कर रही है तुम्हें। भाणजे, भतीजे, बहनोई, काका, बाबा, बहिन सभी सम्बन्धियों को निमन्त्रण देना। घी-गुड़ का नाश्ता करके, जल्दी से उड़ जाओ।' पशु-पक्षी और मनुष्यों के बीच जैसे कोई अन्तर है ही नहीं। आदिम-मानव, प्रकृति के साथ ऐसी ही रिश्तेदारी बरतता है। युगों से, प्रकृति के साथ उसका यही सम्बन्ध रहा है। चिर नवीन। चिर घनिष्ठ। चिर आत्मीय। चंचल पक्षियों के साथ उसकी चंचलता के अनुरूप वैसा ही व्यवहार लोक-जीवन ने प्रकट किया है और गीतों में उसे वैसी ही अभिव्यक्ति मिली है। पक्षियों के साथ अधिकतर रागात्मक सम्बन्ध ही विशेष रूप से रहा है। जीवन में उनकी आर्थिक उपयोगिता अधिक नहीं रही। पक्षी उसके आनन्द-लोक के साथी हैं! लेकिन पशुओं ने मनुष्य के जीवन-निर्वाह में अपनी बड़ी जबरदस्त उपयोगिता सिद्ध की है। गाय, भैंस, बकरी, भेड़, ऊँट, घोड़े और बैल आदि के सहारे तो मनुष्य ने अपने पथ पर विकास की कई महत्त्वपूर्ण मंजिलें तय की हैं। इनके बिना तो उसका विकास ही सम्भव नहीं होता। लोक-जीवन में आज दिन भी पशु-धन को श्रेष्ठतम मान्यता दी जाती है। वह तो खुशी-खुशी स्वीकार करता है कि 'हम खूब सुखी हैं।

जीवन के सारे आनन्द हमें प्राप्त हैं। बाड़ा हमारा सुन्दर-सुन्दर भेड़-बकरियों से भरा है। डाढ़ी वाला एक मस्त बकरा उनके बीच घूम रहा है। बाड़ा हमारा सुन्दर दुधारू गायों से भरा है। एक साँवला साँड उनके बीच घूम रहा है। बाड़ा हमारा सुन्दर-सुन्दर भैंसियों से भरा हैं। जीवन के सारे आनन्द हमें प्राप्त हैं।' इस सहज आनन्द-स्वीकृति में कहीं धोखा-धड़ी नहीं है। फरेब और जालसाजी नहीं है। बनावटीपन और ढोंग नहीं है। पाखंड नहीं है। केवल सच्चे मन की सच्ची बात, सहज भाव से व्यक्त हुई है। जीवन की मान्यताएँ बदलती हैं। हमेशा बदलती रहनी चाहिए, किन्तु फरेब, जालसाजी और पाखंड को तो किसी भी कीमत पर प्रश्रय नहीं दिया जाना चाहिए। आज के सभ्य मानव की दृष्टि में सर्वथा हेय और तुच्छ समझा जाने वाला लोक-जीवन तो पशु-पक्षियों के बीच उठता-बैठता हुआ भी मनुष्य कहलाने का अधिकारी है। पशुओं के साथ रहकर भी वह मनुष्य बना हुआ है। परन्तु सभ्य शहरों के सभ्य मनुष्य, रात-दिन मनुष्यों की अपार भीड़ के बीच किलबिलाते हुए भी, दिन-ब-दिन पशु बनते जा रहे हैं। मनुष्य पर मनुष्य का विश्वास नहीं। मनुष्य को मनुष्य का भरोसा नहीं। सर्वत्र अविश्वास, धोखा और फरेब! सभ्य मनुष्य की सारी पाशविक वृत्तियाँ विकसित हो रही हैं। देह के अन्यथा वह सब कुछ पशु है। और पशुओं के साथ युगों से जिन्दगी बिताते आ रहे लोक-जीवन में आज भी मनुष्यता शेष है और शेष रहेगी! मानव-समाज का भविष्य इसी मनुष्यता के हाथों सुरक्षित रह सकेगा!

अप्रैल, 1956

श्रम का संगीत

प्रकृति और बाह्य-जगत् के साथ सम्बन्ध रखने से ही जीवित रहना सम्भव है। और वस्तु-जगत के साथ यह सम्बन्ध केवल मेहनत के ही माध्यम से सम्पन्न हो पाता है। मेहनत करने के लिए जिस प्रकार जिन्दगी आवश्यक है, उसी प्रकार निम्न रहने के लिए मेहनत आवश्यक है। ज़िन्दगी का दूसरा नाम मेहनत है। मेहनत का दूसरा नाम जिन्दगी है। प्रकृति के बाद इस दुनिया में, सबसे महत्त्वपूर्ण वस्तु मनुष्य की अपनी मेहनत ही है। मानवीय-श्रम से बढ़कर कोई दूसरी कला नहीं। कोई दूसरा विज्ञान नहीं। क्योंकि सभी कलाओं के सृजनहार, सभी ज्ञान-विज्ञानों के निर्माणकर्ता स्वयं मनुष्य का जन्म ही मेहनत की कोख से हुआ है, नारी की कोख से नहीं।

बाह्य-जीवन या प्रकृति को बदलने का कार्य केवल 'कामना' से पूरा नहीं होता। उसके लिए शरीरिक श्रम वांछनीय है। और प्रकृति को बदलने के लिए, प्रकृति के स्वभाव को जानना जरूरी है, उसके नियमों तथा गुणों को जानना जरूरी है। प्रकृति के साथ संघर्ष करते समय, मेहनत के दौरान उसके स्वभाव की जानकारी मनुष्य को होती रहती है। उसे प्राकृतिक नियम-कानूनों की अभिज्ञता हासिल होती रहती है। नियमों की जानकारी के बाद, तदनुरूप वैसी ही मेहनत अपेक्षित हो जाती है। और उस मेहनत की क्रियाशीलता के क्रम में नये-नये नियमों का अनुसन्धान होता रहता है। यही मानवीय-श्रम और विज्ञान का अन्योन्याश्रित सम्बन्ध है। विज्ञान नये-नये कार्यों की सृष्टि करता है। नये कार्यों से, नये नियमों का पता लगता रहता है। यह पारस्परिक क्रम, मनुष्य को विकास के पथ पर आगे बढ़ाता रहता है। मनुष्य पशु से इसी जगह भिन्न है कि वह जिन्दा रहने के साधन स्वयं जुटाता है। पशु सम्पूर्ण रूप से प्रकृति पर आश्रित है। भौतिक जीवन की इन साधन-सुविधाओं को जुटाने के लिए शारीरिक अंग-संचालन द्वारा परिश्रम अनिवार्य है। और इस मानवीय-श्रम की एक विशेषता यह है कि वह शारीरिक इन्द्रियों ही के भरोसे नहीं है। केवल प्रकृति द्वारा दी हुई शरीर की ताकत ही का वह मुहताज नहीं है। वह औजारों को प्रयोग में लाता है। औजारों का प्रयोग ही मनुष्य की अपनी वास्तविक मेहनत है। औजारों को थाम सकने वाली इसी मेहनत के कारण मनुष्य वस्तु-जगत को बदलता है और उसके साथ स्वयं भी अपने-आपको बदलता रहता है। विकसित होता रहता है। अन्य

पशु-पक्षियों के कार्य-कलापों में और मनुष्य की मेहनत में यही सबसे बड़ा अन्तर है कि मनुष्य अपने परिश्रम से बाह्य-जगत में परिवर्तन लाता है और अन्य जीवधारी प्राणी अपने अंग-संचालन से प्रकृति को बदलने में लगभग असमर्थ ही रहते हैं व अपने अस्तित्व ही से जो स्वयं प्रकृति की देन है केवल अकिंचित परिवर्तन कर पाते हैं, मानवीय-श्रम की तुलना में सर्वथा नगण्य ठहरता है। मनुष्य अपनी इच्छा से, अपने ध्येय के मुताबिक, अपनी पूर्व-निर्मित योजना के अनुसार प्रकृति में सप्रयत्न परिवर्तन करता है। मनुष्य को अपने कार्यों के प्रति चेतना है कि वह क्या कर रहा है? क्यों कर रहा है? पशु अपनी चेतना के बावजूद सब काम करता है। उसकी कार्य-चेष्टाएँ केवल संयोग-मात्र हैं। पशु की प्रकृति-गत विवशता जहाँ समाप्त होती है, वहीं से मनुष्य की स्वनिर्मित समाजगत-स्वतन्त्रता आरम्भ होती है। पशु प्रकृति का गुलाम है। मनुष्य अपनी चेतना का आप मालिक है। इसलिए मनुष्य की काम करने की सामाजिक विधि को ही मेहनत के नाम से सम्बोधित किया जा सकता है। हरिणों की तेज दौड़, घोड़ों की अथक शक्ति, मकड़ियों का बड़ी बारीकी व सफाई से जाला बुनना, चिड़ियों का एक-एक तिनका चुग कर घोंसला बनाना, हाथियों की बेमिसाल ताकत, सिंहों की शिकार करने की हिंसक शक्ति आदि ये सब उनके प्रकृति-गत स्वभाव हैं उनकी मेहनत नहीं। मेहनत केवल मनुष्य करना जानता है। मेहनत मनुष्य की अपनी विशेषता है।

वह मेहनत ही थी जिसने मनुष्य का निर्माण किया। और आज दिन भी मेहनत ही है कि जिसके बिना मनुष्य का काम नहीं चल सकता। उसके सारे सामाजिक कार्य-व्यापार मेहनत के माध्यम से ही आरम्भ होते हैं और अन्त तक मेहनत के माध्यम से ही सम्पूर्ण हो पाते हैं। मेहनत की वास्तविक क्रियाशीलता के कारण ही उसकी शक्तियों का विकास हुआ था, विकास हो रहा है और चिरकाल तक उसका विकास होता रहेगा। न मेहनत ही की कोई सीमा है और न मनुष्य की सामाजिक शक्तियों के विकास का कोई अन्त ही। दोनों ही असीम हैं। दोनों ही अनन्त हैं।

मेहनत ने मानव-शिशु को केवल जन्म देकर ही उसे उसके भरोसे छोड़ नहीं दिया। उसे कभी भी अपने उत्तरदायित्वों से परे नहीं किया। बिना माँगे, जरूरत पड़ने पर उसने अपने पुत्र के मन की बातों को, उसकी रुकावटों को, उसके अभावों को, उसकी कठिनाइयों को समझा है और समझने के साथ ही निर्विलम्ब उसकी आवश्कयता को पूरा किया है। उसे पशु से मनुष्य बनाया और मनुष्य बना देने के बाद परिवर्तितकर्ता और परिस्थितियों के बीच नयी कठिनाइयाँ उपस्थित हुईं तो उसने उन कठिनाइयों को भी दूर किया। उसने मनुष्य के हाथों को सम्पन्न और शक्तिशाली बनाया, उसे समूह में रहने की प्रेरणा दी। जरूरत पड़ने पर उसने मनुष्य के गले को वाणी से मुखरित किया। जरूरत पड़ी उसे सभी प्रकार की कलाओं

से मंडित किया। उसे विज्ञान की समृद्धता प्रदान की। उसकी वाणी को लिपि का रूप दिया। मनुष्य की जरूरत बढ़ती ही गयी और मेहनत ने उसकी हर जरूरत को पूरा किया। वह उसकी जरूरतों को आज दिन भी पूरा कर रही है और भविष्य में चिरकाल तक करती रहेगी।

अन्य सभी जरूरतों की तरह कविता भी मनुष्य की 'जरूरत' के समाधान ही के फलस्वरूप उत्पन्न हुई थी। आदिम-मानव की सामूहिक आवश्यकता तथा उसकी सामूहिक प्रतिभा को व्यक्त करने के लिए कविता ही एकमात्र माध्यम थी। श्रम की तालों के बीच कविता ने अपना जन्म ग्रहण किया था। और तत्पश्चात् श्रम को सहज, सुन्दर और मधुर बनाया था। तब न श्रम को कविता से अलग किया जा सकता था और न कविता को श्रम से। श्रम कविता की विषय-वस्तु था और कविता श्रम का रूप। समूह की भावना, उसकी आशा-आकांक्षा, उसके हर्षोल्लास को समा सकने की ताकत, जितनी कविता में है, उतनी किसी भी अन्य साहित्य के उपकरण में नहीं, क्योंकि कविता सामूहिक औसत भावनाओं ही का परिणाम है।

खेती से सम्बन्धित सामूहिक आयोजनों में काम की निमग्नता के बीच, सामूहिक ध्वनियों को राजस्थानी में 'भणतें' कहा जाता है। सामूहिक आयोजनों की वास्तविक क्रियाशीलता के बीच से निकालकर यदि 'भणतों' को लिखित पंक्तियों के रूप में, अलग से देखने-समझने की चेष्टा करें तो सत्य के साथ मखौल उड़ाना होगा। आयोजन का वह विशेष कार्य, समूह और उस समय के बोल मिलकर ही एक पूर्ण यथार्थ की स्थापना करते हैं। उस पूर्णता से विच्छिन्न एक अंश-विशेष से केवल समग्रता का थोड़ा-सा अनुमान किया जा सकता है, अनुभव नहीं। ये ध्वनि-समूह समग्र वातावरण के केवल अंश-मात्र हैं। काल्पनिक उड़ान से इनके सत्य की गहराई तक नहीं पहुँचा जा सकता। इन ध्वनियों की समूहगत आवश्यकता को समझने से ही इनकी महत्ता का सही रूप में अंकन किया जा सकता है। इन 'भणतों' के अस्तित्व की या इनके स्वरूप की अपनी निजी अनिवार्यता है। अपनी निजी सार्थकता है। मनुष्य की एकान्तिक चिन्तना ने इनके अस्तित्व को जन्म नहीं दिया बल्कि समूह की जीवन-आवश्यकता के बीच इन 'गेय ध्वनियाँ' ने स्वयं अपने बल पर अपने को निर्मित किया है। इसलिए काव्य के सिद्धान्तों से इनकी परख नहीं की जा सकती। जीवन-आवश्यकता की अनिवार्यता से ही इनके सही मर्म और इनकी वास्तविक महत्ता के गम्भीर तत्त्वों को पहचाना जा सकता है।

लेवौ भीड़ीजी नारेळौ
नारेळौ नागौर रौ
चोटी बीकानेर री
साळू सांगानेर रौ

पैलै छेड़ै नारेळौ
काची गिरियां नारेळौ
लांबी चोटी नारेळौ

सामूहिक रूप से घास या धान की कटाई हो रही है। किसान पाँत बनाकर बैठे हुए हैं। हाथ में उनके हँसिया है। वे उससे धान काटेंगे। वे उससे घास काटेंगे। एक साथ कटाई आरम्भ होती है। हँसिया हिलाने के साथ ही 'भणतों' के बोल समूह के कंठों से ध्वनित हो उठते हैं। अपने साथियों से कहा जा रहा है जो ज्यादा कटाई करेगा उसे नारियल मिलेगा। देखें कौन उस नारियल का हकदार होता है? कोई भी वह नारियल स्वयं नहीं लेना चाहता। हर कोई यह चाहता है कि उसका साथी ही वह नारियल ले। लोक-जीवन की प्रतियोगिता भी मानवोचित उदारता से शून्य नहीं होती। 'साथी, वह नारियल तुम लेओ। नारियल ठेठ नागौर का है। चोटी उसकी बीकानेर की है। साँगानेर का सालू है उसका। नारियल कच्ची गिरियों वाला है। अत्यन्त मीठा। चोटी इसकी लम्बी है। अत्यन्त सुन्दर। नारियल खेत के उस परले किनारे पर है। वहाँ जाने से ही मिलेगा।' हर मेहनत करने वाले के हाथ में ऐसा ही मीठा नारियल होता है। लोक-जीवन में मेहनत एक कला है! वह अपने-आप ही में मधुर है!

कड़बी काटै नीं मोटियार
थूं म्हारी जोड़ी रौ जवांन
जोड़ी जुतजा रे जवांन

लोक-जीवन के लिए मेहनत करना, एक सर्वोपरि आनन्द की वस्तु है। उसके लिए तो मेहनत करना ही सच्ची जिन्दगी है। उससे जी चुराना तो उसकी निगाह में मौत से भी बदतर है। मेहनत के समय उसके हौसले बढ़ जाते हैं। उत्साह द्विगुणित हो जाता है। मन हर्षातिरेक से नाच-नाच उठता है। 'तुम भी जवान हो, मैं भी जवान हूँ। दोनों की बड़ी सुन्दर जोड़ी है। काम करने से इस जोड़ी की सुन्दरता और भी बढ़ेगी।

देवर नै भौजाई बाबल, बावौ नीं दांतळियो
दूधां रा पियाकड़, देवरजी, आवण दौ दांतळियौ
छाछां री पियाकड़, भावज, आवण दै दांतळियौ
सासू रा चूंघ्योड़ा, देवर, आवण दौ दांतळियौ

हँसिया चलाते समय, देवर-भौजाई की यह सुन्दर प्रतियोगिता, बस देखते ही बनती है। 'देवर लाला! आने दो अपनी पूरी ताकत से हँसिया। मैं भी देखूँ तो जरा सास के दूध की ताकत! मेरी सास के लाड़ले, आने दो अपनी पूरी ताकत से हँसिया। देखूँ तो जरा सास के दूध की ताकत!' देवर दूध पीने वाला है। भावज छाछ पीने

वाली है। छाछ और दूध की ताकत का जोर तोला जा रहा है।

लोक-जीवन की दृष्टि में श्रम से बढ़कर अन्य कोई गौरव की वस्तु नहीं है। श्रम ने गीतों को पैदा किया तो लोक-जीवन ने अपने गीतों में श्रम के गौरव का जी भर कर बखान किया है। श्रम की वन्दना करके उसके प्रति अपनी कृतज्ञ-भावना को सहज भाव से दर्शाया है। मेहनत उसकी जिन्दगी का अपूर्व संगीत है! उसका अतुलनीय नृत्य है। उसकी सर्वोच्च कला है! उसका श्रेष्ठतम विज्ञान है!

अप्रैल, 1956

अन्धविश्वासों के गीत

मनुष्य का इतिहास उसकी अपनी संस्कृति, उसकी अपनी परम्परा, प्रकृति तथा समाज के साथ उसके विकसित सम्बन्ध एवं संघर्षों की कहानी है। इस इतिहास का निर्माणकर्ता वह स्वयं है। अपने इतिहास, अपने समाज और अपने विकास का निर्माण उसने प्रकृति के बावजूद, उससे संघर्ष करते हुए, उसे अपनी आवश्यकताओं के अनुकूल काम में लाते हुए, स्वयं अपनी मेहनत से, अपने ज्ञान तथा अपनी समझ-बूझ से किया है। अपने विकास का सम्पूर्ण उत्तरदायित्व स्वयं मनुष्य के अपने कन्धों पर है। मनुष्य का प्रत्यक्ष सम्बन्ध रहता है दो जगह से। एक प्रकृति और दूसरा समाज। नयी परिस्थितियों, नये संघर्षों और नये अनुभवों के दौरान इनके साथ उसके सम्बन्धों में परितर्वन होता रहता है। प्रकृति और समाज के साथ उसके सम्बन्धों में परिवर्तन होता रहता है। प्रकृति और समाज के साथ उसके ये परिवर्तित-सम्बन्ध ही, उसके विकास तथा उसकी प्रगति को लक्षित करते हैं। परिवर्तन के इस विकास-क्रम से यह स्पष्ट हो जाता है कि न प्रकृति के साथ मनुष्य का सम्बन्ध कभी एक-सा रहा है और न समाज के साथ ही। आधुनिक युग के सभ्य मनुष्य का प्रकृति के साथ आज जो सम्बन्ध है, उसके प्रति उसकी जो मान्यताएँ तथा जो धारणाएँ हैं, इनसे सर्वथा विभिन्न रूप ही आदिम-मानव के व्यवहार-जगत से प्रकट होता है। प्रकृति के साथ आदिम-मानव को जो सम्बन्ध है, उसी से उसकी चेतना, उसकी कला, उसके चिन्तन, उसके धर्म, उसकी पुराण-कथाओं और उसके देवी-देवताओं के मूल-भूत सत्यों की जानकारी प्राप्त हो सकती है। आदिम-मानव प्रकृति से अपने भिन्न अस्तित्व की चेतना का अनुभव तो कर लेता है, परन्तु उसकी अपनी चेतना से, वस्तु-जगत या वातावरण के भिन्न अस्तित्व की आत्मानुभूति उसे नहीं हो पाती। वह स्वयं को प्रकृति के अंश-रूप में स्वीकार न करके, प्रकृति ही को अपनी चेतना का अंश समझता है। इसलिए उसका विश्वास है कि प्रकृति के कार्य-व्यापारों पर अपनी कामना के अनुसार वह नियन्त्रण रख सकता है। प्रार्थना के रूप में इच्छा या चाह प्रकट करने से उसका विश्वास है कि प्रकृति उसका कहा मानेगी। प्रकृति के साथ आदिम-मानव का यह स्मबन्ध मन्त्र, जादू-टोना, इन्द्रजाल, धार्मिक-अनुष्ठान तथा विधि-कर्म, भूत, प्रेत, पिशाच, प्रेतात्मा आदि की भावनाओं

के रूप में व्यक्त होता है। आदिम वर्गहीन समाज में यह जादू-टोने की भावना ही आदिम-मानव का व्यावहारिक धर्म है, उसका विज्ञान है, क्योंकि वह वस्तु-जगत को इसी रूप में ग्रहण करता है। इसके अन्यथा प्रकृति के प्रति उसकी कोई वैज्ञानिक धारणा नहीं होती। आधुनिक विज्ञान का विकास भी इसी जादू-टोने की भावना से ही हुआ है। प्रकृति के स्वभाव और उसके नियमों को ठीक से समझ नहीं पाने के कारण, जहाँ आदिम-मानव का वश नहीं चलता, वहाँ जादू-टोने की यह आदिम-भावना ही उसे यथार्थ बल प्रदान करती है। जहाँ उसका प्रत्यक्ष सामर्थ्य, उसकी शारीरिक शक्ति समाप्त होती है, वहीं से आदिम-मानव की ऐन्द्रजालिक भावना का आरम्भ होता है। आदिम-मानव की धार्मिक-भावना का यही वास्तविक आधार है। अपने वश के परे ही, प्रकृति को अपनी चेतना का अंश समझने के कारण वह हर आवश्यकता पर देवी-देवताओं से प्रार्थना करता है। सामूहिक रूप से उन्हें प्रसन्न करने के लिए उत्सव मनाता है। नाचता है। गाता है। आदिम-मानव की इस धार्मिक-वृत्ति में, वैयक्तिक इच्छा-उपासना के स्थान पर, सामूहिक आवश्यकता ही महत्त्वपूर्ण है। प्रकृति या वातावरण के साथ समूह का जो सम्बन्ध है वह जरूरत पड़ने पर कभी व्यक्ति के माध्यम से, कभी परिवार के माध्यम से, कभी सामूहिक आयोजन के माध्यम से अपनी अभिव्यक्ति पाता है।

भैरूंजी, काठै रै गवां री चाढ़ं लावसी,
मांय तौ गायां रौ देसी घीवं,
कासी रा वासी, अेक अरज म्हारी सांभळौ!
भैरूंजी, कदेय न भीजी म्हारी दूधां कांचळी,
भैरूंजी, कदेय न भीज्यौ म्हारौ कांधौ लाळ सूं,
कासी रा वासी, अेक पुत्तर बिन कुळ में बांझड़ी!

पुत्र के लिए भैरूंजी से प्रार्थना की गयी है। भैरूंजी के रूप में इस देवता का, समूह की आन्तरिक चेतना या उसकी मानसिक कल्पना के अन्यथा कोई भी अपना स्वतन्त्र अस्तित्व नहीं है। समूह के अन्तर्जगत ही ने इसको, अपनी चेतना के द्वारा किसी बाह्य आवश्यकता को महसूस करने के पश्चात् एक निश्चित रूप और आकार प्रदान किया है और तत्पश्चात् अपनी ही चेतना द्वारा स्थापित किये हुए स्वरूप की स्वतन्त्र सत्ता के बाह्य-रूप को ही वह पूर्ण मान्यता प्रदान कर देता है। इस तरह काल्पनिक होते हुए भी वह समूह के लिए एक 'यथार्थ' बन जाता है। तब उस देवता-विशेष को समूह के आचार-व्यवहार, उसके रहन-सहन के अनुसार, अपने सदस्य ही की भाँति दीक्षित कर लिया जाता है। उसके लिए देवता समूह के साथ ठीक उन्हीं की तरह सामूहिक जीवन व्यतीत करता है। वह समूह का एक अंग बन जाता है। भैरूंजी के साथ समूह एक जीवित मनुष्य ही की तरह बरताव करता है। 'काठे गेहुँओं की

लापसी बनाई जाएगी—उनके लिए। गायों का देशी घी डालकर उन्हें वह लापसी परोसी जाएगी।' वन्ध्या की ओर से भैरूंजी को कैसी मर्मान्तक प्रार्थना की गयी है। कितनी सच्चाई एवं विश्वास के साथ प्रार्थना की गयी है कि बस एक ही क्षण में वे द्रवित होकर उसकी कामना पूरी कर डालेंगे। नारी की जिन्दगी की सार्थकता ही क्या? इस जीवन का सार ही क्या? कासी के वासी को उसकी यह एक छोटी-सी अर्ज है कि वह उसके बाँझपन को मिटा दे। 'वह अपने पीहर में उनके लिए थान बनवाएगी। हर समय, पास गुजरते हुए वह उन्हें धोक देगी।' आदिम-मानव का यथार्थ-जगत् उसकी कल्पना का पुट पाकर काल्पनिक रूप धारण कर लेता है और उसका काल्पनिक जगत् उसके यथार्थ का पुट पाकर वास्तविक बन जाता है। इस कारण यह भेद करना मुश्किल हो जाता है कि उसके यथार्थ और काल्पनिक-जगत् में कहाँ भिन्नता है?

बड़ीजी तौ आया जी, लौड़ी के प्यारा पांवणा।
चौकी तौ चावळां, जी बड़ीजी थानै बैसांणां, दूध पखाळां पांव,
चावल तौ रांधां, जी बड़ीजी थानै ऊजळा, हरिये मूंगां री दाळ,
घेवर तळां, जी बड़ीजी थानै टोकणां, पापड़ तळां ऐ पचास।

आदिम मानव के लिए मरा हुआ व्यक्ति भी किसी-न-किसी रूप में समूह के बीच जिन्दा रहता है। उसे मरने पर समूह के बीच से एकदम मार नहीं दिया जाता। उसकी आत्मा, समूह के हर सुख-दुख के समय जीवित रहती है। वह मरकर भी सामूहिक आयोजनों में भाग लेता है। समूह के लिए वह जिन्दे व्यक्ति के समान ही रहता है। दूसरा विवाह होने पर भी, पहले की मृत स्त्री को पूर्णतया मरा नहीं माना जाता। पितरांणी के रूप में उसकी पूजा होती है। 'लौड़ी के लिए आज खुशी का पार नहीं है। क्योंकि बड़ीजी उसकी पाहुनी बनकर आयी है। उन्हें सम्मानपूर्वक चावलों की चौकी पर बिठाया जाएगा। दूध से उनके पाँव पखारे जाएँगे। उजले चावल राँधे जाएँगे। हरे मूँग की दाल बनायी जायेगी। घी से गळगच बाटिये बनाये जायेंगे। तीस-बत्तीस प्रकार के साग, बड़े-बड़े घेवर और पचासों पापड़ तले जाएँगे। बीजापुर के पंखे से उन्हें बयार की जाएगी। उनकी अँगुलियाँ, मूँगफलियों के समान लम्बी और पतली हैं। उनके दाँत, दाड़म के बीजों के समान सुन्दर हैं। भोजन कराते समय उनकी अँगुलियों की सुन्दरता को लौड़ी निरखती रहेगी। दाड़म के बीजों के समान सुन्दर उनके दाँतों की मुस्कराहट को वह एकटक निहारती रहेगी।' इतना सब-कुछ होगा—फिर कैसे मान लिया जाए कि पितरांणी का समूह के बीच कोई अस्तित्व नहीं है व आदिम-मानव मृत व्यक्ति की प्रेतात्मा के प्रति, जीवित मनुष्य के समान ही व्यवहार करता है। बाह्य-जगत उसकी चेतना का स्पर्श पाकर प्राणवन्त हो उठता है। बीमारियों के सम्बन्ध में भी 'आदिम-वृत्ति'—अपनी

चेतना के अनुसार विशेष बीमारी के विशेष देवी-देवता से पूजा प्रार्थना करती है और अपने आदिम-स्वभाव के अनुसार उसका उसी रूप में उपचार खोजती है। शीतला माई के अनेकों गीत, इकांतरा के बुखार की कथा, खुलखुलिए का रातीजगा, निकाले अन्तरज्वर का जागरण आदि कई बीमारियों का उपचार गीतों के रूप में देवियों की प्रार्थना के जरिये किया जाता है। ऐसी ही है आदिम-मानव की वृत्ति। वह बाह्य-जगत् को अपनी चेतना में समेटकर उसका मानवीयकरण कर लेता है।

हालौ विनायक, आपां जोसी रै हालां
चोखा-सा लगन लिखासां हे, म्हारौ बिड़द विनायक
चालौ विनायक, आपां बजाजी रै हालां
चोखा-सा साळूड़ा मोलावसां, म्हारौ बिड़द विनायक

गणेश, गणपति या विनायक—शुभ और मंगलकारी देवता है। हर कार्य के प्रारम्भ में उसकी अपेक्षा रहती है। विवाह-शादी के अवसर पर तो विनायक के गीतों की जैसे झड़ी-सी लग जाती है। हर गीत में लगता है कि विनायक बारातियों की तरह एक साधारण मनुष्य है और उससे काम लिया जा रहा है। चलो विनायक जोशी के यहाँ चलें और एक अच्छा-सा लगन लिखवाकर ले आयें। चलो विनायक, महाजन की दुकान पर चलें और बढ़िया रेशमी वस्त्र खरीद लाएँ। चलो विनायक, सोनार के घर चलें ओर सुन्दर-सुन्दर गहने घड़वाकर ले आयें। पंसारी के चलो, गाधी के चलों, हलवाई के चलो, तमोली के चलो। यह विवाह का अवसर है। न जाने कितनी जगह से कितनी-कितनी चीजें लानी हैं। आदिम-मानव का धर्म उसकी जिन्दगी से कोई अलग वस्तु नहीं है। उसकी जिन्दगी में उसका धर्म समाया हुआ है और उसके धर्म में उसकी जिन्दगी अन्तर्निहित है। हर शुभ अवसर पर विवाह के समय, जन्मोत्सव पर, खेत अँवेरने पर, खेती करने पर, अच्छी वर्षा होने पर या कोई भी अन्य खुशी होने पर—देवी-देवताओं के गीत गाये जाते हैं।

आदिम-मानव—अपने जीवन में हर कार्य के लिए अच्छे-बुरे के शकुन विचारता है। यात्रा के समय दिशा-शूल का खयाल रखता है। ये मान्यताएँ भी उसके जीवन में इतनी गहरी समा गयी हैं कि वह उनकी उपेक्षा किसी भी तरह नहीं कर सकता। वह बुधवार को यात्रा के लिए घर से प्रस्थान नहीं करता। मंगल या शनि को दाढ़ी या बाल नहीं कटवाता। शनिवार को नया जूता नहीं पहनता। शनि को को नये कपड़े नहीं पहनता। यात्रा के समय दूध नहीं पीता। गुड़ और दही को यात्रा के समय मांगलिक समझता है। यात्रा पर जाते हुए, घर से बाहर निकलते समय, सुहागिन स्त्री, जल से भरा हुआ घड़ा, जाट ओर मेहतर—मंगलकारी शकुन माने जाते हैं। और खाली घड़ा, नंगा सर, लकड़ियों की भारी, कान फड़फड़ाता हुआ कुत्ता, बिल्ली का रास्ता लाँघना, सामने की तरफ छींक होना—अशुभ माना जाता है।

म्हनै बायों तीतर बोलियौ
अेक धाणी बोली कोचरी

बाईं तरफ तीतर और दाहिनी तरफ कोचरी का बोलना शुभ माना जाता है। राह में गधा मिल जाए तो उसे बाईं ओर टाला जाता है और जहरीले जन्तुओं को दाहिनी ओर।

आदिम वर्ग-हीन समाज में, जादू-टोने के रूप में, इन धार्मिक-मान्यताओं की उपज एक आवश्यकता थी। 'प्रकृति' के अस्पष्ट-सम्बन्ध ने ही इस जादू-टोने की भावना को जन्म दिया था। और धर्म का यह आधुनिक रूप 'समाज' के अस्पष्ट सम्बन्धों के कारण उत्पन्न हुआ है। कला और विज्ञान के विकास ने आदिम-मान्यताओं को वैज्ञानिक और स्पष्ट रूप प्रदान कर दिया है, लेकिन वर्ग-समाज की अस्पष्टता के भीतर मनुष्य एक बार फिर खो गया है। धर्म का अन्धकार उसे सही राह खोजने में बाधा पहुँचा रहा है। धर्म के नशे में मनुष्य अपना सही रूप पहिचान नहीं पा रहा है। वह समाज के सम्बन्धों को स्पष्ट रूप से समझ नहीं पा रहा है। इसलिए वर्ग-समाज में धर्म की आलोचना—समाज की अलोचना ही है। धर्म को चुनौती देना—वर्ग-सत्ता को चुनौती देना है!

अप्रैल, 1956

ऊजली की विरह-वेदना का मर्म

आर्थिक आवश्यकताओं की पूर्ति मनुष्य की जिन्दगी में निःसन्देह सबसे महत्त्वपूर्ण समस्या है। महत्त्वपूर्ण इसलिए नहीं कि उनका स्वतन्त्र रूप से कुछ मूल्य है। इनसान की जिन्दगी से अलग इनकी स्वयं में एक कानी कौड़ी भी कीमत नहीं। समय के साथ बदलती हुई मनुष्य की इन अगणित आवश्यकताओं को केवल एक छोटे-से शब्द में सीधे रूप से स्पष्ट करना चाहें तो वह है—जीवन। लेकिन आज मनुष्य की यही सबसे बड़ी विडम्बना है कि जिन्दगी के अस्तित्व को बनाए रखने के लिए आवश्यक इन समग्र भौतिक वस्तुओं ने एक-दूसरे ही शब्द में अपने को सन्निहित कर लिया है, और वह है—रोकड़ या पैसा!

पैसा मनुष्य के लिए भौतिक रूप से कतई आवश्यक नहीं है। किन्तु वही अनावश्यक मुद्रा आज इनसान की जिन्दगी का एकमात्र उद्देश्य या साध्य बनकर रह गयी है, जिसकी प्राप्ति के लिए मनुष्य ने अपने जीवन और अपने शरीर तक को निमित्त बना रखा है। आर्थिक समस्या रोकड़ की समस्या नहीं है। वह जीवनयापन और विकास की समस्या है। मनुष्य के सामाजिक व रागात्मक सम्बन्धों की समस्या है।

यह तो केवल प्रचलित व्यवस्था का ही दोष है कि मनुष्य की समूची भौतिक आवश्यकताएँ केवल पैसों में निहित हो गयी हैं। आवश्यकताओं के साथ-साथ मनुष्य के समस्त सामाजिक सम्बन्ध, उसकी रागात्मक भावनाएँ, उसका कलात्मक सौन्दर्य-बोध, उसका वैज्ञानिक विकास, उसका समस्त परम्परागत ज्ञान, उसकी सांस्कृतिक थाती और प्रकृति पर उसकी निरन्तर विजय—मतलब कि उसका सर्वस्व आज पैसों में समाहित हो गया है। आज मनुष्य के लिए मनुष्य की देह प्यारी नहीं, पैसा प्यारा है। चाम नहीं, दाम प्यारा है!

रोकड़ के भूत ने मनुष्य के शरीर से उसका कलेजा और दिल निकाल लिया है और तोंद के रूप में उसने पेट को इतना बढ़ा दिया है कि जिसके फलस्वरूप आज पेट ने मनुष्य की समूची देह, उसके मस्तिष्क, उसके मानस और उसकी समग्र चेतना को ही पचा डाला है! मनुष्य की पाचन-शक्ति आज इतनी तीव्र, उग्र और हिंसक बन गयी है कि वह उसके शरीर और मन ही को खाए जा रही है। पेट की आग में मनुष्य के सारे रागात्मक सम्बन्ध, उसकी सुकोमल भावनाएँ जलकर नष्ट

हुई जा रही हैं।

इस निर्जीव पैसे ने आज मनुष्य को भी ठीक अपने ही समान निर्जीव बना डाला है।

आज की व्यवस्था में मनुष्य के अन्तर्जगत् की सारी सुकोमल भावनाएँ—बाजार, प्रतियोगिता और रोकड़ की विभीषिका के कारण कुंठित, विकृत एवं नष्टप्रायः हो रही हैं। आज पैसा केवल भौतिक वस्तुओं को खरीदने का ही साधन नहीं, बल्कि मनुष्य की सुकोमल भावनाओं को और उसकी रागात्मक प्रवृत्तियों को भी खरीदने का साधन बन गया है। धान, तेल, नमक, मिर्च और लकड़ी के क्रय-विक्रय तक ही उसकी ताकत सीमित नहीं, बल्कि उसकी पवित्र तुला पर प्रेम, वात्सल्य, स्नेह, ममता, मोह आदि सब-कुछ खरीदा और बेचा जाता है!

नारी के जिस प्रेम, विरह और उसके सौन्दर्य को लेकर साहित्य में कितना कुछ लिखा गया है और न जाने कितना कुछ लिखना शेष है, उस नारी का प्यार आज टके सेर हो गया है। केशव और बिहारी की नायिकाओं का आकर्षक शरीर आज नमक और हल्दी से भी सस्ता हो गया है। उनकी अनमोल चितवनें आज आना-पाइयों के वशीभूत हो गयी हैं। कालिदास की शकुन्तला आज हर ऐरे-गेरे दुष्यन्त को, जिसकी मुट्ठी में पैसा है, उसे अपना सुन्दर शरीर, अपना मन और अपना प्यार बेच रही है। सूरदास की भ्रमर-गोपिकाएँ आज मानव-देहधारी प्रत्येक गोपाल को अपना मक्खन-सा शरीर और दूध-सा पवित्र मन बेचने को विकल हैं, जो उनके पास पैसा लेकर पहुँचता है। प्रेम-नायिकाओं की कमल-सी आँखें चकित हिरणी-सी उनकी चितवनें, बिम्बाफल-से उनके गुलाबी होंठ, रेशम की डोर से उनके पतले अधर, वासंग के समान उनकी केश-राशि, धनुष के समान तनी हुई उनकी भृकुटियाँ, कमल-नाल-सी उनकी पतली कमर, पीपल के पत्ते-सा उनका सुकोमल पेट, देवल के थम्भों-सी उनकी सुडौल जंघाएँ, कमल के पत्ते-सा उनका थिरकता मन, हंसनी के समान उनकी सुमधुर गति, मोरनी-सी उनकी लम्बी ग्रीवा जिन्हें पाने के कारण तपस्या और साधना करनी पड़ती थी आज वे पैसे की दानवी क्रयशक्ति के कारण इतनी सहज और सस्ती हो गयी हैं कि उनमें कोई प्रेम व आकर्षण शेष नहीं रहा। नारी की देह और उसका प्यार केवल शरीरिक आवश्यकता की वस्तु मात्र बनकर रह गया जिसकी चौड़ी छाती, पतली कमर, व झीनी पसलियों को पाने के लिए न शिव को पूजने की आवश्यकता है और न हिमालय जाकर गलने की और न तपस्या करने की

उर चवड़ी कड़ पातळी, झीणी पासळियांह।
के मिळसी हर पूजियां, के हेमाळै गळियांह ॥

केवल अंटी में पैसा और पाने की इच्छा भर होनी चाहिए। न इस से कुछ अधिक,

न इस से कुछ कम। आज नारी जैसी सहज प्राप्य वस्तु के लिए तोप, तलवार, युद्ध और खून और खून बहाने की रत्ती भर आवश्यकता नहीं। पैसे में खून, तलवार और युद्ध से अधिक ताकत है!

मेघदूत में वर्णित अलका नगरी की सुन्दर यक्ष-कुमारियाँ जिन्हें पाने की देवता भी अभिलाषा करते थे, उन्हें आज पैसे की अमोघ शक्ति के बूते पर सहज ही हथियाया जा सकता है। केवल अंटी में पैसा और पाने की साधारण इच्छा भर होनी चाहिए! न इस से कुछ अधिक, न इस से कुछ कम!

अलका नगरी की उन सुन्दर यक्ष-कुमारियों के प्रेमातुर हृदय में इतनी उत्कट लज्जा की गहनतम भावना अन्तर्निहित थी कि अपने अभिन्नतम प्रेमी के सम्मुख भी उन्हें क्रीड़ा के समय रत्न-प्रदीप का प्रकाश तक सह्य नहीं होता था। मुट्ठी भर कुंकुम फेंककर उनका संकोचशील मन उन्हें बुझाने की चेष्टा करता था

नीवीबन्धोच्छ्वसितशिथिलं यत्र बिम्बाधराणां
क्षौमं रागादनिभृतकरेष्वाक्षिपत्सु प्रियेषु।
अर्चिस्तुङ्गनभिमुखमपि प्राप्य रत्नप्रदीपा—
न्हीमूढ़ानां भवति विफलप्रेरणा चूणमुिष्टः।

उत्तर मेघ 7

[(वहाँ कामातुर प्रेमी लोग जब (अविनीत होकर) अपने चपल हाथों से बिम्बाफल के समान ललित अधरों वाली अपनी प्रियाओं की वसन-ग्रन्थियाँ ढीली करते हैं, और प्रेमोद्वेग से दुकूल को दूर कर देते हैं तो उत्कट लज्जा से विमूढ़ वे रमणियाँ (प्रकोष्ठ का प्रकाश बुझाने के हेतु से) उज्ज्वल जगमगाते हुए रत्नदीप की ओर मुट्ठी भरकर कुंकुम चूर्ण फेंकती हैं। किन्तु प्रदीप की तरह जगमगाता हुआ रत्न बुझता नहीं है और उन सुन्दर यक्ष-वनिताओं की चेष्टा अकारथ ही जाती है।]

अलका नगरी के उन रत्नप्रदीपों की भाँति इस रोकड़-नगरी में सोने और चाँदी के निर्धूम अक्षय प्रकाश को भी यदि आज की बेबस सुकुमारियाँ घृणा और आत्मग्लानि से दुखी होकर मुट्ठी भर रेत से बुझाने की चेष्टा करें तो इनकी चेष्टा भी अकारथ जाएगी। सोने के इस प्रकाश ने आज की विवश नारी को उसकी देह के अलावा उसके मन से भी अनावृत्त कर दिया है। और मनुष्य को क्षुद्र, निम्न स्वार्थी और क्रूर बना दिया है, जिसके फलस्वरूप मानवीय अन्तर्जगत् विषाक्त, हीन, विक्षिप्त और द्वेषी हो गया है। इस तरह के वातावरण में प्रेम, ममता एवं स्नेह आदि ललित भावनाएँ पनप नहीं सकतीं। इनसान और इनसान के बीच शुद्ध मानवीय प्रेम, वस्तु और अर्थ के अटूट प्रलोभन के कारण अवरुद्ध हो गया है। उसकी सहज अभिव्यक्ति का स्रोत निरुद्ध हो गया है। तब आज की विवश मानवता सिनेमा के सस्ते, कलाविहीन और सौन्दर्य-रहित मनोरंजन, कामोत्तेजना रंगीन उपन्यासों

की उच्छृंखलता और तुच्छ कोटि की जासूसी व ऐयारी कहानियों की अविकसित जिज्ञासायुक्त अवास्तविकता में अपने को भुलाने और क्रूर यथार्थ से पलायन करने की निष्फल चेष्टा में उलझ गयी है। इस अराजकतापूर्ण भौतिक विकास से त्रस्त, रागात्मक सम्बन्धों से सर्वथा वंचित मानवता छिछली कामोत्तेजना, प्रमत्त कामोद्वेगों को ही प्रेम के नाम पर स्वीकार करके अपने को भ्रान्ति में रखने की अकारथ चेष्टा ही में मगन हो गयी है। क्षुद्र और हीन उत्तेजना को प्रेम का सुसंस्कृत सुन्दर नाम देकर अपने को छल रही है। निसन्देह आज के मनुष्य का हृदय पारस्परिक प्यार जैसी उदात्त भावनाओं से शून्य और यान्त्रिक हो गया है। पैसों की खन-खन ही उसके विक्षिप्त मन का मधुरतम संगीत है! नारी के प्रति उसका बहु-प्रचारित प्यार वास्तव में क्षणिक कामुकता के सिवाय और कुछ भी नहीं। प्रेम की गहराई और तीव्रता के अभाव में विरह की वेदना भी उसके हीन स्वार्थी मन को विचलित नहीं करती। आज की इस संकटकालीन स्थिति में यक्ष, शकुन्तला, पद्मावती, ऊजली, भ्रमर-गोपिकाओं, प्रेम-नायिकाओं के प्रेमोल्लास और उनकी विरह-व्यथा का महत्त्व तो और भी सहस्र गुना बढ़ जाता है। इन प्रेम-कथाओं का विरह-सन्ताप हमारे जीवन की कटुताओं को मधुर बनाता है। अर्थ-जाल में फँसे हुए मनुष्य को मुक्ति का पाठ पढ़ाता है। मानवीयता से वंचित मानव को अपने वास्तविक स्वरूप की प्राप्ति का आभास प्रदान करता है। इनसान की जिन्दगी से बिछुड़ी हुई इनसानियत का पुनः उससे साक्षात्कार करवाता है। इन प्रेम-कथाओं में मनुष्य के अन्तराल की पवित्रतम थाती संचित है जो सदैव अक्षुण्ण बनी रहेगी।

आनन्दोत्थं नयनसलिलं यत्र नान्यैर्निमित्तै–
र्नान्यस्तापः कुसुमशरजादिष्टसंयोगसाध्यात्।
नाप्यन्यस्मात्प्रणयकलहाद्विप्रयोगपपत्ति–
र्वित्तेशानां न च खलु वयो यौवनादन्यदस्ति ॥

उत्तर मेघ 4

[वहाँ अलका नगरी में, हे मित्र! यक्षों की आँखों में आनन्द के सिवाय कोई अन्य कारण से आँसू नहीं छलकते, अभिलषित संयोग से निवर्तनीय काम-जनित ताप के अतिरिक्त वहाँ यक्षों को किसी अन्य ताप का अनुभव नहीं होता, वहाँ प्रेम की कलह के अतिरिक्त और किसी कारण से उन्हें विरह का सन्ताप नहीं भोगना पड़ता और वहाँ यौवन के सिवाय कोई अवस्था ही नहीं होती। यौवन और आनन्द का अखंड साम्राज्य है वहाँ!]

लेकिन आज! आज तो इस से बिल्कुल विपरीत ही स्थिति है। आँखें निरन्तर आँसुओं से छलछलाई रहती हैं, लेकिन वे प्रेम और आनन्द के आँसू नहीं हैं। सिवाय प्रेम एवं हर्ष के वे शेष सभी कुछ के प्रतीक हैं भूख, दुःख, बीमारी आदि सभी व्यथाओं

के सहज परिणाम! ताप, जलन, ज्वाला सर्वत्र व्याप्त है, पर वह मानवीय वियोग और विरह-व्यथा की परिचायक नहीं। मनुष्य और मनुष्य के बीच संवेदना नाम की तो कोई चीज ही नहीं रही। आज मनुष्य के सन्तापों की सीमा नहीं हैं, परन्तु उन में विरह, सहानुभूति का अंश बहुत ही थोड़ा है। सन्ताप केवल आर्थिक अभावों का सन्ताप! जवानी के साथ ही बुढ़ापा आ धमकता है। आर्थिक परवशता यौवन को चारों ओर से जकड़कर उसे पंगु और कुंठित बना देती है। बीमारी, जर्जरित-वृद्धावस्था और क्षोभ का आज निर्बन्ध साम्राज्य छाया हुआ है। प्यार और धन के पारस्परिक अन्तर्विरोध ने मनुष्य को मनुष्य से दूर कर दिया है। आपसी मिलन और प्रेम असम्भव नहीं तो कम-से-कम दुश्वार अवश्य हो गया है। आधुनिक व्यवस्था मनुष्य के जीवन, प्राण, मानसिक विकास, प्रेम और त्याग के सौदे पर भौतिक वस्तुओं का उत्पादन बढ़ा रही है। यह महँगा सौदा है। मनुष्य के लिए मनुष्य का प्यार ही उसकी सर्वोपरि वस्तु है और प्यार का अभाव ही उसकी विकटतम निर्धनता। निर्धनता की इस विभीषिका से बचते रहने के लिए इन प्रेम-कथाओं का यह विरोधी तत्त्व मनुष्य के जीवन में संगति और समन्वय की सृष्टि करता है। मानस का परिमार्जन करके उसे उदार और उदात्त बनाता है।

टोळी सूं टळतांह, हिरणां मन माठा हुवै।
वाल्हा बिछड़ंतांह, जीणौ किण विध जेठवा ॥

जब पशु-जगत् में भी आपसी विछोह उसके मन को खींचता है, हिरणों का मन अपनी टोली से दूर होते हुए जब दूर नहीं होना चाहता तब एक मनुष्य के लिए यह क्योंकर सम्भव हो कि अपने प्रियतम के बिछुड़ने पर वह जिन्दा रह सके।

नैणां नेह छिपाय, जीवूं कित्ता दिन जेठवा।

नयनों में नेह को छिपाकर बाह्य-जगत् के सारे दृश्य-वैभव को पाकर भी क्या हृदय की वेदना को शान्त किया जा सकता है? मानव के अन्तःकरण में सोए हुए मौन प्रेमी का एकमात्र उत्तर है नहीं। प्यार बदले में केवल प्यार चाहता है। ममता का सीधा और न्यायपूर्ण लेने-देन ममता से है। भावना के बदले वस्तु का सौदा मानवीय दयनीयता का परिचायक है। भावनाओं के अतुलनीय ऐश्वर्य को किसी भी बहुमूल्य भौतिक वस्तु से खरीदा नहीं जा सकता। ऊजली प्यार के बदले प्यार का यही अधिकार लेकर ही जेठवा के पास गयी। लेकिन राजकुमार जेठवा प्यार के उस अधिकार का ठीक-से मूल्यांकन नहीं कर सका। साधारण मनुष्यों की सहज प्रक्रियाओं से राजकुमार की चेतना ऊपर होती है। राज-सत्ता प्यार के बल पर नहीं, दंड के बल पर संचालित होती है! सही है कि विचार और भावना क्रिया का मार्ग-दर्शन करते

हैं, फिर भी वह क्रिया है जो चेतना को जन्म देती है। इसीलिए राजकुमार जेठवा की चेतना दरबारी मान्यताओं, राजसत्ता की प्रशासनिक क्रियाओं का ही परिणाम थी। राजा के दिल में क्रूरता के स्थान पर प्रेम का प्रादुर्भाव हो जाए तो राज्य का संचालन नहीं हो सकता। समस्त मानवीय गुणों का अभाव ही राजा का एकमात्र गुण होता है! इनसान जब पूर्णतया मर जाता है तभी उस भौतिक देह के भीतर राजा का जन्म होता है। लेकिन ऊजली की नारी देह के भीतर मानवीय भावनाएँ अकृत्रिम रूप से विद्यमान थीं। उसका प्यार बदले में प्यार चाहता था, सौदा नहीं! किन्तु इसके विपरीत राजकुमार जेठवा को प्यार के बदले में राज्य का सौदा इतना महँगा पड़ता था कि जिसकी कल्पना भी उसे मान्य नहीं थी। राजमहल के सामने विलाप करती हुई ऊजली का विश्वास और उसकी आशा ध्वस्त हो गयी तो उसने अपने प्रेमी राजकुमार को उलहना देते कहा

आव्यां आशा करे, निराश ऐने तो वाळिये,
तब डुळ टुंकारे भोंठप झाझी भाँणना।

जो आशा-भरे हृदय से आता है उसे निराश होकर लौटना शोभा नहीं देता। हे भांण जेठवा के पुत्र, तुम्हारी ऐसी तुच्छता से मुझे लज्जा आती है।

लेकिन जिन राजमहलों की गर्वोन्नत उच्चता के सम्मुख जेठवा के विश्वासघाती प्रेम को ऊजली जितना तुच्छ करके मान रही थी, वह तुच्छता ही तो जेठवा की दृष्टि में सर्वोच्च मान्यता थी, जिसने उसके प्रेम को नियन्त्रित कर रखा था। उसने ऊजली को बार-बार यही समझाने की चेष्टा की कि वह प्रेम की भूख को सदा के लिए बिसार दे। यह नितान्त बावलापन है। पेट की भूख हाँ, यही तो दुनिया में एकमात्र सच्चाई है। इस सच्चाई की ज्वाला से वह जब कभी सन्तप्त हो, निसंकोच धूमली नगर चली आये। राजकुमार जेठवा उसकी सभी भौतिक आवश्यकताओं को पूरा करने का वचन देता है। प्रेम का कौल न भी पूरा हुआ तो कोई बात नहीं। उस कौल के बदले में यदि गरीब ऊजली को ये सुविधाएँ हासिल हो जाती हैं तो वह लाभ ही में रहेगी!

कण ने दाणा कोय, भण्य तो दऊं गाडां भरी।
हैये भूलूं होय, तो आभपरे आवे ऊजळी ॥

यदि ऊजली कहे तो जेठवा उसे अनाज की गाड़ियाँ भरकर दे सकता है। और भविष्य में भी वह जब कभी भूखी हो तो वह निसंकोच यहाँ आकर धान ले जा सकती है। आखिर जेठवा ने उसके साथ प्यार जो किया है! उसके साथ कई दिनों तक प्रणय-क्रीड़ाएँ जो की हैं। वह इतना कृतघ्न नहीं कि उन प्रणय-क्रीड़ाओं को भूल जाये। ऊजली, यदि चाहे तो उसे खजाने से धन मिल सकता है। जमीन-जायदाद मिल

सकती है। ऊजली भी आखिर कोई नादान बालिका तो है नहीं! अपना नफा-नुकसान सोचने की उसकी भरपूर उम्र हो गयी है।

अन्त में एक नेक व कीमती सलाह जेठवा ने ऊजली को और भी दी

आयां थी जाने ऊजळी, नवे नगर कर नेह,
जाने रावळ जामने, छोगाळी न दे छेह।

यदि ऊजली को अनाज नहीं चाहिए और केवल राजा से ही विवाह करने को आतुर हो तो वह सुखपूर्वक नवानगर के राजा रावळराम से अपना प्रेम प्रकट करे। रसिक राजा ऊजली को धोखा नहीं देगा। ऊजली की साध अवश्य पूरी होगी!

एक प्रेमी राजकुमार अपनी प्रेमिका को इससे बढ़िया और क्या नेक सलाह दे सकता है? लेकिन बावली ऊजली ने इन नेक सलाहों पर बिल्कुल गौर नहीं किया। उसका प्रेमी मन तो प्यार के बदले केवल प्यार चाहता था। न अनाज से भरी गाड़ियों की उसे चाह थी और न राजा रावळराम से विवाह करने की तमन्ना। वह तो जिस से प्रेम करती थी उसी से शादी करना चाहती थी। उसी के साथ एक आर्थिक व सामाजिक इकाई में बँधना चाहती थी। उसकी दृष्टि प्रेम और विवाह को विच्छिन्न करके देख ही नहीं सकती थी।

आज भी हर ऊजली के सम्मुख धान की भरी गाड़ियाँ और राजा रावळराम से विवाह करने का प्रलोभन कदम-कदम पर अपने विभिन्न रूपों में प्रकट होता है और मन मारकर अपने ही हाथों से अपने प्यार का गला घोंटकर, अनाज से भरी गाड़ियों व राजा रावळराम को स्वीकार करना पड़ता है। पेट की भूख सभी ललित भावनाओं और उदात्त विचारों को पचाकर नष्टप्रायः कर डालती है।

करीब-करीब सभी प्रेम-कथाओं में विश्वासघात, निष्ठुरता, कृतघ्नता आदि के हीन प्रसंग विद्यमान रहते हैं, लेकिन श्रोता और पाठकों पर इनका प्रभाव सर्वथा उलटा ही पड़ता है। प्राकृतिक दुर्बलताओं की स्पष्ट अभिव्यक्ति विरोधी दिशा में अपना प्रभाव दरसाती है। वह हमें दुर्बलताओं के प्रति जागरूक व सजग बनाती है। स्वयं कथा को भी इस तरह के निष्ठुर प्रसंग दृढ़ और प्रभावशाली बनाते हैं। उन हीन चित्रणों से ही हीन भावनाओं का उन्मूलन होता है। प्रेम-कथाओं के द्वन्द्वात्मक चरित्र की यह अपनी विशेषता है।

नारी की देह पाकर भी ऊजली केवल नारी मात्र नहीं है। वह एक प्रेमिका है—विशुद्ध प्रेमिका! नारी देह की तृप्ति के लिए दुनिया मनुष्यों से भरी पड़ी है। मगर इन अगणित मनुष्यों की भीड़भाड़ में उसका प्रेमी तो केवल एक ही है। उसके मन का प्रेमी ही उसके शरीर का उपयोग कर सकता है।

आवै अवर अनेक, ज्यां पर मन जावै नहीं,
दीसै तव बिन देख, जागा सूनी जेठवा।

अपने प्रेमी के अभाव में ऊजली को सर्वत्र इस मनुष्य-जगत् में सूना-ही-सूना दिखलाई पड़ने लगा। केवल पशु और पक्षी जगत् में उसे आदर्श दिखलाई दिये। केवल उनका प्रेम ही प्रेम की प्रदीप्त लौ को प्रज्वलित रखेगा—

सारस मरता जोय, सारसणी मरसी सही,
लाखीणी आ लोय, जग में रहसी जेठवा।

यह कैसी विडम्बना है कि पशु-पक्षियों का प्रेम मनुष्य के लिए आदर्श की वस्तु बन गया! मनुष्य को प्रेम की मिसाल के लिए पशु-जगत् की ओर दयनीय दृष्टि से निहारना पड़ रहा है। मनुष्य का अन्तर्जगत् इतना निर्धन कैसे हो गया? सारस को मरते देखकर निश्चित रूप से सारसणी मरेगी। जब उसके जीवन का एकमात्र आधार ही मिट गया तो वह कैसे जीवित रह सकेगी? दुनिया का कोई भी भौतिक ऐश्वर्य प्रेम की अनमोल लौ बुझा नहीं सकता!

जग में जोड़ी दोय, सारस नै चकवा तणी,
तीजी मिळी न कोय, जो-जो हारी जेठवा।

मनुष्य के इतने लम्बे-चौड़े संसार को छान मारा, कहीं भी दो प्रेमियों की अमिट जोड़ी दिखाई न दी। दुनिया युगों से प्रेम की दो युगल जोड़ियों की साक्षी रही है एक सारस और दूसरा चकवा। ऊजली की सन्तप्त आँखें भी निहार-निहारकर हार गयीं, परन्तु उसे तीसरी जोड़ी दिखाई न दी क्योंकि आर्थिक परवशता और सामाजिक बन्धनों ने उसके मिलन व उसकी दाम्पत्य भावना को खंडित कर दिया था, इस कारण सर्वत्र विलगाव और विभेद दृष्टिगोचर होना ही उसके लिए स्वाभाविक था।

यहाँ यह निर्देश करना भी असंगत न होगा कि चकवा, सारस, चातक और हिरण आदि ये काव्य-प्रतीक केवल मानव-हृदय की गहनतम अनुभूतियों को व्यंजित करने के संकेत मात्र हैं। मानवीय जगत् पर पशु-जगत् की श्रेष्ठता को स्थापित करने की खातिर इन विचित्र उदाहरणों की पुष्टि के द्वारा किसी भी तरह की प्रामाणिकता सिद्ध करना इन काव्य-प्रतीकों की कभी मंशा नहीं रही। पशु-पक्षियों और मनुष्यों की यह पारस्परिक तुलना पशु-जगत् की मानवीय-जगत् से श्रेष्ठता की बोधक नहीं है। अपनी वैयक्तिक प्यार-भावना के अभाव को तीव्र और गहन रूप देने के लिए ये काव्य-प्रतीक निमित्त मात्र हैं और जीव-शास्त्र के अनुसार परख करने पर तो यह बात बिल्कुल साफ हो जाती है कि प्रेम और ममता के क्षेत्र में मनुष्य पशु से सदैव श्रेष्ठ रहा है और श्रेष्ठ है भी। पशुओं में कुछ उदाहरण ऐसे मिल सकते हैं जिनसे नर और मादा के पारस्परिक लगाव व आकर्षण की गहनता प्रकट होती है। परन्तु उस गहनतम आकर्षण के लिए पशुओं को इसके लिए श्रेय नहीं दिया जा सकता। क्योंकि उनका वह सहज लगाव केवल प्रकृतिगत एक जन्मजात प्रक्रिया है, सजग

चेतना का परिणाम नहीं। इसके विपरीत मनुष्य की प्यार-भावना उसकी अपनी सृष्टि है, प्रकृति की अचेतन प्रक्रिया मात्र नहीं है।

क्योंकि सामाजिक सम्बन्धों के सभी सांवेगिक तत्त्व—प्रेम, श्रद्धा, भक्ति, ममता, स्नेह, वात्सल्य, मोह आदि मनुष्य की अपनी सृष्टि है—इसलिए मनुष्य के विकास के साथ इन समस्त रागात्मक सम्बन्धों में भी विकास और परिवर्तन होता रहा है। इनका स्वरूप कभी एक-सा नहीं रहता। सामाजिक व आर्थिक परिस्थितियों के बदलने के साथ ये तमाम सांवेगिक तत्त्व भी बदले और विकसित हुए हैं। व्यक्ति के सांवेगिक तत्त्व और सामाजिक सम्बन्धों के संघर्ष से ही उसका अन्तर्जगत् निर्मित होता है और यह निरन्तर संघर्ष ही समाज के विकास की अन्तहीन कहानी है।

समाज के विकास की इस अन्तहीन कहानी से प्रेम कोई स्वतन्त्र या जुदा वस्तु नहीं है। इसलिए उसकी भौतिक और मूर्त सत्ता है। उसे कोई अमूर्त या नैसर्गिक वस्तु मानना वास्तविकता को अस्वीकार करना है।

साधारणतया सभी प्रकार के प्रीति-सूत्र, सांवेगिक या रागात्मक सम्बन्धों को प्रेम की संज्ञा दी जाती है। इस प्रचलित भ्रान्ति को स्पष्ट करने के लिए केवल इतना ही समझना आवश्यक है कि शब्द—किसी भी विचार, भावना व मूर्त-अमूर्त यथार्थ के प्रतिबिम्ब या प्रतिरूप नहीं होते। केवल संकेत मात्र होते हैं—अपूर्ण संकेत। भाषा के इस प्रकृत दुर्बल पहलू को ठीक से समझने पर शब्द के वास्तविक स्वरूप का स्पष्टीकरण हो जाता है।

एक ओर तो भाषा की यह प्रकृत निर्बलता और दूसरी ओर हमारे अन्तर्मन का समान मध्यवित्ती स्नायु-केन्द्र। समस्या और भी विकट हो जाती है। व्यक्ति और विभिन्न तत्त्वों का पारस्परिक सम्बन्ध, मूल अन्तस-प्रवृत्ति की वाह्य व्यंजना को विभिन्न रूप प्रदान कर देता है। लेकिन भाषा की निर्बलता के कारण उन सभी विभिन्न स्वरूपों को विभिन्न शब्दों से सम्बोधित करना सम्भव नहीं होता। इसीलिए विचारों और भावनाओं के प्रति भ्रान्ति की उत्पत्ति स्वाभाविक हो जाती है। सभी प्रकार के प्रीति-सम्बन्धों के बारे में यह बात तो निश्चित ही है कि प्रीत के लिए किसी-न-किसी आलम्बन का होना अनिवार्य है। प्रेम अकेले नहीं होता, यह अन्य व्यक्ति के माध्यम से अपनी प्राण-प्रतिष्ठा ग्रहण करता है। आलम्बन की भिन्नता के साथ-साथ समय, स्थिति की भिन्नता के फलस्वरुप एक व्यक्ति के विभिन्न व्यक्तियों के साथ अनेकों रागात्मक सम्बन्ध होते हैं। मूल अन्तस्-प्रवृत्ति एक होने पर भी आलम्बन के बदलने पर पारस्परिक सम्बन्ध-विशेष में भी तब्दीली आ जाती है। सम्पर्क की विभिन्नता से ही गुण का निर्माण होता है। यदि इकाइयाँ भिन्न हैं तो गुण कैसे समान हो सकता है? सम्पर्क के संयोग की विभिन्न अवस्थाओं के अनुरूप सम्पर्क की वियोगावस्थाएँ भी विभिन्न होती हैं। और वियोग की अनुभूतियाँ भी सम्पर्क-विशेष के कारण अनेकों प्रकार की होती हैं। लेकिन शब्दों की मर्यादा

अपने सीमित दायरे में ही इन विभिन्नताओं को अभिव्यक्ति प्रदान करती है। न तो शब्द स्वयं यथार्थ है और न वह यथार्थ का निश्चित बोधक ही। वह तो यथार्थ को समझने की एक मानव-निर्मित अभिज्ञता है।

यथार्थ को समझने की यही मानवीय अभिज्ञता विकास के दौरान सदा बदलती रहती है। इस कारण यथार्थ के साथ मनुष्य का सम्बन्ध कभी एक-सा नहीं रहता, वह भी सदा बदलता रहता है। इस नैरन्तर्य-क्रम में जो शब्द परम्परागत प्रचलन के कारण स्थिर-जड़ता का निश्चित रूप धारण कर लेते हैं वे यथार्थ के प्रति अपनी अभिज्ञता की शक्ति को खो बैठते हैं। विकास में सहायक होने के बनिस्बत वे उसके बाधक हो जाते हैं। विकास में बाधा उपस्थित करने वाले शब्दों को मनुष्य छोड़ता रहता है। और जो शब्द अपने बाह्य आकार के स्थिर रूप को बना रखकर भी अपने में सन्निहित व्यंजना को बदलते रहने की गतिशीलता कायम रखते हैं, केवल उन में ही मनुष्य की निरन्तर बदलती हुई भावनाओं को व्यक्त करने की क्षमता शेष रहती है। इसलिए शब्दों के प्रति हमारी धारणा निश्चित और रूढ़िबद्ध नहीं होनी चाहिए। क्योंकि यथार्थ की नयी जानकारी और अन्तर्प्रवृत्तियों की विकसित अभिज्ञता का पारस्परिक सम्बन्ध, शब्द में नूतन सांकेतिक तत्त्व को प्रवहमान करता रहता है।

इसलिए स्पष्ट है कि भाषा के माध्यम से अभिव्यक्ति प्राप्त करने वाला प्रेम-तत्त्व भी कभी एक-सा नहीं रहता। वह भी सदा बदलता रहता है। प्रेम—विश्व और जीवन का संचालन नहीं करता, बल्कि विश्व और जीवन के द्वारा ही प्रेम का संचालन होता है। परिवर्तित जीवन के हाथों अपना अस्तित्व ग्रहण करने के फलस्वरूप प्रेम में भी परिवर्तन होता रहता है। जीवन और प्रेम का विकसित क्रम द्वैत नहीं अद्वैत है!

केवल शब्द और भाषा ही नहीं, उनके द्वारा अभिव्यक्त होने वाले हमारे परम्परागत प्रेम-काव्य भी, जो निश्चित रूप से एक काव्यात्मक रूप ग्रहण कर चुके हैं, समय के साथ उनके तात्त्विक विषय में भी थोड़ा-बहुत परिवर्तन हो जाता है। परिवर्तन कोई स्वयं प्रेम-काव्य में नहीं, बल्कि शब्दों की सांकेतिक शक्ति के परिवर्तन-स्वरूप एवं वस्तुजगत् और अन्तर्जगत् की नयी अभिज्ञता के कारण नयी पीढ़ी द्वारा उन प्रेम-काव्यों को समझने की अनुभूति में परिवर्तन! समय के हिसाब से प्राचीन होते हुए भी भाव ग्रहण करने वाली अनुभूतियों में नवीनता की वजह से ये प्रेम-काव्य उसी निर्धारित शैली में अपना नया रूप ग्रहण करते रहते हैं। प्रेम-कथाओं के द्वन्द्वात्मक चरित्र की यह अपनी दूसरी विशेषता है।

यह स्वीकार कर लेने के बाद कि शब्द यथार्थ का प्रतिरूप नहीं होता, यह तथ्य भी पूर्णतया स्पष्ट हो जाता है—वास्तविक प्रेम और प्रेम की काव्याभिव्यक्तियों में परस्पर क्या सम्बन्ध है? मनुष्य-जीवन में जो भाषा और शब्द की सार्थकता है, प्रेमियों के जीवन में इन प्रेम-काव्यों की भी ठीक वही सार्थकता है। मनुष्य और भाषा का जो पारस्परिक सम्बन्ध है ठीक वैसा ही प्रेमी के साथ इन प्रेम-कथाओं

का सम्बन्ध है। मनुष्य द्वारा निर्मित की जाने पर भी भाषा मनुष्य को पुनः प्रभावित करती रहती है उसे सशक्त और विकसित करती रहती है। उसी प्रकार ये प्रेम-काव्य भी प्रेमियों को अपने अस्तित्त्व से प्रभावित करते हैं। प्रभाव की इस क्रिया-प्रक्रिया में निरन्तर दुतरफा विकास होता रहता है। जिस प्रकार भाषा एक बार अस्तित्त्व में आने पर एक स्वतन्त्र भौतिक शक्ति का रूप धारण कर लेती है और विकास के अपने स्वतन्त्र नियमों द्वारा अनजाने अनुशासित होती रहती है, उसी प्रकार ये प्रेम-कथाएँ भी स्वतन्त्र रूप से एक भौतिक शक्ति का काम करती हैं। स्वयं अपने द्वन्द्वात्मक रूप से इनका विकास होता रहता है। जिसमें परिवर्तन और परम्परा दोनों का समान रूप से दखल रहता है। ये प्रेम-कथाएँ विशिष्ट शैली में विशिष्ट अभिव्यक्तियाँ हैं। जिस प्रकार शब्द स्वयं यथार्थ नहीं होता, उसी प्रकार शब्दों के माध्यम से अपना जीवन ग्रहण करने वाली इन प्रेम-कथाओं में भी आन्तरिक-प्रवृत्तियों की प्रेम-भावना का वास्तविक चित्रण नहीं है। ये प्रेम-कथाएँ, प्रेम की प्रतीक नहीं, बल्कि प्रेम-भावना की अभिज्ञता के काव्यात्मक संकेत चिह्न हैं, जिनका स्वतन्त्र रूप से कलात्मक विकास होता रहता है। सामाजिक विकास और मनुष्य-जीवन में अन्योन्याश्रित सम्बन्ध होने पर भी यह कहना कि ये प्रेमाभिव्यक्तियाँ वास्तविक प्रेम का हूबहू चित्रण या सहज प्रतिबिम्ब मात्र हैं, सर्वथा अवैज्ञानिक और भ्रान्तिमूलक हैं। ये प्रेम-काव्य एक तो प्रेमी को अपनी अनुभूतियों का माध्यम प्रस्तुत करती है और दूसरी ओर उसके मन में नयी अनुभूतियों का संचरण भी करती हैं, जिस से नये काव्यों की सृष्टि का आधार जुड़ता है। समय और समाज के साथ अविच्छिन्न सम्बन्ध होते हुए भी इन प्रेम-काव्यों का अपना स्वतन्त्र इतिहास है।

प्रेम—एक अत्यन्त संश्लिष्ट क्रिया है। भाषा के बिना जिस प्रकार मनुष्य के अन्य सभी भौतिक या मानसिक विकास सम्भव नहीं थे उसी प्रकार यदि भाषा नहीं होती प्रेम भी सम्भव नहीं होता! क्योंकि प्रेम मनुष्य की स्वयं अपनी सृष्टि है, जिसे उसने अपने सामाजिक जीवन में विकसित किया है। पशुओं की भाँति भाषा के बिना मनुष्यों में भी प्राकृतिक मैथुन और उस से जुड़ा हुआ जन्मजात अचेतन लगाव निसन्देह रूप से उसकी भौतिक देह में मौजूद रहता है, लेकिन मैथुन और प्रेम दोनों एक नहीं हैं। यह सही है कि प्रेम में कामासक्ति रहती है, परन्तु इसके विपरीत यह कदापि सही नहीं है कि कामासक्ति में भी प्रेम हो। काम-प्रवृत्ति से उत्पन्न होने पर भी प्रेम, काम-भावना से सर्वथा एक भिन्न वस्तु है। केवल भिन्न ही नहीं, अन्तर्विरोधी भी। गुलाब का पौधा जमीन में पैदा होने पर भी, तात्त्विक गुणों की समानता के बावजूद मिट्टी से सर्वथा भिन्न वस्तु है। अन्तर्विरोधी भी। मिट्टी में गन्ध है तो उस में भीनी सुगन्ध। मिट्टी शुष्क है तो फूल अत्यन्त सुकोमल। मिट्टी मैली और कुरूप है तो गुलाब का फूल गुलाबी, हरा और सुन्दर।

प्रेम मैथुन का सहज परिणाम नहीं है। उस में तो प्रेम की बनिस्बत हिंसा व

क्रूरता का सन्निवेश है। भूख के समान काम भी सौन्दर्यरहित, क्रूर और अनियन्त्रित है। सम्भोग के समय काटना, दबोचना और पशुवत् हो जाना, यही काम का अपना स्वभाव है। कामासक्ति में केवल मैथुन की ही एकमात्र अपेक्षा रहती है और क्रिया के पश्चात् भी प्रेम उत्पन्न नहीं होता, बल्कि अरुचि, ग्लानि जैसी हीन भावनाएँ पैदा होती हैं। प्रेम में कामासक्ति की मूल प्रेरणा होते हुए भी उसका अपना स्वरूप और अपना अस्तित्त्व है!

प्रेम का मूल आधार है सम्पर्क। निरन्तर साहचर्य, जो नारी में उसकी देह के अलावा लालित्य, गुण, सौन्दर्य और स्वभाव की भी अपेक्षा रखता है। सम्पर्क के बीच उत्पन्न हुए प्रेम को भाषा, कला, काव्य और सौन्दर्य-बोध की भावना उच्चता, दृढ़ता, मर्मज्ञता और सुकोमलता प्रदान करती है। काम-प्रवृत्ति मनुष्य को स्वार्थी, हीन, संकीर्ण, तुच्छ और पशुवत् बनाती है। प्रेम मनुष्य को त्याग, उदारता और बन्धुत्व का पाठ पढ़ाता है। त्याग ही प्रेम की कसौटी है, जो प्रेम जितना अधिक गहरा होता है, उस में त्याग की भावना भी उतनी गहरी और निर्बन्ध होती है। प्रेम मनुष्य को मनुष्य बनाता है और उसे ऊपर उठाता है। और काम-प्रवृत्ति मनुष्य को हमेशा पाशविक धरातल पर ही खड़ा रखती है। काम-प्रवृत्ति तो मूल रूप में सदैव अपने उसी-आदि रूप में मौजूद रहती है। मगर मनुष्य के काम-सम्बन्ध सामाजिक, आर्थिक परिस्थितियों के अनुरूप अपना रूप परिवर्तित करते रहते हैं। प्रेम का सम्बन्ध काम-प्रवृत्ति से इतना नहीं जितना समाज में प्रचलित काम-सम्बन्धों से है। समाज के काम-सम्बन्धों, तात्कालिक समाज की प्रेम-भावना को जाने-अजाने अवश्य प्रभावित करते हैं। क्योंकि इन सम्बन्धों में परम्परा, नैतिक मान्यता, नियन्त्रण और सम्पर्क निहित रहता है। मनुष्य में मूल आन्तरिक-प्रवृत्तियों का आदिम-स्वरूप तो अधिकांशतया वही रहता है, लेकिन उनकी वाह्य व्यंजना का समाज के द्वारा संस्कार होता रहता है।

ऊजली के नारी-हृदय की प्रेम-भावना या उसकी विरह-वेदना केवल पुरुष देह की ही कामना नहीं करती, बल्कि उसकी वेदना में काम की भूख की बजाय प्रेम की तृष्णा अधिक है। उसका यौवन काम को अस्वीकार नहीं करता, बल्कि स्पष्ट शब्दों में उसकी चाहना भी करता है, परन्तु उसकी वह चाहना केवल प्रेमी के द्वारा ही सम्पन्न होना चाहती है। ऊजली के यौन-प्रेम की खातिर निरा पुरुष होना ही काफी नहीं है, प्रेमी होना उसकी पहली शर्त है! उसका नारी-हृदय जेठवा के अन्यथा किसी को भी पुरुष-रूप में स्वीकार नहीं करना चाहता

जोबन पूरै जोर, मांणीगर मिळियौ नहीं,
सारै जग में सोर, जोगण हुयगी जेठवा।

यहाँ एक बहुत महत्त्वपूर्ण प्रश्न उठ खड़ा होता है। वह यह कि ऊजली की

इस विरह-व्यथा, उसकी विरक्ति और उसके त्याग में प्रेम का दखल अधिक है या तात्कालिक अवस्था की सामाजिक परवशता? उसका प्रेम-प्रदर्शन उसके स्वतन्त्र मन की स्वतन्त्र अभिव्यक्ति है या रूढ़िबद्ध मान्यताओं में जकड़े हुए उसके नारी-हृदय का मूक रोदन? जिन धर्म-शास्त्रों ने सदियों से डंके की चोट न स्त्री 'स्वातन्त्रयमर्हहि', 'अस्वतन्त्रता स्त्री पुरुष प्रधाना' और 'अस्वतन्त्रा धर्मे स्त्री' का निरन्तर प्रतिपादन किया है, क्या उसी की अचेतन स्वीकृति ऊजली की चेतना में मुखर तो नहीं हो उठी? क्या धर्म-शास्त्रों द्वारा प्रतिपादित सामाजिक परवशता ही को ऊजली ने अपनी एकमात्र स्वतन्त्रता नहीं मान लिया? यह ऊजली के स्वच्छन्द मन की निर्बन्ध आत्माभिव्यक्ति है या शास्त्रकारों द्वारा प्रताड़ित नारी पर निरन्तर विजय का निर्भीक उद्घोष?

इस प्रश्न का उचित समाधान पुरुष-प्रधान समाज में आज दिन भी नहीं हो पाया है। नारी की आर्थिक परवशता और उसकी स्वतन्त्रता को विच्छिन्न करके देखना असम्भव नहीं तो मुश्किल अवश्य है। आर्थिक रूप से पूर्णतया स्वतन्त्र हुए बिना नारी अपनी स्वतन्त्रता प्राप्त नहीं कर सकती, यह निर्विवाद रूप से सही है। और इसके साथ-साथ यह भी असन्दिग्ध रूप से सत्य है कि आर्थिक बन्धनों से सर्वथा मुक्ति पा जाने के बाद दाम्पत्य जीवन का एकमात्र सूत्र केवल प्रेम ही रहेगा। तब विवाह के लिए प्रेम के अतिरिक्त और कोई आधार मान्य नहीं होगा।

नारी के शोषित जीवन के साथ उसका शोषित प्रेम तभी पूर्ण स्वतन्त्रता प्राप्त करेगा, जब वह घर की चहारदीवारी को लाँघकर समाज के मुक्त आँगन में प्रवेश करेगी। उसके समस्त कार्यों को, पारिवारिक उपयोगिता का सर्वोपरि महत्त्व प्राप्त होगा, तभी उसका चिर-बन्दी जीवन वास्तविक मुक्ति का अनुभव कर सकेगा!

इस मुक्ति के लिए नारी को पुरुष का अनुकरण करने की आवश्यकता नहीं होगी। समानता कार्यों की समानता न होकर आर्थिक व सामाजिक समानता होगी, तब महत्त्व कार्यों के बँटवारे का इतना न रहकर उनकी सामाजिक मान्यता का अधिक रहेगा। नारी जब अपनी उस स्वतन्त्र स्थिति को प्राप्त कर लेगी तब एकनिष्ठता का दावा पुरुष के हिस्से में भी उसी अनुपात से आएगा, जितना नारी के लिए है। दाम्पत्य जीवन में बँधने की सामाजिक इकाई के लिए किसी भी बाह्य शक्ति का दखल न होकर केवल अन्तर्मन के प्रेम का दावा ही मान्य और नैतिक समझा जाएगा! केवल प्रेम ही के बल पर तब ऊजली अपने प्रेमी जेठवा को सहज ही प्राप्त कर सकेगी। समाज की कोई भी बाहरी ताकत उसके प्रेम-पथ में बाधा बनकर खड़ी नहीं होगी। प्रेमी के वियोग में तब किसी को चन्दन-माला हाथ में लेकर जोगन बनने की आवश्यकता नहीं होगी। सती बनकर जलने की कल्पना भी तब सम्भव नहीं होगी। प्रेम की नैतिकता ही विवाह की नैतिकता का एकमात्र प्रमाण होगी।

दुनिया के सभी धर्म-शास्त्रों में नारी के विश्वासघाती चरित्र को लेकर जितनी

भी शास्त्रसम्मत उक्तियाँ प्रचारित की गयी हैं, वे नारी-चरित्र की वास्तविकता न होकर पुरुष के अपने ही स्वभाव की हीन और विकृत मनोदशा का प्रतिबिम्ब हैं! नारी पुरुष से कहीं अधिक स्वभाव में एकनिष्ठ होती है। वह शास्त्रों के बल पर अंगीकार किये हुए पति के साथ विश्वासघात कर सकती है, किन्तु अपने मन से वरण किए प्रेमी के साथ अमूमन धोखा नहीं कर सकती!!

मई, 1956

❑❑